고사성어
인생을 배우다

심리학박사 · 철학박사 **유화정** 엮음

도서
출판 **예가**

머리말

우리 속담에 '이야기를 좋아하면 가난하게 산다'는 말이 있다. 과거 우리 사회가 노동력이 많이 필요했던 농경사회였기 때문일 것이다. 그러나 세상은 급변하여 오늘날 '이야기'는 우리가 상상할 수 없는 부의 창출을 가져오는 시대가 왔다. 때문에 사람들은 좀 더 자극적이거나 내용은 없으면서 화려한 포장으로 가려진 상업화된 이야기들을 쏟아 내는데 급급하다. 이러한 사회적 분위기를 타고 '고사성어'는 그저 옛이야기에서 유래된 어렵고 고루한 말로 치부되는 것이 지금의 현실이다.

필자는 고사성어란 무엇인가를 말하기에 앞서 간단히 한자(漢字)에 대해 짚어 보려한다. 한자는 중국에서 만들어진 뜻을 기호로 나타낸 글자로 표의문자(表意文字)를 대표한다. 새로운 뜻이 필요할 때마다 새로운 글자가 만들어지기 때문에 국제 표준으로 제정된 한자는 무려 7만여 자에 달한다. 이러하니 한자를 어렵게 여기는 것은 너무도 당연한 일이다. 배움도 쉽지 않아서 많은 시간과 노력이 필요하다. 다행히 우리에겐 한글이 있지만 우리도 한자 문화권에 속해 있기 때문에 우리말에서도 상당부분 한자어가 사용된다. 한자를 몰라도 큰 불편을 겪지는 않지만 한자를 익히면 중국어나 일본어를 몰라도 문화적 소통이 가능하니 강점이자 장점이 된다.

한자로 이루어진 고사성어는 어떠한가? 역시 우리 언어와 떼려야 뗄 수 없는 불가분의 관계로 고사성어를 가까이하는 순간 단순히 고전 문학의 이해를 돕는 일 외에도 풍부한 표현력을 갖게 되는 동시에 자신의 강점이 될 것이다. 고사성어는 옛 이야기에서 유래된 함축적 언어지만 그 속에는 공자와 맹자, 순자와 노자 등 고대의 철학사상이 담겨 있을 뿐 아니라 중원을 향해 말 달린 영웅들의 땀을 쥐는 이야기가 담겨 있다. 변화무쌍(變化無雙)한 시대에 고릿적 이야기다 생각할 수 있지만 단 4자에 너무도 많은 이야기와 역사가 담겨 있는데 어찌 고루하다 치부할 수 있을까? 항우가 유방과 대적하며 중원을 놓고 겨룰 때 그의 나이 겨우 20대였고 유비가 제갈 량에게 삼고초려를 청할 때 그의 나이 27세였던 것을 생각하면 낡은 이야기라 단정 짓는 것보다 그 속에서 배움을 찾는 것이 더 큰 재산이 될 것이라 믿어 의심치 않는다.

동양철학은 도(道)를 실천하는 학문이라 할 수 있다. 진리를 얻기 위해서는 지식을 쌓으면 되지만 도를 얻기 위해서는 지적 수련과 동시에 덕행을 중요하게 생각하기 때문에 철학을 공부하면 할수록 그 깊이에 놀라게 된다. 평탄해 보이는 사람에게도 인생의 굴곡은 있다. 어느 날 나에게 다가온 난관을 지혜롭게 헤쳐 나가는 것도 중요한 일인 것이다. 옛 성인(聖人)의 기개(氣槪)를 본받아 어려운 고비를 잘 넘긴다면 비 온 뒤에 땅이 더욱 단단해지듯이 무사평안(無事平安)한 때가 꼭 올 것이다.

차 례

1. 교육

2. 처세

3. 인격형성

4. 노력

5. 용기

6. 정치

7. 우정

8. 살기 좋은 사회

9. 전략

10. 군자

11. 미인

12. 부부

13. 부정직

14. 탁월

15. 허탈

16. 계략

20. 생사

21. 막상막하

22. 관리

23. 고집불통

24. 여성

25. 은원

26. 핑계

27. 망가망국

28. 자연적

29. 위험

30. 기타

부록

고사성어
익히기

001

斷機之敎
_단 _기 _지 _교

|뜻풀이| 학업을 중도에 그만두는 것은 짜던 베를 끊는 것과 같다는 뜻

【고사】 맹자의 어머니는 일찍이 홀로되어 가난한 살림에도 불구하고 아들 교육에 지극정성을 쏟았다. 그런데 맹자가 학업을 위해 고향을 떠난지 얼마 되지 않아 집으로 돌아왔다.

어머니는 아들에게 조용히 물었다. "공부는 다 마쳤느냐?"

"끝내다니요. 어머님이 뵙고 싶어 잠시 다니러 왔습니다." 하였다.

어머니는 아무 말 없이 옆에 있는 칼을 집어 짜고 있던 베를 잘라 버렸다. 깜짝 놀란 맹자에게 "군자(君子)란 모름지기 학문을 배워 이름을 날리고, 모르는 것은 물어서 앎을 넓혀야 하느니라. 네가 공부하다 말고 돌아온 것은 이렇게 짜고 있던 베를 끊어버리는 것과 무엇이 다르겠느냐!" 맹자는 어머니의 말에 크게 깨달은 바가 있어 다시 스승에게 돌아가 더욱 열심히 공부하였다. 맹자는 공자의 가르침을 보완, 확장하여 유교사상을 완성하였으며 공자 다음가는 성인으로 추앙받고 있다.

【출전】 후한서의 열녀전(烈女傳)

● 열녀전은 전한(前漢) 시대의 사상가 유향(劉向)이 기존의 경전이나 역사 서적에 등장했던 여러 인물을 재구성한 전기집이다. 모두 7권 104편으로 구성되어 있고 각 권의 주제는 모의전(母儀傳, 유교문화의 전형적인 어머니), 현명전(賢明傳, 현명한 아내), 인지전(仁智傳, 지혜로 사건을 해결한 여인), 정순전(貞順傳, 정절을 지킨 여인들), 절의전(節義傳, 인간의 도리를 실천한 여인들), 변통전(辯通傳, 지식과 논리로 사건을 해결한 여인들), 얼폐전(孽嬖傳, 나라와 가문을 망친 여인들)으로 되어있다. 열녀전은 후한서에 수록됨으로써 공식적인 역사서로 인정되었다.

斷	機	之	敎
끊을 단	틀 기	갈 지	가르칠 교

002

독 서 백 편 의 자 현

讀書百遍義自見

|뜻풀이| 글을 백 번만 읽으면 뜻을 알게 된다는 것으로
끈기있게 반복하면 진리를 안다는 뜻

【고사】 한(漢)나라 헌제(獻帝) 때 학자로 이름났던 동우(董遇)는 책 읽
기를 좋아하여 항상 책을 끼고 살았다. 학자로서 명성이 높아지자 그
를 스승으로 모시겠다는 사람들이 각지에서 몰려들었다. 그러나 그는
선뜻 제자로 받아들이는 법이 없었는데 배움을 청하는 사람에게 "반
드시 먼저 백번을 읽으라 책을 백 번 읽으면 그 뜻이 저절로 드러난다(必

當先讀百遍 讀書百遍而義自見)."고 했다. 배움을 청한 자가 언제 그 많은 책을 백 번 읽겠는가 반문하자 동우는 "세 가지 여가만 있으면 충분히 읽을 수 있다. 겨울은 한 해의 여가이고, 밤은 하루의 여가이고, 오랫동안 계속 내리는 비는 한 때의 여가이다(冬者歲之餘, 夜者日之餘, 陰雨者時之餘也)."라고 했다.

독서백편의자현은 그 뜻을 알 수 있을 때까지 되풀이해서 읽는 것을 나타내며 무엇이든 끈기를 가지고 노력하면 목적한 바를 이룰 수 있다는 뜻으로도 쓰인다.

【출전】삼국지의 위지(魏志) 13권(卷)

● 삼국지(三國志)는 사기(史記), 한서(漢書), 후한서(後漢書)와 함께 중국 전사사(前四史)의 하나로 일컬어진다. 진나라의 학자 진수(陳壽)가 편찬한 것으로 위지(魏志) 30권, 촉지(蜀志) 15권, 오지(吳志) 20권으로 되어 있다.

讀	書	百	遍	義	自	見
읽을 독	글 서	일백 백	두루 편	옳을 의	스스로 자	뵈올 현

003

문 일 지 십

聞一知十

|뜻풀이| 하나를 들으면 열을 안다는 뜻으로
하나를 통해 전체를 아는 총명함을 말함

【고사】 공자의 제자인 자공(子貢)은 재산을 모으는데 남다른 재주가
있어 공자가 여러 나라를 돌아다니며 자신의 사상을 설파할 때 자금
의 대부분을 부담하였다. 공자의 또 다른 제자 안회(顔回)는 묵묵히
스승의 뒤를 따랐는데 학문과 덕이 높아 공자의 신임이 두터웠다. 하
루는 공자가 자공을 불러 안회에 대한 생각을 물으셨다.

자공은 "사(賜, 자공의 이름)가 어찌 감히 안회를 넘볼 수 있겠습니까, 안회는 하나를 들으면 열을 알고, 저는 하나를 들으면 둘을 알 뿐입니다(回也聞一而知十 賜也聞一以知二)." 하였다. '문일지십'은 여기서 비롯된 말로 공자는 자공의 솔직한 대답에 만족하셨다.

안회는 예가 아니면 보지도 말고, 듣지도 말고, 말하지도 행동하지도 말라는 공자의 가르침을 가장 잘 따랐던 제자로 공자의 신임이 대단했음은 말할 필요가 없었다. 그러한 안회가 32세로 요절해 공자가 크게 탄식했다고 한다.

문일지십은 한부분만 들으면 전체를 안다는 것으로 지혜가 밝고 통달하여 처음을 보면 마침을 알고 근본을 찾으면 끝을 아는 사람이다. 문일지이는 반쯤 들어야 결론을 얻게 되는 자질이라는 것으로 문장을 빨리 깨달아 이것으로 인하여 저것을 알고 한쪽을 거론하면 상대를 아는 사람이다. 이는 식견의 높이와 조예의 깊이가 다름을 말한 것이다.

【출전】 논어의 공야장편(公冶長篇)

聞	一	知	十
들을 문	한 일	알 지	열 십

23

004

백 문 불 여 일 견

百聞不如一見

|뜻풀이| 백번 듣는 것보다 한번 보는 것이 낫다는 뜻

【고사】 한나라 선제(宣帝, B.C 74~49)때 서북 변방에 사는 강족(羌族)
이 반란을 일으켰다. 선제는 반란을 진압하고자 하였으나 사납고 날
랜 기병(騎兵)을 보유한 강족과의 싸움은 힘겨웠다. 고민 끝에 선제가
변방의 정세에 대해 해박했던 후장군(後將軍) 조충국(趙充國)에게 토
벌대장의 적임자를 물어보니 76세의 백전노장이었던 조충국이 자신

이 적임자임을 자청했다. 선제는 "반란군 진압에 장군은 어떤 전략을 쓸 것이며 필요한 병력의 규모를 듣고 싶소." 하자 조충국은 "백 번 듣는 것이 한 번 보는 것만 같지 못합니다(百聞而不如一見). 군사일이란 멀리 떨어져 있어서는 계획을 짜기 어려운 것입니다. 신은 급히 금성으로 달려가 현지 도면을 놓고 방안을 짜기를 바라고 있습니다." 선제의 승낙을 받은 조충국은 금성(金城)으로 달려가 정세를 파악한 다음 둔전책(屯田策)을 세웠다. 둔전책이란 군인들이 변방을 지키는 동시에 농사를 짓는 것으로 현지에서 군량을 확보하여 식량 보급의 어려움도 해결하고 장기전에 대비할 수 있는 전술이었다. 그 자신도 그곳에 1년을 함께 있으며 반란을 진압하여 공을 세웠다. 이처럼 백문불여일견은 조충국의 말에서 유래한 것으로 백 번 듣는 것보다 한 번의 경험이 더 중요하다는 것을 뜻한다.

【출전】 한서의 조충국전(趙充國傳)

百	聞	不	如	一	見
일 백	들을 문	아닐 불	같을 여	한 일	볼 견

005

사 숙

私淑

|뜻풀이| 옛 성인, 멀리 있는 사람의 덕을 사모하여 직접 가르침을
못 받아도 그를 표본으로 인격과 학문을 닦아가는 것

【고사】 맹자는 공자의 고향인 노(魯)나라와 이웃한 추(鄒)나라에서 태어났다. 추나라는 춘추전국시대에 노나라와 더불어 유학(儒學)의 중심지였기 때문에 맹자는 자연스럽게 유학을 배우게 되었다. 맹자가 공자의 손자인 자사(子思)에게 직접 유학(儒學)을 배웠다는 주장도

있지만 자사의 문인에게서 배웠다는 설도 있다. 어쨌든 맹자는 공자의 학문과 도(道)를 직접 계승하겠다는 원대한 포부를 지니고 있었다. 맹자는 항상 자신의 학문은 공자를 사숙한 결과라고 말했다. 맹자가 말하기를 "군자가 끼친 은혜가 아무리 크다고 해도 다섯 세대가 지나면 끊어지고, 소인이 끼친 영향 또한 다섯 세대가 지나가면 끊어지는 법이다. 나는 직접 공자의 제자가 되어 가르침을 받지는 못했지만 여러 사람들을 통해 공자를 사숙하였다(孟子曰 君子之澤 五世而斬 小人之澤 五世而斬 予未得爲孔 子徒也 予私淑諸人也)." 여기서 사숙이란 존경하는 사람에게 직접 가르침을 받지는 못했으나 그 사람의 도나 학문을 근본으로 삼는 것을 말한다. 맹자가 공자의 사상을 완성시켰다는 후대의 평가는 그가 유학을 더욱 논리적으로 다듬고 발전시켰기 때문인데 이는 공자의 도를 빛내기 위해 자신의 사상과 논리를 갈고 닦은 결과라 할 수 있다.

[출전] 맹자의 이루편하(離婁篇下)

私 사사 사   淑 맑을 숙

006

良藥苦於口

양 약 고 어 구

|뜻풀이| 좋은 약은 입에 쓰나 병에 이롭고, 충언은 귀에 거슬리나 행동에 이롭다는 뜻

【고사】 공자가어(孔子家語)에는 이런 말이 나온다. "좋은 약은 입에 쓰지만 병에 이롭고, 충성된 말은 귀에 거슬리지만 행하는 것에는 이롭다. 은나라의 탕왕과 주나라의 무왕은 간언하는 충성스런 신하가 있었기 때문에 번창하였고 하나라 걸왕과 은나라의 주왕은 아첨하는 신하들만 있었기 때문에 멸망했다. 임금이 잘못하면 신하가, 아버지

가 잘못하면 아들이, 형이 잘못하면 동생이, 자신이 잘못하면 친구가 간언해야 한다. 그렇게 하면 나라가 위태롭거나 멸망하는 일이 없으며 집안에 덕을 거스르는 악행이 없으며 친구간의 사귐도 끊임이 없을 것이다."라 하여 좋은 충고는 귀에 거슬리지만 행함에 이롭다고 했다.

또, 사기(史記)의 유후세가(留侯世家)에 나오는 말이다. 진(秦) 시황제가 죽자 많은 사람들이 진나라를 타도하려고 군사를 일으켰는데 그 중에 유방과 항우도 끼어 있었다. 유방이 먼저 왕궁을 장악하니 궁에는 아름다운 궁녀와 금은보화가 가득하여 유방은 그곳을 떠나려 하지 않았다. 용장 번쾌가 "아직 천하가 통일되지 않았으니 이곳을 떠나 적당한 곳에 진을 치는 것이 좋겠습니다."고 충고하였으나 유방이 듣지 않았다. 그러자 장량이 나서 "우리가 궁전에 들어온 이유는 진나라의 폭정으로 인해 들끓는 민심을 가라앉히는 데 있습니다. 그런데 보물과 미색에 현혹되어 진왕을 본받으려 하니 도탄에 빠진 백성은 누가 구하겠습니까? 충언은 귀에 거슬려도 행실에는 이롭고 양약은 입에 쓰나 병에 이롭다(忠言道於耳利於行 良藥苦於口而利於病)고 했습니다. 부디 번쾌의 말을 들으시옵소서." 이 말을 들은 유방은 지체 없이 궁궐을 나와 패수(覇水)에 진을 쳤다고 한다. 장량의 충언도 값지지만 그 충언을 따른 유방은 항우를 대파하고 중국 통일의 대업을 이루었다.

[출전] 공자가어의 육본편(六本篇), 사기의 유후세가(留侯世家)

良	藥	苦	於	口
어질 양	약 약	쓸 고	어조사 어	입 구

007

韋編三絶

|뜻풀이| 가죽으로 맨 책끈이 세 번이나 닳아 끊어질 만큼 책을 많이 읽음

【고사】 위편삼절은 공자가 만년에 주역(周易)을 좋아하여 여러 번 읽고 또 읽어 가죽끈이 세 번 끊어지다(孔子晚而喜易 讀易-韋編三絶)가 그 유래이다. 종이가 발명되기 전 중국에서는 대나무로 만든 죽간(竹簡)에 글을 새겨 가죽끈으로 엮었는데 여기서 위편은 가죽으로 맨

책 끈을 말한다. 모든 학문에 있어서 헌신적인 노력을 기울이는 태도를 말할 때 위편삼절이라 하는데 공자가 이미 높은 학식을 지닌 만년의 일이니 더욱 존경할 일이다. 그의 학문에 대한 열의에 대해 논어에서는 공자가 말하길 "나는 호학(好學)하다가 발분하여 밥 먹는 것도 잊고, 즐거움으로 근심마저 잊은 채, 세월이 흘러 몸이 늙어 가는 것조차 몰랐다." 이처럼 공자는 책 읽는 것을 다시 없는 즐거움으로 삼아 늘 손때 묻은 책을 지니고 다녔다 한다.

【출전】 사기의 공자세가(孔子世家)

● 사기의 저자 사마천은 중국 최고의 역사가로 일컬어지는데 사기는 기원 전 110년 아버지 사마담의 유지를 받들어 사마천이 본격적으로 저술에 착수하였다. 사기는 단순히 역사적 사실을 나열하는 책이 아니라, 현실 사회에 대한 사마천 자신의 생각을 담은 책으로 시와 산문의 이상적인 결합과 역사에 대한 이성적 통찰을 보여준다고 평가되고 있다. 사기의 '공자세가' 는 공자에 대한 가장 체계적인 기록으로 세가에 이름을 올린 단 두 사람의 평민 출신 중 한 명이다.

韋	編	三	絶
가죽 위	엮을 편	석 삼	끊을 절

008

청 출 어 람

青出於藍

|뜻풀이| 쪽풀에서 나온 푸른색이 쪽보다 푸르다는 뜻으로
스승보다 뛰어난 제자의 실력을 말함

【고사】 순자는 '인간의 본성은 악하다'는 성악설(性惡說)을 주장하였
는데 이러한 인간의 본성을 교화시키기 위해 교육이 필요함을 강조하
였다. 권학편(勸學篇)에서 교육과 학문의 중요성을 강조하였는데 순
자는 "배움은 그쳐서는 안 된다. 푸른색은 쪽에서 취했지만 쪽빛보다

더 푸르고 얼음은 물로 이루어졌지만 물보다 더 차다(學不可以己 靑取之於藍 而靑於藍 氷水爲之 而寒於水)." 여기서 제자가 스승보다 뛰어나다는 뜻인 청출어람이 나왔는데 제자가 스승보다 더 나음을 비유한다. 같은 뜻으로 출람지재(出藍之才)와 출람지예(出藍之譽)가 있다.

> 공자(孔子)의 제자에게 우수한 사람이 많이 있거니와 수제자라 할 수 있는 안연이 "우러러보면 더욱 높고, 뚫으려 하면 더욱 굳으시다"고 했고, 자공(子貢)은 "공자께 미치지 못하는 것은 하늘에 사다리를 놓고 올라가지 못하는 것과 같다"고 했다.

【출전】 순자荀子의 권학편(勸學篇)

● 순자(筍子)는 중국 전국시대 말기의 유가 사상가 순자의 말과 글을 모은 책으로 순자의 사상 뿐 아니라 선진시대(先秦時代)의 유가 사상의 총괄서로 의의를 가진다. 권학은 개인의 수양을 논하면서 좋은 환경 속에서 경전을 배우고 예를 지키는 것으로 인격이 완성된다고 했다.

靑	出	於	藍
푸를 청	날 출	어조사 어	쪽 람

009

타 산 지 석

他山之石

|뜻풀이| 다른 산에 있는 돌이라도 나의 옥을 가는 데 도움이 됨

【고사】 타산지석은 다른 사람의 사소한 언행이나 실수라도 나에게 커다란 교훈이 된다는 뜻이다. 유래는 시경(詩經)의 '학명(鶴鳴)'이란 시에서 찾을 수 있는데 초야에 있는 어진 사람들을 데려다가 임금의 덕을 더욱 아름답게 만드는 재료로 삼으라는 뜻의 시다.

즐거운 저 동산에는 樂彼之園

박달나무 심겨 있고 爰有樹檀

그 밑에는 닥나무 있네 其下維穀

다른 산의 돌이라도 他山之石

이로써 옥을 갈 수 있네 可以攻

이 시에서 돌을 소인에 비유하고 옥을 군자에 비유하여 군자도 소인에 의해 수양과 학덕을 쌓을 수 있음을 이르는 말이다. 흔히 '타산지석으로 삼다.'라고 표현한다.

【출전】 시경(詩經)의 소아(小雅)

● 시경은 고대 중국의 시가를 모아 엮은 오경의 하나로 본래는 3,000여편이었다고 전하나 공자에 의해 305편으로 간추려졌다. 시경은 풍(風), 아(雅), 송(頌)으로 분류되고 다시 아(雅)는 대아(大雅)와 소아(小雅)로 나뉘는데 대아는 모두 31편으로 대부분이 서사시로 이루어져 있으며 역사적 사실과 왕도의 융성을 노래했다. 소아는 모두 74편으로 궁정의 악가로서 연회와 전례 때에 불렀는데 시의 내용은 연회, 전쟁, 폭정, 연정 등 다양하다.

他	山	之	石
다를 타	뫼 산	갈 지	돌 석

010

하 학 이 상 달

下學而上達

|뜻풀이| 아래를 배워 위에 달한다는 뜻으로 낮고 쉬운 것을
배워 깊고 어려운 것을 깨달음

【고사】 하학이상달(下學而上達)은 아래로는 인간의 사리를 배우고 위
로는 하늘의 도리에 통함을 이르는 말이다. 실천을 통한 인격수양의
예는 논어 헌문(憲問)에 '군자는 위로 달하고 소인은 아래로 달한다
(君子上達 小人下達).'라고 했는데 학문과 도를 지키는 군자는 날이

36

갈수록 인격이 완성되지만 재물과 명리에 마음을 둔 소인은 날이 갈수록 타락할 뿐이라는 말이다.

논어 학이편(學而篇)에는 '공자께서 말씀하시길 군자는 먹음에 배부름을 구하지 않고 거처하는데 편안함을 구하지 않는다. 일에 민첩하고 말에 신중하여 도의를 아는 사람에게 자신의 잘못을 바로 잡으면 이런 사람은 배움을 좋아한다 말할 수 있다(子曰 君子食無求飽 居無求安 敏於事而愼於言 就有道而正焉 可謂好學也已).'는 군자의 실천 방법에 대한 말로 군자는 성품이 어질고 학식이 높은 지성인을 말한다.

【출전】 논어(論語)의 학이(學而), 헌문(憲問)

● 논어는 상론 10편(학이, 위정, 팔일, 이인 등)과 하론10편(선진, 안연, 자로, 헌문 등)으로 구성되어 있는데 각 편의 머리 두 글자를 따서 편명으로 삼은 것이지 주제어는 아니다.

下	學	而	上	達
아래 하	배울 학	말 이을 이	윗 상	통달할 달

孟母三遷

맹 모 삼 천

|뜻풀이| 좋은 교육환경을 위해 세 번 이사한 맹자 어머니

【고사】 맹자는 공자님처럼 생이지지(生而知之)했다고 추앙되지도 않았고, 태어나자마자 걸음을 걸으며 천상천하 유아독존(天上天下 唯我獨尊)이라고 했다는 신화도 가지고 있지 않다. 스승이 유명한 분도 아니어서 증자(曾子)의 문인(門人)에게서 사숙(私淑)했다는 것을 보면, 기초는 스승에게 배웠으나 그의 독특한 이론인 성선설(性善說), 사단

설(四端說), 호연지기설(浩然之氣說)은 다 그의 독학에서 얻은 독창적인 것이다. 맹자는 독자였기에 환경이 중요했고, 이 환경조성을 위해 훌륭한 그의 어머니는 세 번씩이나 자식의 교육을 위해 이사를 한 것이다. 처음 맹자가 살던 집은 공동묘지 근처였다. 어린 맹자는 상여놀이, 봉분 만드는 놀이를 하며 놀았다. '여기는 자식을 기를 만한 곳이 못되는구나.' 이렇게 생각한 그의 어머니는 시장 근처로 이사를 했다. 그러자 맹자는 이제 장사꾼 흉내를 냈다. '여기도 역시 자식을 기를 곳이 못된다.' 맹자의 어머니는 심사숙고하여 이번에는 서당 근처로 집을 옮겼다. 그러자 맹자는 학생들이 공부하는 모습과 제사상을 차리는 법, 예의를 갖춰 인사하고 행동하는 광경들을 일일이 흉내내며 노는 것이었다. 맹자 어머니는 '여기가 참으로 자식을 기를 만한 곳이다.' 하고 그곳에 자리를 잡았다. 이리하여 맹모삼천(孟母三遷), 또는 맹모삼천지교(孟母三遷之敎)라는 말이 유래했다.

[출전] 후한서의 열녀전(烈女傳)

[고사성어 더 알아보기]

- 竹林七賢 (죽림칠현) : 중국의 위나라 말엽, 진나라 초기에 허무를 주장하며 죽림에서 술을 마시면서 청담(淸談)을 하고 지내던 유영(劉伶)을 비롯 한 일곱 선비를 말한다.
- 晝寢夜梳(주침야소) : 낮에 자고 밤에 빗질한다는 뜻으로 몸에 좋지 아니한 일을 일컬음.

孟	母	三	遷
맏 **맹**	어미 **모**	석 **삼**	옮길 **천**

012

以心傳心
이 심 전 심

|뜻풀이| 말이나 글이 아닌 마음으로써 뜻을 전함

【고사】 어느 날 석가세존(釋迦世尊)이 영취산에 제자들을 불러 모았
다. 세존은 손가락으로 연꽃 한 송이를 말없이 집어 들고 약간 비틀어
보였다. 제자들은 그 뜻을 알 수 없어 잠자코 있었는데 가섭(迦葉)만
이 그 뜻을 알아차리고 미소지었다. 석가는 "나는 사람이 본래 갖추고

있는 마음의 덕(정법안장, 正法眼藏)과 번뇌를 벗어나 진리에 도달하는 마음(열반묘심, 涅槃妙心), 영원히 변하지 않는 진리(실상무상, 實相無相)와 그 진리를 깨치는 마음(미묘법문, 微妙法門)을 언어나 경전에 따르지 않고 너에게 전한다(불립문자 교외별전, 不立文字 教外別傳)." 하였다. 경전에 의지하지 않고 마음에 의해서만 진리가 전해지고 받아들여진다는 것이 이심전심의 유래로 법통(法統) 계승에 매우 중요하게 취급되었는데 스승에서 제자로 불법이 전해지며 불교의 심오한 진리를 깨닫게 해주는 말이다.

【출전】 전등록(傳燈錄), 오등회원(五燈會元)

● 전등록은 송나라 고승 도언(道彦)이 석가여래의 법맥(法脈)을 체계화하고 법어(法語)를 기록한 불서이고 오등회원은 다섯 가지 책(도원의 경전전등록, 이준욱의 천성광등록, 오명의 연등회요, 불국유백, 가태보등록)을 축약한 것으로 입문서로 평가된다.

以	心	傳	心
써 **이**	마음 **심**	전할 **전**	마음 **심**

013

敬遠
경 원

|뜻풀이| 겉으로는 공경하는 체하면서 기피하는 것

【고사】 공자의 제자 번지가 지(知)에 대해서 묻자 공자께서 말씀하셨다. "백성의 도리에 힘쓰고(務民之義), 귀신을 공경하면서도 멀리하면(敬鬼神而遠之) 지(知)라고 할 수 있다(可謂之矣)." 이것은 사람이 마땅히 해야 할 도리를 실천하는 데 힘을 기울이고 귀신의 힘을 빌려 복(福)을 구하고 화(禍)를 물리치는 어리석은 짓은 하지 않는 것이 지

혜로운 사람의 올바른 자세임을 말한 것이다. 경원은 공경하지만 멀리한다는 것으로 경이원지(敬而遠之)라고도 한다. 오늘날의 경원은 존경은 하면서도 가까이하기를 꺼리거나 겉으로는 존경하는 체하면서 속으로는 못마땅해 하는 뜻으로도 쓰인다.

공자의 이와 같은 생각은 유향의 설원(說苑)에도 나오는데 자공이 공자에게 "죽은 사람에게 지각이 있습니까(귀신이 있습니까)?" 라고 묻자 공자는 "죽은 사람에게 지각이 있다고 말하자니 효성스런 자손이 생업에 방해되면서까지 장사(葬事)에 몰두할까 염려되고 지각이 없다고 말하자니 불효한 자손이 죽은이를 유기하고 장사하지 않을까 염려된다. 자공아! 죽은 사람에게 지각이 있는지 없는지 알고 싶거든 기다렸다가 죽으면 저절로 알게 되리니 그때도 늦지 않을 것이다." 했는데 경원과 같은 태도라 할 수 있다.

【출전】 논어의 옹야편(雍也篇)

● 유교 경서의 하나로 공자가 그의 제자들과 당대의 사람들과 나눈 토론과 공자에게 배운 것을 기록 편찬한 것이다. 공자의 끊임없는 구도의 태도와 인에 도달하기 위한 교훈 등이 담겨있다.

敬	遠
공경 **경**	멀 **원**

014

유 능 제 강

柔能制剛

|뜻풀이| 부드러운 것이 강한 것을 제압한다는 것

【고사】 소서에 "부드러운 것이 능히 단단한 것을 이기고 약한 것이 능히 강한 것을 이긴다(柔能制强 弱能勝强)."라는 말이 있다. 노자 36장에 "부드럽고 약한 것이 능히 단단하고 억센 것을 이긴다(柔弱勝剛强)."라고 나와 있다. 부드러운 것이 강한 것을 이긴다는 말은 얼른 들으면 맞지 않는 말 같지만 큰 안목과 긴 시간을 두고 볼 때 맞는 말임

을 알 수 있다.

"남자는 천하를 움직이고 여자는 남자를 움직인다."든가 "우는 아이는 호랑이보다 곶감을 더 무서워한다."고 한다. 맹자는 인간의 이상정치 실현은 법복(法服)보다 덕복(德服)이라야 한다고 말했다. 많은 강포한 자와 죄인들이 권력이나 법의 제재로 새사람이 되는 것이 아니라 종교나 성현의 가르침, 정이 흐르는 사랑으로 회개한 예는 많다.

강철을 가는 것이 숫돌이요, 총알은 물렁한 솜을 뚫지 못하며 물이 쇠를 뚫는다. 대부분의 생각은 강해야만 얻고 사회를 잘 살아갈 것으로 생각하지만 인간의 70%가 물로 되어 있고 맹자께서 사람의 본성은 착하다고 하셨듯이 사랑과 애정으로 세상을 살아가는 것이 보다 인간답게 사는 길일 것이다.

[출전] 황석공소서(黃石公素書) 노자 36장(老子36章)

● 황석공소서는 병법을 적은 책이다. 또 유능제강이란 말은 노자의 도덕경에도 수록되어 있다. 도덕경은 노자가 지은 책으로 알려져 있으나 사상과 문체, 용어 등이 통일되지 않아 한 시대의 작품으로 보기 어렵고 여러 차례에 걸쳐 편집된 흔적으로 보아 오랜 기간 변형 과정을 거쳐 오늘날에 이른 것으로 본다. 노자가 도와 덕을 설파하는데서 도덕경이라 불리게 되었는데 대자연의 위대함을 유지하는 것이 도이며, 그 도의 작용을 덕이라 하였다. 도덕경은 인간 중심의 사상과 다른 독특한 인생과 처세술이 포함되어 있으며 자연이 가진 힘에 따르고자 하였고 지식인들의 진리탐구와 수양서로 영향력을 행사했다.

柔	能	制	剛
부드러울 유	능할 능	절제할 제	굳셀 강

015

附和雷同
부 화 뇌 동

|뜻풀이| 우레가 치면 만물이 응하듯, 자신의 소신 없이
다른 사람의 의견을 경솔하게 따르는 것

【고사】 〈곡예편〉 상에는 손윗사람에 대한 예절을 이렇게 설명하고
있다.

'다른 사람의 말을 자기의 말처럼 말하지 말고, 함부로 다른 사람의
의견에 동조하지 말고, 반드시 옛날의 성현을 모범으로 삼아 선왕의
가르침에 따라 이야기를 진행시켜 나가도록 하라.' '뇌동(雷同)이란

우레가 울리면 만물이 이에 의하여 울리는 것처럼 다른 사람이 말하는 것을 듣고, 그것이 옳고 그른지를 생각해 보지도 않고서 경솔하게 그 말에 부화공명(附和共鳴)하는 것을 말한다. 부화뇌동(附和雷同)이란 즉 뇌동(雷同)한다는 뜻으로 부화(附和)는 뒤에 첨가된 것이다. 논어(論語) 〈자로편〉에 "군자는 화합은 하되 뇌동은 아니하고, 소인은 뇌동을 해도 근본적으로 화합은 하지 못한다고 하는 것이다(君子和而不同 小人同而不和, 군자화이부동 소인동이불화)."라고 했는데 화(和)는 화합을 의미하고, 동(同)은 아첨하고 아부하는 뜻이 있다.

【출전】 예기의 곡예편 상(曲禮篇上)

● 예기(禮記)는 유교 경전 중 오경(五經)의 하나다. 예기는 의례의 해설뿐 아니라 음악, 정치, 학문 등 일상생활의 사소한 영역에 이르기까지 예의 근본정신에 대해 다양하게 서술하고 있다. 곡례는 몸가짐 등의 상세한 예식, 행사에 관한 예식, 행사에 관한 예로 상·하로 되어 있다.

附	和	雷	同
붙을 **부**	화할 **화**	우레 **뇌**	한가지 **동**

016

入鄕循俗

입 향 순 속

|뜻풀이| 그 고장에 가면 그 풍속을 따르라

風俗

【고사】 장자(莊子) 〈외편〉에는 '그 풍속에 들어가서는 그 풍속에 따른
다(入其俗從其俗)'라고 나와 있으며 논어(論語)에도 '어느 고장에 가든
지 그 고장의 풍속대로 살아가라'라고 했다. 서양 격언에도 '로마에
가서는 로마법을 따르라'는 말이 있다.

춘추전국 시대에는 국가 개념이 별로 없었다. 어제는 제나라 사람이,

오늘은 초나라 사람이 되고 내일은 정나라 사람이 되어도 그것이 별로 이상 할 것이 없는 시대였다. 그래서 입향순속은 자연스런 일반인의 생활 태도였다. 그러나 지금은 국가주의가 확고해서 솔제니친은 20년간 서방에 망명하고도 결국 러시아로 돌아갔다. 귀화를 하지 않는 한 그 국적으로 살아가는 것이다. 사람은 사회적 동물이기 때문이다. 입향순속은 어떤 단체나 직장에도 적용된다. 그 나름대로의 전통이나 관습이 있기 때문에 새로 입사한 자나 다른 곳에서 전입해온 중역일지라도 그곳의 동료나 상사, 부하들에게 묻고 듣고 보아서 보조를 맞춰나가는 것이 순서일 것이다. 개선이나 시정할 일이 있으면 서서히 해 나가야 한다. 갑작스런 변혁은 영웅만이 할 수 있는 것인데 '영웅도 시대에 따라 나온다'고 했다.

중용(中庸)에 이르기를 '부귀에 바탕을 두었을 때는 부귀에 맞게 행하고 가난에 바탕하였을 때는 빈천에 맞게 행하고 오랑캐에 바탕하였을 때는 오랑캐에 맞게 행하고 환난에 바탕하였을 때는 환난에 맞게 행한다(素富貴 行乎富貴 素夷狄 患乎夷狄)'고 했다. 춘추전국 시대는 입향순속이 매우 중요했다. 오늘날 무역 대국이 되려면 각 나라의 풍속과 습관을 잘 알아야 한다고 한다. 알래스카에 가서 선풍기를 팔거나 열대지방에 가서 온풍기를 팔려는 사람은 없겠지만 문화의 차이에서 오는 불일치를 극복하지 못해서 뜻하지 않은 무역장벽을 만나는 경우가 종종 있는 것은 입향순속의 필요성을 새삼 일깨워 준다.

【출전】 회남자의 제속편(齊俗篇)

入	鄕	循	俗
들 입	시골 향	돌 순	풍속 속

017

過猶不及
과 유 불 급

|뜻풀이| 지나친 것은 미치지 못한 것과 같다

【고사】 자공이 공자에게 물었다.

"스승님, 사(子張, 자장)와 상(子夏, 자하) 중 누가 뛰어납니까?"

공자께서 말씀하셨다.

"사는 지나치고 상은 미치지 못하는구나."

자공이 다시 물었다.

"그러시다면 사가 더 낫다는 말씀이십니까?"

공자께서 다시 대답하셨다.

"지나친 것이나 미치지 못한 것이나 마찬가지니라(子貢問師與商也 孰賢 子曰師也過 商也不及 曰然則師愈與 子曰過猶不及)."

자장과 자하 두 사람은 수많은 공자의 제자 중에서도 현명하기로 손꼽히는 사람이었던 모양이다. 그래서 자공이 그들 두 사람 중에 누가 더 현명하냐고 물었던 것이 아니겠는가. 재주가 있고 뜻이 넓은 것을 현명하다고 한다. 그런데 자장은 너무 영특한 관계로 자주 도에 지나치는 수가 있었고, 자하는 약간 보수적인 관계로 가끔 도에 미치지 못하는 일이 있었던 것이다. 그래서 공자는 누가 더 나은 편이라고 말하지 않고 각각 그들의 부족한 점을 말했던 것이다. 보통 생각하기에는 어떻겠는가? 그래도 부족한 편보다는 약간 남는 것이 더 낫다고 생각할 것이 아니겠는가? 그러나 도를 생각하고 있는 공자의 마음은 그렇지 않았다. 모든 도는 중용(中庸)을 얻어야 하므로 현명함에 있어서도 그 정도를 맞추어야 한다. 너무 지나친 것도 부족한 것과 마찬가지로 중용의 도를 잃고 있어 공자는 너무 지나친 것도 부족한 것과 다를 바가 없다고 하신 것이다.

[출전] 논어의 선진편(先進篇)

過	猶	不	及
지날 과	오히려 유	아닐 불	미칠 급

018

口禍之門

구　화　지　문

|뜻풀이| 입이 재앙을 불러들이는 문이 된다는 뜻으로
말조심을 하라는 경계의 표현

【고사】 풍도(馮道)는 당(唐)나라 말기에 태어나 당(唐)나라가 멸망하
고 여러 왕조가 난립하였지만 뛰어난 처세술로 다섯 왕조(王朝)를 거
치면서 재상을 지냈다. 현실주의 정치가로 문학적 재능도 출중했지만
자신의 능력을 과신하거나 내세우는 법이 없어 동란의 시기에도 73세
의 천수를 누린 사람이다. 그의 설시(舌詩)라는 시(詩)에는 "입은 곧

52

재앙의 문이요, 혀는 곧 몸을 자르는 칼이라 입을 닫고 혀를 깊이 감추면 가는 곳마다 몸이 편하다(口是禍之門 舌詩斬身刀 閉口深藏舌 安身處處牢).”라 했다. 이는 우리나라 속담에 ‘화는 입으로부터 나오고(禍自口出), 병은 입으로부터 들어온다(病自口入).’라는 표현과 같다. 또 태평어람(太平御覽) 인사편(人事篇)에는 ‘병은 입을 쫓아 들어가고(病從口入), 화는 입을 쫓아 나온다(禍從口生).’는 말이 있는데 병은 음식을 조심하지 않는데서 오며 화는 말을 조심하지 않은데서 나온다는 뜻이다. 이는 옛 성현의 가르침에 재앙을 불러들이는 입이 되지 않도록 말조심을 하라는 경계의 가르침이다.

명심보감에는 ‘사람을 이롭게 하는 말은 따뜻하기가 솜과 같고 사람을 해롭게 하는 말은 날카롭기가 가시나무와 같으니 한마디 말이 사람을 이롭게 할 때의 가치는 천금보다 귀중하고 한마디 말이 사람을 상하게 할 때에는 아프기가 칼로 베는 것과 같다’고 하였다.

【출전】 전당시(全唐詩)의 설시(舌詩)

口	禍	之	門
입 **구**	재앙 **화**	갈 **지**	문 **문**

019

극 기 복 례

克己復禮

|뜻풀이| 자기 욕심을 버리고 예의 범절을 따름

【고사】 공자(孔子)의 중심 사상 인(仁)은 어질다는 뜻으로 선(善)의 근원이 되고 행(行)의 기본이 되는 것을 이른다. 공자가 인을 실천 윤리의 기본 이념으로 삼으면서부터 그 의미는 일체의 덕목을 포괄하는 넓은 의미를 갖게 되었다. 인(仁)에 대한 공자의 가장 대표적인 정의

는 극기복례(克己復禮), 즉 자기 자신을 이기고 예를 따르는 삶이 곧 인이라는 것이다. 공자의 제자 안회(顔回)가 인(仁)을 묻자 공자께서 말씀하셨다. "나를 이기고 예로 돌아가는 것이 인이다. 하루동안 나를 이기고 예로 돌아가면 천하가 인으로 돌아온다. 인을 행함은 내게 있는 것이지 다른 사람에게 있는 것이 아니다." 극기복례의 실천조목으로 "공자가 말하기를 예가 아닌 것을 보지 말고, 예가 아닌 것은 듣지 말고, 예가 아닌 것은 말하지 말고, 예가 아니면 행동하지 말라 (子曰 非禮勿視 非禮勿聽 非禮勿言 非禮勿動)."고 하셨다.

【출전】 논어의 안연편(顔淵篇)

● 논어(論語)는 중국의 유교경전으로 공자(孔子)의 가르침을 그의 제자들이 후세에 편찬한 책이다. 공자는 인(仁)의 실천에 바탕을 둔 개인적 인격의 완성과 예(禮)로 표현되는 사회질서의 확립을 강조하였으며, 궁극적으로는 도덕적 이상 국가의 완성이다.

克	己	復	禮
이길 **극**	몸 **기**	회복할 **복**	예도 **례**

020 大器晚成

|뜻풀이| 큰 그릇은 오랜 시간과 많은 노력을 들인 뒤에 완성된다는 뜻

【고사】 노자(老子)가 옛글을 인용하여 도(道)를 설명하는데 "밝은 도
는 어두운 것 같고, 나아가는 도는 물러서는 것 같고, 평탄한 도는 굽
은 것 같고, 가장 높은 덕은 낮은 것 같다. 너무 흰 빛은 검은 것 같고,
넓은 덕은 한쪽이 이지러진 것 같다. 아주 건실한 도는 빈약한 것 같

56

고 매우 질박한 도는 어리석은 것 같다. 그러므로 큰 네모에는 구석이 없고 큰 그릇은 늦게 이루어진다(大器晚成). 아주 큰 소리는 들을 수 없고, 아주 큰 형상은 모양이 없다. 왜냐하면 도는 항상 사물의 배후에 숨어 있는 것으로 무엇이라 긍정할 수도, 부정할 수도 없기 때문이다. 여기서 만성(晚成)이란 본래 아직 이루어지지 않았다는 말로 거의 이루어질 수 없다는 뜻이 강하다. 그러므로 '큰 인물은 쉽게 이루어지지 않는다.'는 뜻이 되며, 이것이 후일 '큰 인물은 늦게 이루어진다.'로 사용되고 있다.

삼국 시대 위(魏) 나라에 최염(崔琰)이란 장수가 있었다. 그에게는 최림(崔林)이라는 사촌동생이 있었는데 출세도 못하고 외모도 빈약하여 친척들에게 멸시를 당하였다. 그러나 최염은 그의 재능을 알아보고 "아우는 소위 대기만성(大器晚成)형입니다"라고 격려하였다. 그의 말대로 최림은 천자의 보좌관이 되었다. 출세한 사람 모두가 젊어서 뜻을 이루고 큰 그릇이 되는 것은 아니다.

【출전】 노자(老子)의 41장(章)

[고사성어 더 알아보기]

• 成德君子(성덕군자) : 덕을 매우 높이 쌓은 훌륭한 사람.
• 盛衰之理(성쇠지리) : 성하고 쇠퇴함이 끊임없이 잇달아 도는 이치.
• 修身齊家(수신제가) : 몸과 마음을 닦아 수양하고 집안을 다스리는 일.
• 羞惡之心(수오지심) : 자기의 옳지 못함을 부끄러워하고 남의 옳지 못함을 미워할 줄 아는 마음.

大	器	晚	成
큰 대	그릇 기	늦을 만	이룰 성

021 登龍門

|뜻풀이| 용이 되어 하늘로 올라갈 수 있는 문
입신출세의 관문이라는 뜻

【고사】 후한(後漢)의 이응(李膺)은 명망 높은 선비로 퇴폐한 환관(宦官)들과 맞서 나라의 기강을 바로잡으려 노력하였다. 그는 몸가짐이 고결하고 청백하여 "천하의 모범은 이응"이라는 칭찬을 받게 되었는데 이응전에 '선비들은 그의 용접을 받는 사람이 있으면 이름하여 등용문이라 했다(士有被其客接者 名爲登龍門).'고 나와 있다. 용문(龍

門)은 황하 상류에 있는 산골짜기 이름으로 이 근처는 물의 흐름이 가파르고 빨라서 보통 고기들은 올라갈 수가 없었다. 그래서 강과 바다의 큰 고기들이 용문 밑으로 수천마리 모여들었으나 도저히 올라가지 못했다. 그래서 등용문이란 심한 난관을 극복하고 비약의 기회를 잡는 것을 뜻하게 되었다.

인격
형성

점액(點額)이란 흠 점(點), 이마 액(額)으로 '이마에 상처를 입다' 로 시험에 낙방함을 뜻한다. 용문에 오르지 못한 물고기는 급류에 휩쓸려 근처 바위에 부딪쳐 이마에 상처를 입는 것을 이르는 말이다. 당나라의 시인 이백의 시 삼진기(三秦記)에 나오는 말로 '점액하여 용이 되지 못했네 點額不成龍' 란 말이 나온다.

【출전】 후한서의 이응전(李膺傳)

후한서(後漢書)는 송(宋)의 범엽(范曄)이 편찬한 기전체(紀傳體) 사서(史書)로 광무제(光武帝)에서 헌제(獻帝)에 이르는 후한의 13대 196년 역사를 기록하고 있다.

[고사성어 더 알아보기]

• 同苦同樂 (동고동락) : 괴로움도 즐거움도 함께 함.
• 東問西答 (동문서답) : 질문에 대한 엉뚱한 대답.
• 斗酒不辭 (두주불사) : 말술도 사양하지 않음. 곧 주량이 대단 함.

登	龍	門
오를 등	용 용	문 문

022

青雲之志
청 운 지 지

|뜻풀이| 높은 지위에 오르고자 하는 야망

【고사】 장구령(張九齡)은 당 현종(玄宗) 때의 재상으로 강직한 성품
이었는데 이임보(李林甫)의 모략으로 형주자사(荊州刺史)로 좌천되
었다. 청운(靑雲)은 그가 재상의 자리에서 물러나 초야에 있을 때 쓸
쓸함을 읊은 오언절구(五言絕句)의 "거울을 비춰 백발을 본다(照鏡
見白髮)."라는 시에서 찾아 볼 수 있다.

옛날 청운의 뜻을 품고 벼슬길에 나갔는데
다 늙은 지금에 와서 차질을 빚게 되었다
누가 알리요 밝은 거울 속의 그림자와
그것을 보고 있는 내가 서로 측은히 여기고 있는 것을

청운 즉, 푸른 구름은 귀한 구름이다. 신선이 있는 곳이나 천자가 될
사람이 있는 곳에는 푸른 구름과 오색구름이 떠 있다고 한다. 그래서
청운의 꿈을 꾼다는 말은 남보다 출세할 뜻을 갖고 있다는 말이다. 청
운은 출세 외에도 덕이 높은 사람, 지위가 높은 사람을 뜻하기도 하는
데 〈백이열전〉에서 태사공(太史公, 사마천)은 이렇게 말하고 있다.
"민간에 있는 사람들이 덕을 쌓아 명성을 얻을 때 '청운 선비'의 힘을
빌지 않으면 어떻게 후세에 그 이름을 전할 수 있겠는가(閭巷之人 欲
砥行立名者 非附靑雲之士 惡能施于後世哉)?" 하였다. 이말은 백이
나 숙제 같은 사람도 공자와 같은 성인이 훌륭하다고 평해주지 않으
면 그 이름을 세상에 떨칠 수 없다는 것을 말한 것이다.

【출전】 장구령(張九齡)의 조경견백발(朝鏡見白髮)

靑	雲	之	志
푸를 청	구름 운	갈 지	뜻 지

023

환 골 탈 태
換骨奪胎

|뜻풀이| 사람의 외모가 바뀌듯 문장이 남의 손에 의해 새로워짐

【고사】 환골탈태(換骨奪胎)는 뼈를 바꾸고 태를 빼낸다는 뜻으로 원래 도가의 연단법에 새로운 사람이 되는 것을 말하는 것이었다. 황정견이 이것을 인용하여 다른 사람의 손을 거쳐 더욱 아름답고 새로운 글로 변하는 것에도 이 말을 쓰게 되었다. 황정견(黃庭堅)은 스승 소

식(蘇軾)과 함께 북송을 대표하는 시인으로 명성이 높았다. 그는 박식하였지만 자신의 학식을 자랑하지 않았고 자신만의 독자적인 이론을 펼쳤는데 환골탈태(換骨奪胎)는 그 중 하나이다. 황정견이 말하기를 "시의 뜻은 무궁한데 인간의 재주는 유한하다. 유한한 재주로 무궁한 뜻을 쫓는 것은 도연명이나 두보라도 해낼 수 없다. 그 뜻을 바꾸지 않고 시어를 만들어 내는 것을 환골법(換滑法)이라하고, 그 뜻을 본받아 묘사하는 것을 탈태법(奪胎法)이라고 한다." 즉, 환골은 시의 표현을 바꾸는 것이고 탈태는 시의 융화를 조정하는 것이다. 환골탈태의 문장법은 남이 지은 글을 표절하는 것과는 다르며 그것을 이용하여 보다 깊고 절실한 표현을 얻게 되는 것을 말한다.

【출전】 혜홍(惠洪)의 냉재야화(冷齋夜話)

[고사성어 더 알아보기]

● 尺山寸水(척산촌수) : 높은 곳에서 멀리 산수를 바라볼 때 작게 보임을 이르는 말.
● 隻紙斷絹(척지단견) : 글을 쓴 얼마 안 되는 종이와 비단.

換	骨	奪	胎
바꿀 **환**	뼈 **골**	빼앗을 **탈**	아이밸 **태**

024

實事求是

실 사 구 시

|뜻풀이| 일을 참답게 하여 옳은 것을 찾는 다는 뜻으로
사실을 토대로 하여 진리를 구함

考證

【고사】 실사구시(實事求是)는 사실을 토대로 진리를 탐구하다. 즉, 눈
으로 보고 귀로 듣고 손으로 만져 보는 것과 같은 실험과 연구를 거쳐
누구도 부정하거나 부인할 수 없는 객관적 사실을 통해 정확한 판단
과 해답을 얻는 것이 실사구시이다.

한서 하간헌왕덕전(河間獻王德傳)에 '학문을 닦아 옛 것을 좋아하며

일을 참되게하여 옳은 것을 찾는다(修學好古 實事求是).'에서 그 유래를 찾을 수 있는데 청나라 때 고증학파가 공리공론(空理空論, 이치에 맞지 않는 허황된 이론)만 일삼는 송명이학(宋明理學)에 대한 반동으로 내세운 표어이다. 그들은 정확하고 폭넓은 자료 수집과 고증(考證)을 통한 과학적이며 객관적인 학문 연구의 태도로 문헌 연구에 큰 성과를 거두었으나 사상적인 면에서는 별다른 주목을 받지 못했다.

인격
형성

【출전】 한서의 하간헌왕덕전(河間獻王德傳)

● 한서는 사기(史記)와 함께 대표적인 역사서로 꼽히는데 한고조의 유방부터 왕망의 난까지 12대, 130년 간의 전한 시대를 기록한 것이 특징이다. 한서의 저자 반고는 아버지 반표가 지은 사기후전(史記後傳)을 기초로 하여 한서를 집필했는데 20여년이 걸린 필생의 대작이다. 12제기(帝紀) 10지(志) 70열전(列傳) 전 100권으로 이루어졌다.

實	事	求	是
열매 **실**	일 **사**	구할 **구**	이 **시**

025

일 각 천 금

一刻千金

|뜻풀이| 짧은 시간이라도 천금의 값어치만큼 귀중하다는 뜻

【고사】 중국을 대표하는 탁월한 문장가 중 한 사람인 소동파(蘇東坡)
의 유명한 시 가운데 '춘야행(春夜行)'이라는 것이 있다.

봄날 달밤의 한때는 천금의 값어치가 있네 春宵一刻値千金
꽃에는 맑은 향기가 있고 달은 희미하게 흐려져 花有淸香月有陰

노래 부르고 피리 불던 누대도 소리없이 적적하니 歌管樓臺聲寂寂
그네가 걸려 있는 안뜰은 밤만 깊어 가누나 鞦韆院落夜沈沈

이 시에서의 일각천금은 유유자적하며 봄밤의 아름다운 분위기를 예
찬한 것으로 짧은 시간도 천금에 해당 할 만큼 큰 가치가 있다는 뜻이
다. 이것이 서양의 시간 관념과 융합되면서 '시간을 아껴 노력해라.'
등으로 변했다. 미국의 정치가이자 과학자인 벤저민 프랭클린은 "만
일 네가 네 인생을 사랑 한다면 네 시간을 사랑하라, 왜냐하면 인생은
시간으로 구성되어 있기 때문이다." 라고 하였다.

【출전】 소동파의 춘야행(春夜行)

● 본명은 소식(蘇軾) 호는 소동파(蘇東坡)로 본명보다는 호로 더 잘 알려져 있
다. 당송팔대가의 한 사람으로 송나라 최고의 시인이다. 그의 시는 철학적 요소
가 짙고 자신의 생각과 감정을 진솔하게 표현하여 지금까지도 중국인들의 지속
적인 사랑을 받고 있다.

一	刻	千	金
한 일	새길 각	일천 천	쇠 금

026

戰戰兢兢

전 전 긍 긍

|뜻풀이| 어떤 위기감에 절박해진 심정을 비유한 말

【고사】 전전(戰戰)이란 겁을 집어먹고 떠는 모양을, 긍긍(兢兢)은 몸을 삼가고 조심하다를 말한다. 전전긍긍의 유래는 시경(詩經) 소아편(小雅篇) 소민(小旻)에서 찾을 수 있는데 춘추전국시대 서주(西周) 말엽, 봉건제도가 해체되는 과도기적 시대에 실정이 거듭되고 천하가 위태로워지자 이를 한탄한 시다.

맨손으로 호랑이를 잡을 수 없고 不敢暴虎
걸어서는 황하를 건널 수 없네 不敢馮河
사람들이 그 한 가지는 알고 있으나 人知其一
그 밖의 것들은 알지 못한다 莫知其他
생각하면 언제나 벌벌 떨면서 戰戰兢兢
마치 깊은 연못에 임한 것같이 하고 如臨深淵
엷디엷은 살얼음 위를 걷는 듯하네 如覆薄氷

인격
형성

또, 논어(論語)의 태백편(泰伯篇)에 증자(曾子, 춘추시대의 유학자)가 병이 중해 제자들을 불러 말했다. "내 발을 펴고, 내 손을 펴라, 시경에 이르기를 '매우 두려운 듯이, 깊은 연못에 임한 것 같이 얇은 얼음을 밟는 것 같이 조심 하라.'고 했다. 지금 이후로 나는 그것을 면함을 알겠구나, 제자들아(曾子有病 김門弟子曰 啓予足 啓予手 詩云 戰戰兢兢, 如臨深淵, 如覆薄氷 而今而後 吾知 免夫小子)!"

시경의 시에서 전전긍긍은 정치하는 사람이 악정 속에서 두려움으로 조심해야 한다는 뜻이고, 증자의 말은 부모님이 살아계실 때는 몸을 온전히 보존하는 것이 효도이므로 조심하라는 의미이다. 그러나 이것이 오늘날 죄나 잘못을 저지르고 두려워하거나 사건의 여파가 미칠까 불안에 떠는 경우 등 부정적 의미로 쓰인다.

【출전】 시경의 소아소민편(小雅小旻篇), 논어의 태백편(泰伯篇)

戰	戰	兢	兢
싸움 전	싸움 전	삼갈 긍	삼갈 긍

027

格物致知

격 물 치 지

|뜻풀이| 사물의 이치를 근거로 지식을 확실하게 하고 넓힌다는 뜻

【고사】 중국 사서(四書)의 하나인 대학(大學)에 나오는 말로 사물의
이치를 연구하여 자기의 지식을 다듬어 간다는 뜻으로 해석한다. 대
학의 팔조목(八條目) 중 사물에 대하여 깊이 연구하여(格物, 격물) 지
식을 넓히는 것(致知, 치지)을 가리킨다. 그 해석을 놓고 여러 학파(學

派)가 생겨났는데 대표적인 주자학은 모든 사물의 이치를 끝까지 파고 들어가면 앎에 이른다고 설명하며 만물의 이치인 본성과 사물의 이치가 하나라는데 기초한 것이다.

양명학은 주자학 사상에 반대하여 왕양명이 주창한 학문으로 지식을 넓히는 것은 사물을 바로 잡는데 있다고 하여 물욕을 물리쳐야 한다고 주장하였다. 즉, 주자는 지식 위주인 것에 반해 왕양명은 도덕적 실천을 중시하는데 차이점이 있다.

【출전】 대학의 팔조목(八條目)

● 송대에 불교와 도교에 맞서 새로운 성리학의 체계를 세우면서 예기에서 중용과 대학(大學)으로 나뉘었다. 대학의 내용은 삼강령 팔조목으로 구성되어 있는데 강력은 으뜸이 되는 큰 줄거리라는 뜻으로 명명덕(明明德), 신민(新民), 지어지선(止於至善)으로 이루어져 있고 팔조목은 격물(格物), 치지(致知), 성의(誠意), 정심(正心), 수신(修身), 제가(齊家), 치국(治國), 평천하(平天下)를 말한다.

格	物	致	知
격식 **격**	물건 **물**	이를 **치**	알 **지**

028

刮目相對

괄 목 상 대

|뜻풀이| 학식이나 재주 등이 몰라보게 향상됨을 가리킴

【고사】 삼국(三國)이 서로 대립하고 있을 당시 오(吳)나라 손권(孫權)의 부하 중에 여몽(呂蒙)이라는 장수가 있었다. 무식한 여몽이었으나 전쟁에서 세운 공으로 인해 졸병에서 장군까지 승진이 되었다. 손권은 그가 이론적인 병법까지 알기를 원해서 학문을 깨우치도록 충고를

72

했다. 얼마 후 뛰어난 학식을 가진 노숙이 여몽과 의논할 일이 있어 찾아갔다. 여몽과는 막역한 친구여서 누구보다도 그를 잘 아는 노숙이지만 얘기를 나누는 사이 예전과 다른 그의 박식함에 깜짝 놀랐다. 그러자 여몽은 노숙에게 "선비가 헤어진 지 사흘이 지나면 눈을 비비고 다시 대해야 할 정도로 달라져 있어야 하는 법이라네(士別三日卽更刮目相對)."하였다.

괄목상대는 노력하는 자에게 좋은 결과가 있다는 것을 말해주는 고사다. 역사상에는 미천하고 무식한 위치에서 괄목상대 할 큰 인물이 된 사람도 많이 있다. 또한 훌륭한 학식을 가지고 있지만 게을러서 뛰어난 사람이 못되고 남이 알아주지 않는 것만을 한탄 하는 것이 얼마나 어리석은 일인가를 깨닫게 해준다.

노력

[출전] 삼국지의 여몽정(呂蒙正)

● 삼국지는 진(晋)나라의 학자 진수가 편찬한 것으로 위서(魏書) 30권, 촉서(蜀書) 15권, 오서(吳書) 20권으로 총 65권으로 되어있는 후한 말, 혼란기의 역사서이다. 나관중의 삼국지통속연의(三國志通俗演義)는 진수의 삼국지를 바탕으로 써진 소설 삼국지다.

刮	目	相	對
긁을 괄	눈 목	서로 상	대할 대

029

계 구 우 후

鷄口牛後

|뜻풀이| 소의 꼬리가 되지 말고 닭의 입이 되라

【고사】 제나라 귀곡 선생으로부터 학문을 배운 두 제자 소진과 장의 중 소진은 제국(諸國)이 합종(合縱)을 하여 진(秦)나라와 대항해야 한다고 유세하고, 장의는 합종설에 반대하여 열국이 진(秦)나라를 섬겨야 한다는 연횡책(連衡策)을 주장하였다.

"한(韓)나라는 토지는 비옥하고 성곽은 견고하며 군인들은 용맹하고 좋은 무기를 가지고 있습니다. 거기다 대왕은 현명하신데 이런 유리한 조건을 갖춘 한나라가 진(秦)나라를 섬긴다는 것은 천하의 비웃음 거리가 됩니다. 올해 진나라가 요구하는 땅을 주면 내년에는 더 많은 것을 요구할 것이며 한 번이라도 거절하면 진나라의 침략을 당할 것이므로 결국에는 싸움도 없이 국토를 빼앗기게 됩니다. 속담에 '닭의 머리가 될지언정 소의 꼬리(鷄口牛後)는 되지 말라.'고 했습니다. 지금 진나라를 섬기고 있는 것은 소의 꼬리 짓을 하는 부끄러운 일입니다."

소진은 계속하여 위(魏), 제(齊), 초(楚)나라 등으로 유세를 다녀 군왕(君王)들을 잘 설득해서 여섯 나라는 맹약을 맺고 힘을 합치게 되었다. 그리고 소진은 그 맹약의 장(長)이 되고 6국의 재상을 겸하게 되었다.

현대는 다원사회가 되어 대기업이건 중소기업이건 사원 노릇을 할 것인가 독립하여 창업을 하느냐에 있어서 '계구우후'가 거론된다. 우후로 남느냐 계구가 되느냐 하는 문제는 자신의 능력과 추진력, 협력자 등을 잘 판단하여 결정할 문제다. 하지만 계구만이 훌륭하고 우후는 못났다고 생각하는 것은 편견이다. 가능하면 우후보다 계구가 낫겠지만 우후가 없으면 어떻게 일하는 황소가 존재 할 수 있겠는가?

[출전] 사기의 소진열전(蘇秦列傳)

鷄	口	牛	後
닭 계	입 구	소 우	뒤 후

030

不得要領

부 득 요 령

|뜻풀이| 아주 진요할 일을 달성시키지 못함을 뜻함

【고사】 한(漢)나라 무제(武帝)는 흉노에 원한이 있는 대월지국(大月支國)과 협공하기 위해 BC 139년 낭관(郎官) 장건(張騫)을 대월지국에 사신으로 보냈다. 흉노출신 감부(甘父)라는 자를 안내인으로 한 백여 명의 일행은 농서(隴西)에서 흉노의 땅에 들어서자마자 체포되어 10

년간이나 억류되어 있으면서 장건은 흉노 여인과 결혼하여 두 아들까지 두었으나 사명을 잊지 않고 기회를 틈타 처자와 수행원을 데리고 대원국(大宛國)으로 탈출한다. 대원국은 한과의 물자 교역을 바라고 있었으므로 장건을 대월지국까지 보내주었다. 그때 대월지국에서는 전왕이 흉노와의 싸움에서 죽은 직후였지만 신왕(新王)은 대하국(大夏國)을 정복하여 그곳에 거주하고 있었는데, 땅이 비옥하여 생활이 풍족했으므로, 흉노에 대한 복수심도 시들어 갔고 너무나 먼 거리에 있는 한과의 국교 같은 것에는 관심조차 보이지 않았다. 그리하여 장건은 끝내 대월지국 왕의 동의를 얻지 못하고 그 나라에 1년 남짓 머물다가 귀국길에 올랐다(騫從月氏至大夏 意不能得 月時要領 留歲餘還). 그러나 돌아오다 흉노에게 다시 잡혀 1년쯤 억류되어 있다가 흉노 왕 선우가 죽어 혼란한 틈을 타 탈주하여 고국 장안(長安)을 떠난 지 13년만에 돌아왔는데 남은 사람은 흉노출신인 처와 장인, 장건 세 사람뿐이었다. 그는 대하에 있으면서 각처를 돌아다니면서 견문을 넓힌 바있었기에 비록 소기의 목적은 부득요령(不得要領)으로 끝났지만 서역문명(西域文明)의 소개자로서 청사(靑史, 역사)에 길이 업적을 빛내기에 이르렀다.

【출전】 한서의 장건전(張騫傳)

不	得	要	領
아닐 **부**	얻을 **득**	요긴할 **요**	거느릴 **령**

031

論功行賞
논 공 행 상

|뜻풀이| 공로가 크고 작음을 의논하여 상을 내림

【고사】 위(魏)나라 2대왕 문제(文帝)는 선위(禪位)의 형식을 빌어 한 황실(漢皇室)을 멸망시키고 천자에 오르지만 천하통일을 하고 천자가 된 것이 아니라 삼국(위·촉·오, 魏·蜀·吳)이 정립한 상태였다. 황 태자 조예(曹叡)는 명석하지 못해 문제(文帝)는 죽기 며칠 전 집안의

78

맹장인 조진과 조휴, 유교의 법에 정통한 진군(陳群), 백전노장 사마의(司馬懿)에게 명제를 부탁하지만 문제의 죽음은 오(吳)나와 촉(蜀)에게 위(魏)를 공격할 기회를 준다. 3개월 후에 오(吳)의 손권(孫權)이 스스로 군대를 이끌고 위(魏)의 강하군(江夏郡)을 공격하고, 이에 호응하듯 오(吳)의 제갈근(諸葛謹)과 장패(張覇)등이 양양(襄陽)을 침략한다. 강하는 태수(太守)문빙(文聘)이 손권을 격퇴시키고 양양은 사마의가 오군을 격파하여 장패를 목 베고, 조휴(曹休)도 심양(尋陽)에서 오(吳)의 별장(別將)을 격파하는 전공을 세운다. 그래서 명제(明帝)는 장수들의 공적을 조사하여 상을 주었는데(論功行賞) 그 지위에 따라 주었다고 삼국지에 기록되어 있다.

노력

【출전】 삼국지의 위지명제기(魏誌明帝紀)

論	功	行	賞
논할 **논**	공 **공**	다닐 **행**	상줄 **상**

032

一擧手一投足

일 거 수 일 투 족

|뜻풀이| 손 한 번 들고 발 한 번 옮겨놓을 정도로 아주 쉽게
할 수 있는 일을 뜻함

【고사】당대의 시험에는 여러 종류의 과목이 있는데 한유가 받은 것
은 '박학홍사과(博學鴻詞科)'였다. 시험은 2단계로 되어 있어서 처음
에는 '예부(禮部)'에서 행해지고 여기서 합격하면 '이부(吏部)'에서 두
번째 시험을 받도록 되어 있었다. 한유는 25세에 예부의 시험에 합격

80

했지만 이부시험에는 몇 번을 응시해도 실패했다. 당대에는 서생들이 시험관에게 미리 시문(時文)을 지어서 증정하여 그 역량을 알아주기를 바라는 것이 습관이었으므로 이 편지도 시험관에게 보낸 것이라고 하여도 좋다. 편지의 내용을 간추리면 "나는 보통 사람과 다른 걸물(傑物)이다. 그러나 아무리 걸물이라도 하늘에 오르려면 물이 있어야 하며 물이 없으면 말라 죽어 보통 사람들의 웃음거리가 될 뿐이므로 마르지 않고 하늘에 올라가 훌륭한 관리가 될 수 있도록 제발 이끌어 달라." 하고, '힘이 있는 그대가 나의 궁한 처지에서 옮겨 주는 것은 손이나 발을 잠깐 움직이는 것의 노력에 지나지 않는다(其窮而運轉之蓋一擧手一投足之勞也).' 라고 하였다. 편지에서의 일거수일투족은 약간의 수고로 할 수 있는 쉬운 일을 뜻하는데 오늘날에는 '크고 작은 동작 하나하나' 를 이르는 말로 '감시하다' 라는 의미로도 쓰인다.

【출전】 사방득의 문장궤범(文章軌範)

● 문장궤범은 송나라 때 사방득(謝枋得)이 과거를 보는 사람들에게 참고가 될 만한 글 69편을 뽑아 엮은 책으로 중국 당나라의 문학가 겸 사상가인 한유의 글이 제일 많다. 일거수일투족은 응과목시여인서(應科目時與人書-과거에 응함에 있어 시험관에게 띄우는 편지)라는 한유의 편지에서 유래되었다.

一	擧	手	一	投	足
한 일	들 거	손 수	한 일	던질 투	발 족

033

螢雪之功

형 설 지 공

|뜻풀이| 눈빛과 반딧불의 불빛을 빌어 책을 읽음

【고사】 손강(孫康)은 집이 너무 가난해서 기름을 살 돈이 없었다. 대지 위에 눈이 내리면 눈빛으로 책을 비추어 글을 읽었다. 그는 젊었을 때부터 청렴결백하고 충실해서 어사대부(御史大夫, 감찰원장) 벼슬까지 했다. 진(晋)나라 차윤(車胤)은 가난한 살림 때문에 밤에 기름이 없

어 불을 밝힐 수 없었다. 여름이면 비단 주머니에 수십 마리의 반딧불을 담아 글을 비추어 밤을 새우며 공부를 계속했다. 그는 벼슬이 이부상서(吏部尚書, 내무부장관)까지 올랐다. 이 이야기에서 고학하는 것을 형설(螢雪)이라고 말하게 되었다. 명대(明代)의 소화집(笑話集)에 다음과 같은 내용이 실려 있다. 어느 날 손강이 차윤을 찾아갔는데 집에 없었다. "어디에 가셨는가?"하고 묻자 문지기가 대답했다. "반딧불을 잡으러 나가셨습니다." 그 뒤 차윤이 답례를 하기 위해 손강의 집을 찾아가니 손강은 그때 마당 가운데 멍청히 서 있었다. "왜 책을 읽지 아니 하십니까?"하고 묻자 손강이 대답했다. "어차피 오늘의 하늘 모양을 보니 눈이 내리지 않을 것 같습니다."

【출전】 이한(李瀚)의 몽구(蒙求)

● 당나라 때의 학자 이한이 지은 아동용 교육서로 중국 역대의 뛰어난 인물과 그 행적을 소개하는 형식으로 구성되어 있다. 역사적 사실을 바탕으로 윤리와 애국 등에 초점을 둔 것이 특징이고 네 글자를 한 구절로 하고 비슷한 사례 두 구를 합쳐 여덟 자를 한 문장으로 만들어 천자문처럼 아이들이 쉽게 외울 수 있게 되어 있다.

螢	雪	之	功
반딧불 형	눈 설	갈 지	공 공

034

乾坤一擲
^건 ^곤 ^일 ^척

|뜻풀이| 천하를 걸고 일대 승부를 겨룬다는 뜻

【고사】 진나라를 무너뜨린 초(楚)의 항우(項羽)와 유방(劉邦)은 중국 천하를 두고 경쟁하였는데 서로 천하를 독차지하기 위해 피나는 싸움을 하게 되었다. 그러나 싸움은 일진일퇴(一進一退), 좀처럼 승부가 나지 않자 결국 두 사람은 홍구를 경계로 천하를 양분하고 잠정적인 휴전에 들어갔다. 항우는 강화조약이 성립되자 포로로 잡고 있던 유

방의 아버지와 아내를 돌려보내고 팽성으로 돌아갔고 유방도 조약대로 군대를 이끌고 철수하려는데 장량(張良)과 진평(陳平) 등이 간언했다. "지금 초나라는 식량도 부족하며 군사들도 지쳐 있습니다. 이기회야말로 항우를 물리칠 수 있는 하늘이 주신 절호의 기회입니다." 유방도 그 말을 옳게 여겨 말머리를 돌려 항우를 추격하기 시작했다. 후방기지 건설에 실패한 항우는 점차 열세에 놓이게 되었고 그의 마지막 전투에서 대패하여 스스로 목숨을 끊었다. 최후의 승자가 된 유방은 한 왕조(漢王朝)를 세워 천하를 통일하였는데 농민 출신이었으나 성격이 대담하고 치밀하며 정치적으로 뛰어난 인물로 평가된다. 건곤일척의 유래는 훗날 문장가인 한유(韓愈)가 항우와 유방이 천하를 놓고 겨루던 해하(垓下)의 전투를 떠올리며 지은 시다.

용은 지치고 범은 곤하여 강과 들을 나누니
천하의 백성들이 목숨을 건졌네
누가 군왕으로 하여금 말머리를 돌리도록 권하여
진정 하늘과 땅을 걸고 승부를 겨루게 했나 (眞成一擲見者乾坤)

건곤일척이란 원래 하늘과 땅을 걸고, 운을 하늘에 맡기며 주사위를 한번 던져 본다는 뜻으로 승패와 흥망을 걸고 마지막으로 결행하는 단판승부를 말한다.

【출전】 한유의 詩

乾	坤	一	擲
하늘 **건**	땅 **곤**	한 **일**	던질 **척**

용기

85

035

권 토 중 래

捲土重來

|뜻풀이| 흙먼지를 날리며 다시온다는 뜻으로 한 번 실패한
사람이 다시 분기하여 세력을 되찾는다는 것

【고사】 항우는 유방과 천하를 두고 다투었는데 유방에게 밀려 해하
(垓下)에서 포위당하였다. 극적으로 탈출하여 오강에 이르렀을 때 후
일을 도모하자는 주위의 권유에 항우는 "내가 진 것이 아니다. 하늘이
나를 버린 것이다. 강동의 전사한 젊은이들의 부모를 무슨 낯으로 대

할 수 있겠는가." 하며 스스로 목숨을 끊었다. 권토는 수많은 말과 수레, 병사가 달릴 때 일어나는 흙먼지로 실패에 좌절하지 않고 다시 도전하는 모습을 일컫는 말이다. 권토중래는 시인 두목(杜牧)이 항우의 죽음을 애석해하며 지은 시로 패전의 아픔을 딛고 훗날을 도모하였다면 패권의 기회가 주어졌을 것이라 아쉬워하며 읊은 시다.

이기고 짐은 병가의 일이라 알 수 없는 일이니
부끄러움을 안고 수치를 이겨내는 것이 곧 사나이요
강동의 젊은이 가운데 인재 또한 많으니
흙먼지를 일으키는 기세로 일어났다면 결과는 알 수 없었으리라.
(捲土重來 未可知)

[출전] 두목(杜牧)의 시 제오강정(題烏江亭)

● 두목(803~852)은 중국 당나라 말기의 시인이며, 호는 번천이고 경조(京兆) 사람이다. 두보(杜甫)와 비슷하다 하여 소두(小杜)라 불리고 시풍(詩風)은 호방하면서도 아름답다. 시(詩)로는 아방궁의 부, 강남춘 등이 있다.

捲	土	重	來
거둘 **권**	흙 **토**	무거울 **중**	올 **래**

獨眼龍

독 안 용

|뜻풀이| 척안(隻眼, 외눈)의 용기있는 사람이란 뜻으로 사납고 용감한 장수를 일컫는 말

【고사】 당나라의 희종(僖宗) 말년(873) 대홍수와 큰 가뭄이 있었다. 여기에 황실과 관리, 지주들이 야합하여 농민들을 착취하니, 농민들은 살길을 찾아 떠돌아다니거나 산속으로 들어가 화적떼가 되었다. 이때 산동 일대의 농민 봉기의 기세를 타고 황소(黃巢)가 난을 일으켰는데 얼마 안 되어 병력이 수십 만을 헤아리게 되고 황소는 5년 만에

도읍인 장안에 입성했다. 그리고 스스로 제제(齊帝)라 칭하고 대제국(大齊國)을 세웠다. 한편 성도로 난을 피하고 있던 희종은 돌궐(突厥) 사타족 출신인 이극용(李克用)을 기용하여 황소 토벌을 명했다. 이극용은 황소의 부대를 맹렬히 공격하여 장안에서 몰아내게 되었는데 이때 이극용의 나이 고작 28세였다. 오대사(五代史) 당기(唐記)에는 이극용에 대해 젊고 사납고 날쌔 이아아(李鴉兒)라 불리웠고 그가 귀한 자리에 오르자 독안용(獨眼龍)이라 불렀다고 서술되어 있다.

당시 사람들은 절개를 지키며 당(唐)에 충성을 다하는 이극용을 높게 평가했는데, 이극용의 한쪽 눈이 아주 작아 거의 감겨 있는 것처럼 보였으므로 독안용이라 불렀다. 이와 같이 독안용은 본래 애꾸눈의 영웅, 애꾸눈의 용맹한 장수, 애꾸눈의 덕이 많은 사람 등을 나타낸다.

용기

【출전】 오대사(五代史)의 당기(唐記)

● 오대사(五代史)는 중국 후오대(後五代)의 사적을 기록한 책이다. 907년 당의 멸망으로부터 약 60년 사이에 일어났다가 없어진 후진(後晋), 후한(後漢), 후주(後周), 후량(後梁), 후당(後唐)의 5 왕궁에 대한 사적을 송(宋)나라 태종때에 설거정(薛居正)이 칙명을 받들어 152권을 지었고 다시 인동(仁宗)때에 구양수(歐陽修)가 75권을 지었다.

獨	眼	龍
홀로 독	눈 안	용 용(룡)

037 傍若無人

방 약 무 인

|뜻풀이| 곁에 아무도 없는 것 같이 거리낌 없이 함부로 행동함

【고사】 위(衛)나라 사람인 형가(荊軻)는 무예와 문학에 능했고 애주가
였다. 그는 청운의 꿈을 안고 원군(元君)에게 국정에 대한 자신의 견
해를 피력했지만 받아들여지지 않자 비파(琵琶)의 명수인 고점리(高
漸離)와 의기투합(意氣投合)하여 매일 술판을 벌였다. 취기가 돌면 고

90

점리는 비파를 켜고 형가는 이에 맞추어 춤을 추며 노래를 불렀다. 그러다가 감정이 북받치면 둘이 얼싸안고 울기도 웃기도 하였는데 이 모습이 마치 곁에 아무도 없는 것 같이 했다(傍若無人). 원래 방약무인은 아무 거리낌 없이 당당한 태도를 말하였는데 그 뜻이 변해서 천방지축으로 날뛰고, 무례하거나 거만한 태도를 표현할 때 인용된다. 비슷한 말로 안하무인(眼下無人), 아무 거리낌이 없이 제멋대로 행동한다는 뜻의 방벽사치(放辟邪侈)가 있다.

진나라 시황제에게 원한을 품고 있던 연나라의 태자(太子) 단(丹)은 형가의 재주를 높이 평가하여 시황제 암살을 청탁하였다. 형가는 단의 부탁으로 시황제 암살을 기도하였지만 형가가 휘두른 칼은 진왕의 소맷자락만을 자르고 실패하여 그 자리에서 처형되었다. 형가가 진나라로 떠나기전 그가 읊은 노래 "바람은 쓸쓸하고 역수는 차갑구나 장사가 한번 가면 다시 돌아오지 못하리라" 는 시구는 사기 중에서도 가장 유명한 장면의 하나로 꼽힌다.

용기

【출전】 사기의 자객열전(刺客列傳)

傍	若	無	人
곁 방	같을 약	없을 무	사람 인

038

席卷

석 권

|뜻풀이| 굉장한 기세로 영토를 차지하여 세력의 범위를 넓히는 것

【고사】 유방과 항우가 천하를 다투고 있을 때 위표(魏豹)는 한(漢)에
붙었다 초(楚)에 붙었다 하다가 한왕 유방에게 죽임을 당한다. 한왕
10년에 한고조의 출병 요청에 출두하지 않은 팽월을 반란의 흔적이
있다고 체포하여 여후(呂后)의 진언으로 죽였다. 사기의 저자 사마천

은 두 사람에 대하여 쓰기를 '위표와 팽월은 비천한 집안의 출신으로 천리의 땅을 석권(席捲)하였는데 그 명성이 날로 높아졌지만 반란의 뜻을 품어 패하자 자결하지 않고 포로가 되어 죽임을 당한 것은 왜인가?' '그것은 두 사람이 지략이 뛰어나 몸이 무사하면 다시 큰일을 할 수 있다고 기대하여 포로가 되는 것도 사양하지 않았기 때문이다.' 라고 쓰고 있다.

'뛰는 놈 위에 나는 놈이 있다' 는 속담처럼 천리의 땅을 석권(席卷)한 두 사람은 천하(天下)를 석권한 한고조에게 당하고 만 것이다. 세계는 지금 군사적 석권 시대에서 경제적 석권 시대가 되었다. 우리는 아직 선진국(경제적 석권국가)은 아니지만 우리가 석권할 수 있는(경제적) 땅은 이 세계에 얼마든지 있다. 대한의 젊은이여 석권의 대열에 나서라.

용기

【출전】 사기의 위표팽월전(魏豹彭越傳)

席	卷
자리 석	책 권

039

불 입 호 혈 부 득 호 자

不入虎穴不得虎子

|뜻풀이| 호랑이 굴에 들어가야 호랑이 새끼를 잡을 수 있듯이
모험을 해야 큰 결과를 얻을 수 있다는 뜻

【고사】 후한(後漢)의 반초(班超)는 흉노족을 토벌하는 데 큰 공을 세
운 무장으로 이름을 떨쳤는데 한 번은 변방 선선국(鄯善國)의 사자(使
者)로 가게 되었다. 선선국 왕은 처음에는 반초 일행을 융숭하게 대접
하였으나 갑자기 태도가 돌변하였다. 무슨 일이 일어났음을 직감한
반초는 부하에게 동정을 살피게 했는데 선선국에 흉노의 사신이 군사

100명을 이끌고 와 있는 것이었다. 흉노는 예부터 용맹한 유목민족으로 선선국이 매우 두려워하였기 때문에 자신들을 죽이거나 흉노에게 넘길 것은 자명한 일이었다. 흉노에 비해 병력이 약한 반초는 부하들을 모아 단호하게 말했다. "호랑이 굴에 들어가지 않으면 호랑이 새끼를 잡지 못한다(不入虎穴 不得虎子)." 그날 밤 반초는 흉노의 숙소에 불을 지르고 우왕좌왕하는 군사들을 모조리 죽였다. 이것을 본 선선국 왕은 다시 한(漢)을 두려워하여 복종할 것을 맹세하였는데 큰일을 도모하려면 모험과 용기가 필요하다는 것을 후세 사람들에게 일깨워 준 고사이다.

반초는 학자 반표(班彪)의 아들이자 한서(漢書)의 저자인 반고(班固)의 동생으로 두 형제 모두 학문이 높았다. 흉노가 쳐들어와 사람과 가축을 노략질한다는 소문을 들은 반초는 붓을 내던지고 무관이 되어 공을 세우기로 결심했다. 반초는 서역을 토벌하고 반세기 이상 흉노의 지배하에 있던 50여 나라를 한나라에 복종시키는 등 많은 공적을 세웠다.

용기

【출전】 후한서의 반초전(班超傳)

[고사성어 더 알아보기]

• 老益壯 (노익장) : 나이가 들수록 건강해야 한다. 늙을수록 건강하려고 힘써야 한다는 것.

• 悠悠自適 (유유자적) : 속세를 떠나 아무것에도 속박되지 않고 자기 하고 싶은 대로 한가히 세월을 보냄.

不	入	虎	穴	不	得	虎	子
아닐 **불**	들 **입**	범 **호**	구멍 **혈**	아닐 **부**	얻을 **특**	범 **호**	아들 **자**

040 臥薪嘗膽

와 신 상 담

|뜻풀이| 가시가 많은 나무에 누워 잠을 자며 쓸개를
씹는다는 뜻으로 목적 달성을 위해 고난을 감수함

【고사】 오(吳)나라의 왕 합려(BC 496)는 월나라에 쳐들어갔다가 월왕
구천(勾踐)에게 패하였다. 중상을 입어 병상에 누운 합려는 아들 부차
(夫差)에게 "너는 구천이 이 아비를 죽인 원수라는 것을 잊지 마라."고
당부했다. 왕위에 오른 부차는 아버지의 원수를 갚기 위해 장작 위에
서 자며(臥薪) 방에 드나드는 신하들로 하여금 "부차야, 아비 죽인 원

수를 잊었느냐?"하고 외치게 하였는데 부차의 소식을 들은 구천은 기선을 제압하기 위해 오나라에 쳐들어갔으나 대패하였다. 부차의 포로가 되어 갖은 모욕과 고통을 당한 구천은 오나라의 속국이 되기를 맹세하고 겨우 귀국했다. 그는 돌아오자 잠자리 옆에 항상 쓸개를 매달아 두고 앉을 때나 누울 때나 쓸개를 씹으며(嘗膽) "너는 회계산의 치욕을 잊었느냐"하며 자신을 채찍질하였다. 이후 패권 쟁탈을 목표로 삼고 있던 부차의 관심은 온통 중원 쪽으로 쏠려 있었는데 이때를 놓치지 않고 구천이 오나라로 쳐들어갔다. 길고 긴 전쟁 끝에 오나라는 결국 멸망하였고 부차는 스스로 목숨을 끊었다. 와신상담은 와신을 한 오왕 부차와 상담을 한 월왕 구천의 고사에서 합성된 성어(成語)로 원수를 갚거나 마음먹은 일을 이루기 위해 온갖 어려움과 괴로움을 참고 견딤을 말한다.

[출전] 사기의 월세가(越世家)

[고사성어 더 알아보기]

- 不必張皇(불필장황) : 말을 지루하게 늘어놓을 필요가 없음.
- 不朽功績(불후공적) : 오래도록 전해질 불멸의 공적.
- 生寄死歸(생기사귀) : 삶은 잠깐 머무르는 것이고 죽음은 돌아간다는 뜻
- 善事左右 (선사좌우) : 임금의 좌우에 있는 사람들을 잘 섬기다. 자신의 지위 유지나 벼슬이 높아지기 위해 필요하다는 것.

臥	薪	嘗	膽
누울 **와**	섶 **신**	맛볼 **상**	쓸개 **담**

041 拔本塞源

발(拔) 본(本) 색(塞) 원(源)

|뜻풀이| 어떤 폐단을 뽑아 근본적으로 해결함

【고사】 소공 9년 조항 중 주왕의 말에서 나온 고사이다. "나에게 백부 (伯父)가 계심은 마치 옷에 갓이 있는 것과 같고, 나무뿌리에 물의 수 원이 있는 것과 같으며 백성들에게 지혜로운 임금이 계신 것과 같다. 백부께서 만약 갓을 찢어 버리고 뿌리를 뽑고 근원을 막으며(拔本塞

源), 지혜로운 임금을 버리신다면 비록 오랑캐들이라 할지라도 어찌 한 사람이라도 남아 있겠느냐."

이와는 다른 출전(出典)으로 명(明)나라 시대의 철학자 왕양명(王陽明)의 발본색원론(拔本塞源論)이 있다. 왕양명의 발본색원론을 여기다 소개할 수는 없으나 그가 평소에 제창했던 "하늘의 이치를 지니고 사람들은 욕심을 버리라."는 취지와 같아 사사로운 탐욕은 근본부터 뽑아버리고 그 근원을 틀어막음에 있다는 것을 알 수 있다. 이런 정신적인 고사가 지금은 범죄나 범죄조직을 뿌리 뽑고 근원을 막는데 사용되고 있다.

왕양명(王陽明, 1472~1529)은 중국 명나라 유학자이며 정치가이다. 이름은 수인(守仁), 자는 백안(伯安), 호는 양명(陽明)이며 15세 때 조정에서 치안에 관해 헌책하였고, 18세때 육상산의 제자 누량에게서 성학을 공부하였다. 격물치지(格物致知)의 뜻을 깨달아 오경억설(五經億設)을 지었고 지행합일론(知行合一論)을 말하였다.

용기

【출전】 춘추좌씨전(春秋左氏傳) 소공 9년 조(昭公 9年條)

● 좌씨전 또는 좌전이라고도 불린다. 역사서 춘추의 해석서로 풍부한 자료를 바탕으로 중국인의 생각과 생활양식 등을 뛰어난 구성력과 탁월한 묘사력으로 만들어진 문학 작품이다.

拔	本	塞	源
뽑을 **발**	근본 **본**	막힐 **색**	근원 **원**

042

塗炭之苦
_도 _탄 _지 _고

|뜻풀이| 진흙의 수렁이나 숯불에 떨어진 고통
백성이 참고 살아가기 힘든 잔혹한 정치를 말함

【고사】 중국 하(夏)나라의 마지막 왕 걸왕은 포악하고 사치스러웠던
것으로 널리 알려져 있는데 애첩 말희와 함께 유흥에 빠져 정치를 멀
리하였다. 국력이 기울고 나라가 어지러워지자 제후(諸侯)들은 덕망
이 높은 탕을 섬기고 걸왕을 추방하였다. 상(商)나라(후에 은나라)를
세운 탕왕은 무력 혁명에 의하여 왕위를 얻은 것을 부끄럽게 생각하

100

여 "나는 후세 사람들이 내가 한 행동을 구실로 삼을 것이 두렵다"하였다. 왕을 모시고 있던 중훼가 왕에게 고했다. "하늘이 백성을 내신 것은 그 하고자 하는 바가 있는 것으로 임금이 없으면 곧 어지러워지나이다. 오직 하늘이 총명함을 내시어 그로써 다스리게 하신 것입니다. 하(夏)나라가 있었으나 덕이 부족해 백성들이 도탄(塗炭)에 빠졌는데 하늘이 곧 왕에게 용기와 지혜를 주시어 만방에 올바름을 알리고 아름다운 관습을 복구하게 하셨으니, 그 떳떳함을 따르고 하늘의 명을 받들어야 하나이다." 이는 중훼가 탕왕의 무력행사는 올바른 혁명으로 도탄에 빠진 백성들을 구원하는 일은 천자(天子)에 오른 사람의 책임이고 의무라 말하며 탕왕을 격려했던 것이다.

또, 남북조시대 전진(前秦)의 국왕 부견이 후연(後燕)과 후진(後秦)의 침략으로 죽자 부견의 아들 부비가 즉위하여 각지(各地)에 다음과 같은 격문을 보내 후진과 후연을 응징하자고 주장했다. '선제(先帝, 부견)는 적에게 붙잡혀 죽고 수도 장안은 야만인들의 소굴이 되었다. 나라도 황폐하여 백성은 도탄(塗炭之苦)에 빠져 있다.' 이와 같이 도탄지고는 진흙 수렁에 빠지고 숯불에 타는 듯한 고통이란 뜻으로 학정에 시달리는 백성들의 어려움을 가리키는 말이다.

정치

【출전】 서경의 상서(尙書) 중훼지고(仲虺之誥)

塗	炭	之	苦
칠할 도	숯 탄	갈 지	쓸 고

043

無 爲 而 化
무 위 이 화

|뜻풀이| 감화에 의해 이룩되는 이상적 경지라는 뜻으로
애써 하지 않아도 잘 된다는 것

【고사】노자(老子) 도덕경 57장에 나라를 다스릴 때는 바르게 다스리
고 전쟁을 하는 데는 신중하게 하고 천하를 구함에 있어서는 자기를
버려야 한다. 내가 이러한 것들을 아는 이유는 무위자연(無爲自然)의
도를 따르기 때문이다. 천하에 금령(禁令)이 많으면 많을수록 백성들

의 생활은 가난해지고 문명의 이기(利器)가 많으면 많을수록 나라는 더욱 혼란해진다. 사람의 지혜나 기술이 향상되면 될수록 기괴한 물건들이 나타나고 나라의 법령이 정비되면 정비될수록 도적은 많아진다. 그렇기 때문에 성인(聖人)은 말한다. 내가 하는 것이 없으면 백성은 스스로 감화되고 내가 움직이지 않고 가만히 있으면 백성은 스스로 바르게 된다. 내가 일을 만들지 않으니 백성은 저절로 잘 살게 되고 내가 욕심을 부리지 않으니 백성은 저절로 소박해진다(我無爲而民自化 我好靜而民自正 我無事而民自富 我無欲而民自樸). 이처럼 애써 바로잡지 않아도 저절로 잘 고쳐져 나가는 것을 무위이화(無爲而化)라고 한다. 법과 제도로써 다스리려 하는 법가 사상과 대치되는 생각이지만, 자연 상태 그대로의 인간 심성과 자연의 법칙에 따르는 통치가 바로 무위이화이다.

정치

【출전】 노자(老子) 제 57장 순풍(淳風)

無	爲	而	化
없을 **무**	하 **위**	말이을 **이**	될 **화**

044

萬全之策

만 전 지 책

|뜻풀이| 가장 완벽한 계획이나 계책
아주 안전하거나 완전한 계책

【고사】 후한 말기 조조(曹操)는 북방의 원소(袁紹)를 공격하여 막대
한 타격을 주고 있었다. 그러나 당시 조조의 군대는 3만이었고 원소의
군대는 10만이나 되어 수적으로 열세하였다. 수세에 몰린 조조는 도
읍인 허창(許昌)으로 퇴각까지 생각하고 있었지만 대군을 거느린 원

소도 명장 안량(顔良)과 문추(文醜)를 잃고 많은 타격을 받았기 때문에 조조를 섣불리 공격하지 못하고 싸움은 소강상태에 들어갔다. 원소는 형주(荊州) 자사 유표(劉表)에게 원조를 청했지만 우유부단한 성격의 유표는 아무 움직임도 없이 관망하면서 양쪽에 아무 도움도 주지 않고 있었다. 참다못한 한숭과 유선이 유표에게 "조조는 반드시 원소를 격파한 다음 우리를 공격해 올 것입니다. 우리가 관망만 하고 있으면 양쪽의 원한을 사게 될 것이니 강력한 조조를 따르는 것이 현명한 만전지책(萬全之策)이 될 것입니다." 그러나 유표는 이 말을 듣지 않고 백성을 돌보면서 조용히 자신을 지켰다. 마침내 조조가 원소를 물리치고 형주를 정벌하러 왔을 때 유표는 병으로 죽고 아들 유장이 조조에게 항복하여 큰 화를 당하였다. 만전지책은 안전한 계책으로 적절한 선택과 시간, 방법 등이 잘 갖춰진 완전한 계책을 뜻한다.

정치

【출전】후한서의 유표전(劉表傳)

● 후한서는 송(宋)의 범엽(范曄)이 편찬한 사서로 광무제(光武帝)에서 헌제(獻帝)에 이르는 후한(後漢)의 역사를 기록하고 있다.

萬	全	之	策
일만 **만**	온전할 **전**	갈 **지**	꾀 **책**

045

법 삼 장

法三章

|뜻풀이| 진나라의 가혹한 법을 대신한 가장 간단한 법

【고사】 한나라 유방은 대군을 이끌고 관중땅으로 쳐들어와 진(秦)나라 수도인 함양의 목전(目前)에 주둔하였는데 이것은 진왕이 스스로 항복하도록 회유하기 위함이었다. 진나라의 세 번째 왕 영은 대세가 이미 기울었음을 깨닫고 직접 옥쇄를 들고 유방에게 항복하였다. 이

로써 진나라는 15년 만에 역사 속으로 사라지고 말았다. 함양에 입성한 유방은 여러 지방의 관리와 유력자들을 불러 "백성들이 오랫동안 진나라의 무자비한 법에 너무 시달렸소. 그래서 나는 그것들을 일소하고 지금 선포하는 세 가지 법만으로 나라를 다스릴 작정이오. 첫째, 사람을 죽인 자는 사형에 처한다. 둘째, 남에게 상해를 입힌 자는 처벌한다. 셋째, 남의 것을 훔친 자는 응분의 대가를 치르게 한다. 이상이오. 여러 관리와 백성들은 지금까지와 마찬가지로 각자 고향으로 돌아가 이 법을 널리 알리고 지금까지와 변함없이 각자의 임무와 생업에 전념하기 바라오." 하였다. 세계에서 가장 간결한 법이라는 '법삼장'은 백성과 약속했다고 하여 약법삼장(約法三章)이라고도 한다. 법삼장은 간단하고 핵심을 파악한 것이기는 하였으나 그것만으로는 세상을 다스리는 데에 부족하였기 때문에 후에 재상 소하(蕭何)가 구장률(九章律)을 제정하였다.

[출전] 사기의 고조본기(高祖本紀)

● 고조본기는 유방의 탄생부터 시작하여 파란만장한 그의 일대기를 집중 소개하였기 때문에 유방의 좋은 점만이 부각된 것이 특징이다. 항우본기, 팽월열전, 소상국세가 등 여러 편을 모두 읽어야 입체적인 전체의 흐름을 파악할 수 있다.

法	三	章
법 법	석 삼	글 장

046

泣斬馬謖

읍 참 마 속

|뜻풀이| 사사로운 인정보다 공정한 법 집행을 말함

【고사】 제갈 량이 제1차 북벌 때 가정(街亭)의 전투 책임자로 임명한
마속이 제갈 량의 지시를 어기고 자기의 얕은 생각으로 임의로 전투
를 하여 참패를 가져왔다. 마속은 우수한 장수요, 제갈 량과는 문경지

108

교(刎頸之交)를 맺은 마량의 아우였지만 한중으로 돌아와 눈물을 머금고 마속을 베고(泣斬馬謖) 장병들에게 사과를 한 것이다. 장완이 제갈 량을 보고, "앞으로 천하를 평정하려하는 이때에 마속같은 유능한 인재를 없앴다는 것은 참으로 아까운 일이다." 하고 말하자 제갈 량이 눈물을 흘리며, "손무(孫武)가 항상 싸워 이길 수 있었던 것은 군율을 분명히 했기 때문이다. 이같이 어지러운 세상에 전쟁을 시작한 처음부터 군율을 무시하게 되면 어떻게 적을 평정할 수 있겠는가?" 하고 대답했다는 것이다.

법가의 한비자는 "채찍의 위협과 재갈의 준비가 없다면 비록 조보같은 유명한 말몰이꾼이라 하더라고 말을 복종시킬 수 없고, 위엄 있는 권세와 상벌의 법도가 없다면 비록 요순 같은 명군이라도 나라를 바르게 다스릴 수 없다."고 하였다.

【출전】 십팔사략(十八史略)

● 십팔사략은 증선지가 편찬한 중국의 역사서로 원명은 고금역대 십팔사략(古今歷代 十八史略)으로 태고(太古)때부터 송나라 말까지의 사실(史實)을 발췌하여 초보적 역사교과서로 편찬하였다.

泣	斬	馬	謖
울 **읍**	벨 **참**	말 **마**	일어날 **속**

047

誹謗之木
비 방 지 목

|뜻풀이| 임금에게 불평이나 불만을 써 붙이는 나무

【고사】 요(堯)와 순(舜)은 현재까지 역사적 실존성이 밝혀지지 않아 신화 속 군주라는 설이 지배적이다. 기록에 따르면 요는 당(唐)지방을 다스렸는데 공명정대하여 모든 제후들이 화목하였고 백성들의 생활도 풍요로워 군주의 존재까지도 잊고 살았다. 그는 갈대지붕에 흙 계단이 딸린 보잘 것 없는 집에서 부유해도 남에게 뽐내지 않고 귀해도

남을 깔보지 않으며 오로지 정치가 올바르게 될 것만을 염두에 두고 살았다. 또한 자신이 독단적인 생각에 치우칠까 염려하여 백성들의 말에 귀 기울였는데 비방지목(誹謗之木)은 궁궐 다리에 나무로 기둥을 세워 누구든 왕과 조정에 불만이 있는 사람은 그 나무에 비판하는 글을 쓰도록 했다. 진선지정(進善之旌)은 길가에 깃발을 세워 정치에 대한 좋은 의견(意見)을 발언하고자 하는 사람은 누구나 그 밑에 서게 하는 것이다. 또, 감간지고(敢諫之鼓)는 궁궐 문 앞에 커다란 북을 매달아 놓고 잘못된 정치가 있으면 서슴없이 쳐서 알리도록 하였다. 이처럼 백성들의 뜻에 따라 정치를 펼치려고 한 요임금의 노력을 엿볼 수 있는데 순과 함께 성군(聖君)의 대명사로 일컬어 지고 있다. 그래서 훌륭한 군주를 가리켜 요순과 같다고 찬양하거나 뛰어난 군주의 치세를 일컬어 '요순시대(堯舜時代)'라 부르기도 한다.

【출전】 사기의 효문제기(孝文帝紀)

정치

誹	謗	之	木
헐뜯을 비	헐뜯을 방	갈 지	나무 목

048

조　령　모　개

朝令暮改

|뜻풀이| 아침에 내린 명령을 저녁에 고친다는 뜻으로
행정 지시가 일관성이 없이 갈팡질팡함

【고사】 전한(前漢) 문제(文帝) 때의 일로 사기에 다음과 같은 기록이
있다. 조착(晁錯)은 영천(潁川) 사람으로 흉노족이 자주 북쪽 변방을
침략하여 약탈을 일삼자 군인이 직접 토지를 경작하여 군량을 마련
하는 둔전책(屯田策)과 곡식을 헌납하는 사람들에게 벼슬을 주는 매

작령(賣爵令)을 주장하였다. 흉노족은 추수기만 되면 대거 남하하여 곡식을 약탈해 갔는데 조착은 곡식의 귀함을 논의한 상소문 논귀속소(論貴粟疏)를 올렸다. 조착은 "다섯 가족의 농가에서는 부역에 나가야 하는 인원이 두 사람이나 되는데 봄에 경작하고 여름철에 풀 뽑고 가을에 수확하며 겨울에 저장하는 일 외에 관청을 수리하고 부역에 불려나가는 등 춘하추동 쉴틈이 없다. 또한 죽은 자를 조문하고 고아들을 받아들이며 아이들을 길러야 한다. 이렇게 살기 힘든 형편에 다시 홍수와 가뭄의 재난이 밀어닥치고 뜻하지 않은 조세와 부역에 응하지 않으면 안 된다. 조세와 부역은 일정한 시기도 없이 아침에 명령이 내려오면 저녁에 또 다른 명령이 고쳐 내려온다(朝令而暮改). 전답 잡힐 것이 있는 사람은 반값에 팔아 없애고 그것도 없는 사람은 돈을 빌려 원금과 같은 이자를 물게 된다. 이리하여 논밭과 집을 팔고 자식과 손자를 팔아 빚을 갚는 사람이 생겨나게 된다."

이것은 법 제정과 시행에 일관성이 있어야 한다는 주장으로 농민들의 생활이 얼마나 고달프고 어려웠는지 알 수 있다. 그러나 조착은 이런 상소로 귀족들의 미움과 분노를 사 무리한 부국강병책으로 오초칠국(吳楚七國)의 난을 유발했다는 억울한 죄명으로 사형을 당하고 말았다.

【출전】 사기의 평준서(平準書)

朝	令	暮	改
아침 **조**	하여금 **령**	저물 **모**	고칠 **개**

049

衆口難防

<ruby>衆<rt>중</rt></ruby> <ruby>口<rt>구</rt></ruby> <ruby>難<rt>난</rt></ruby> <ruby>防<rt>방</rt></ruby>

|뜻풀이| 많은 사람의 소리(여론)는 감당하기 어렵다는 뜻

【고사】 사기(史記)의 기록에 따르면 주(周)의 려왕은 이익을 탐하고 사치스러웠으며 불만을 품은 사람들을 색출하여 처단했다. 백성들은 공포정치에 눌려 아무 소리도 하지 못하였는데 려왕은 이를 두고 태평성대(太平聖代)라며 득의양양하였다. 소목공(召穆公)이 언론 탄압

정책을 비판하며 말하기를 "백성의 입을 막는 것은 둑으로 냇물을 막는 것보다 더 어렵습니다(防民之口 甚於防川). 막혔던 물이 터지면 둑을 무너뜨리고 많은 사람이 다치게 됩니다. 따라서 냇물을 위하는 자는 물이 잘 흐르도록 물길을 터주고 백성을 위하는 자는 자유롭게 말할 수 있도록 해주어야 합니다." 라고 간언(諫言)하였다. 그러나 려왕은 소목공의 충언을 따르지 않았고, 더이상 감히 정치에 대해 말하는 자가 없게 되었다. 참다못한 신하들이 반기를 들고 이에 백성들도 호응하여 반란이 일어나자 려왕은 도읍인 호경에서 벗어나 체로 피신하였는데 이 사건을 국인폭동(國人暴動)이라고 한다. 려왕이 쫓겨나자 주정공(周定公)과 소목공이 정무를 관리하였는데 두 사람이 공동으로 화합하여 정무를 보았다고 하여 '공화(共和)'라 하였다. 왕 없이 정치가 이루어지는 공화제란 말은 여기에서 비롯되었다.

【출전】 십팔사략(十八史略)

정치

衆	口	難	防
무리 중	입구 구	어려울 난	막을 방

050

<ruby>酒<rt>주</rt></ruby> <ruby>池<rt>지</rt></ruby> <ruby>肉<rt>육</rt></ruby> <ruby>林<rt>림</rt></ruby>

|뜻풀이| 사치하고 음란하고 방탕하여 술로 못을 만들고
고기로 숲을 이루는 것

【고사】 중국 폭군의 대명사인 걸주(桀紂)의 음난무도한 생활을 단적
으로 표현한 말이 주지육림이다.

하(夏)의 마지막 왕 걸은 탐욕스럽고 포악했으며 힘은 구부러진 쇠고
리를 펼 정도였다. 유시씨(有施氏)의 나라에서 공물로 바쳐진 말희(末

흄)에게 빠져 보석과 상아로 꾸민 호화스런 궁전을 만들어 백성들의 재물을 고갈시켰다. 고기는 산처럼 쌓이고(肉山), 포는 숲처럼 걸려 있었으며(脯林), 술로 만든 못에는 배를 띄울 수 있었고 술지게가 쌓여 된 둑은 십리까지 뻗어 있었다. 한 번 북을 울리면 소가 물 마시듯 술못에서 술을 마시는 사람이 3천명이나 되었다. 그것을 보고 말희는 깔깔거렸다. 은의 마지막 임금 주(紂)는 구변이 좋고 손으로 맹수를 쳐죽이는 장사였다. 술을 좋아하고 여자를 좋아하여 달기라는 여자의 말이라면 다 들어주었다. 큰 유원지 별궁을 지어두고 많은 들짐승과 새들을 거기에 놓아 길렀고 술로 못을 만들고 고기를 갈아 숲을 만든(以酒爲池 縣肉爲林) 다음 남녀가 벌거벗고 그 사이를 서로 쫓고 쫓으며 밤낮없이 술을 마시며 즐겼다. 원성이 높아지고 제후 중 배반자가 생기자 포락지형(炮烙之刑, 기름칠한 구리 기둥을 숯불 위에 걸쳐 놓고 죄인을 건너가게 하는 형벌)이란 것을 창안해 시행하니 원성이 더 높아만 갔다.

【출전】 십팔사략(十八史略)

정치

酒	池	肉	林
술 **주**	못 **지**	고기 **육**	수풀 **림**

051

위 군 난 위 신 불 이

爲君難爲臣不易

|뜻풀이| 임금 노릇하기도 신하 노릇하기도 어렵다는 뜻

【고사】 노나라 정공이 공자에게 물었다.

"한 마디 말로 나라를 흥하게 할 수 있다는데 그런 말이 정말 있습니까?"

"말이란 그렇게 한 마디로 그 뜻을 나타낼 수 없거니와 세인들의 말에 '임금 노릇하기도 어렵고 신하 노릇하기도 쉽지 않다.'라는 것이 있습니다. 만일 임금 노릇하기가 어려운 줄 안다면 그 한 마디가 나라를 흥하게 하는데 가깝지 않겠습니까?"

공자의 대답에 대해 정공은 긍정하면서 또 물었다.

"한 마디의 말로 나라를 잃는다 하였는데 그런 말이 정말 있습니까?"

"말이란 그와 같이 한 마디로 그 뜻을 나타낼 수 없거니와 세인의 말에는 '나는 임금 노릇을 하는 것이 즐거운 것이 아니라 내가 말만 하면 아무도 나를 어기지 못하는 것이 즐거운 것이니라.'라는 것이 있습니다. 역시 좋은 말이 아니겠습니까. 그것이 한 마디로 나라를 잃는다는 말에 가깝지 않겠습니까?"

사람들은 국내에서든 조직 내에서든 각기 그 나름대로의 지위를 가지고 있다. 그러나 그 지위에 대한 책임을 다하기란 결코 쉬운 일이 아니다. 권력이란 마력이 있어서 말을 타면 종을 두고 싶듯 남용하기가 쉽다.

정치

[출전] 논어 자로편(子路篇)

爲	君	難	爲	臣	不	易
할 위	임금 군	어려울 난	할 위	신하 신	아닐 불	쉬울 이

052

創業易守成難

<ruby>창 업 이 수 성 난</ruby>

|뜻풀이| 나라나 기업을 세우기보다 이어나가기가 어렵다는 뜻

【고사】 당태종이 신하들을 보고 물었다. "제왕(帝王)의 사업은 초창
(草創, 세우는 것)이 어려운가, 수성(守成, 지키는 것)이 어려운가?"
상서좌복야(尙書左僕耶, 부총리)인 방현령(房玄齡)이 대답했다.
"어지러운 세상에 많은 영웅이 다투어 일어나 이를 쳐서 깨뜨린 뒤라야 항복을 받고 싸워 이겨야만 승리를 얻게 되므로 초창이 어려운 줄 압니다."

그러나 위징(魏徵)이 말했다.

"제왕이 처음 일어날 때는 반드시 먼저 있던 조정이 부패해 있고 천하가 혼란에 빠져 있기 때문에 백성들은 무도한 임금을 넘어뜨리고 새로운 천자를 기뻐 받들게 됩니다. 이것은 하늘이 주시고 백성들이 따르는 것이므로 어려울 것이 없습니다. 그러나 이미 천하를 얻고 나면 마음이 교만해지고 편해져서 정사에 게으른 나머지 백성은 조용하기를 원하는 것입니다. 그러나 부역이 쉴사이 없고 백성은 피폐할대로 피폐되어 있는데 나라에서는 사치를 하고 불급한 공사를 일으켜 세금을 거두고 부역을 시킵니다. 나라가 기울게 되는 것은 언제나 여기서부터 시작됩니다. 이로보아 수성이 더 어려운 줄 압니다."

결국 창업이 쉽고 수성이 어렵다는 말은 위징의 이야기이다. 당태종은 두 사람의 말이 다 옳다고 한 다음 "우리에게 남은 것은 수성뿐이니 우리 다 같이 조심하자."고 말했다.

정치

【출전】 정관정요(貞觀政要)

創 業 易 守 成 難

비롯할 **창** 업 **업** 쉬울 **이** 지킬 **수** 이룰 **성** 어려울 **난**

121

053

肝膽相照

|뜻풀이| 간과 쓸개를 내놓고 서로에게 내보인다는 뜻으로
서로 마음을 터놓고 격이 없이 지내는 사이를 가리킴

【고사】 당송팔대가인 한유(韓愈)가 절친한 사이였던 유종원(柳宗元)
이 죽자 그를 기리기 위해 쓴 글이다. 유종원은 혁신적 진보주의자로
서 정책수행에 온 힘을 기울였으나 보수파에 밀려 유주자사(柳州刺
史)에 좌천되었다. 자신의 불우한 처지에도 불구하고 파주자사(播州
刺史)로 좌천되는 친구 유몽득(劉夢得)을 크게 동정하며 "파주란 변

방지역으로 자네 같은 사람이 살 곳이 못되네. 자네는 늙으신 어머니를 모시고 있는데 이 사실을 어떻게 모친께 말씀드릴 수 있겠는가? 차라리 자네 대신 내가 파주로 가겠다고 지원하겠네." 이 말을 전해들은 한유는 친구의 우정에 깊이 감동되어 훗날 '유자후묘지명(柳子厚墓誌銘)'에 유종원을 위해 다음과 같은 글을 썼다. "아! 사람이란 어려움을 당했을 때 진정한 절의를 볼 수 있는 것이다. 평상시에는 서로 그리워하고 즐거워하며 서로 양보하고 손을 맞잡기도 한다. 어디 그뿐인가 서로 간이나 쓸개도 꺼내 보이고(肝膽相照) 하늘을 가리키며 눈물 짓고 배반하지 말자고 맹세하지만 일단 이해관계가 생기면 언제 그랬냐는 듯 안면을 바꾼다. 함정에 빠진 사람을 구해주기보다 도리어 함정에 밀어 넣고 돌을 던지기까지 하는 사람이 세상에는 많이 있다."

두보(杜甫)의 빈교행(貧交行)이란 시(詩)가 있다.

번수작운복수우(翻手作雲覆手雨) 손바닥 뒤집어 구름 되고 손바닥 엎으면 비가 되니
분분경박하수수(紛紛輕薄何須數) 어지럽고 경박한 세상 헤아려야 하나
군불견관포빈시교(君不見管鮑貧時交)
그대는 보지 못하는가 관중과 포숙의 가난한 때의 교제를
차도영인기여토(比道今人棄如土) 도(道)를 요즘 사람들은 흙버리듯 여긴다

우정

【출전】 한유(韓愈)의 유자후(柳子厚) 묘지명(墓誌銘)

● 한유(韓愈 : 768-824)는 중국 당(唐)대의 문학자, 사상가, 정치가로 자는 퇴지(退之)이다. 정치적으로는 불우하였으나 문단에 있어서는 당송팔대가(唐宋八大家)의 제1인자였고 최대의 업적은 산문문체의 개혁에 있다.

肝	膽	相	照
간 **간**	쓸개 **담**	서로 **상**	비칠 **조**

054

管鮑之交
관　포　지　교

|뜻풀이| 관중과 포숙아의 두터운 우정을 말함

【고사】 관중과 포숙은 죽마지우(竹馬之友)로 관중은 공자 규를 모시고 포숙은 규의 동생인 소백을 받들었다. 관중은 규의 지시로 소백을 암살하려 했으나 실패하고 소백이 제나라의 15대 군주 제환공으로 즉위하였다. 사형 집행을 눈앞에 둔 관중을 죽이지 말고 중용하도록 주청한 것은 포숙이었다. 포숙의 진언에 황제는 관중을 죽이지 않고 즉

근으로 삼았는데 제환공이 제후를 규합하여 천하의 패자로 군림할 수 있었던 것도 관중의 능력 때문이었다. 그러나 관중은 자신의 영달이나 제나라가 융성하게 되기까지 포숙의 덕을 입었기에 그에 대한 고마운 마음을 다음과 같이 술회했다.

"내가 젊어 가난할 때 포숙과 함께 장사를 하면서 나는 언제나 그보다 더 많은 이득을 취했으나 포숙은 나에게 욕심쟁이라고 말하지 않았다. 그는 나의 가난함을 알고 있었기 때문이다. 또한 내가 사업을 하다 실패했을 때도 포숙은 나를 어리석다 말하지 않았다. 세상의 흐름에 따라 이로울 수도 있고 그렇지 않을 수도 있음을 알았기 때문이다. 내가 세 번 벼슬에 나갔다가 번번이 쫓겨났어도 그는 나를 무능하다고 흉보지 않았다. 내가 시대를 만나지 못했음을 알았기 때문이다. 내가 싸움터에 나가 모두 패하고 도망쳤지만 그는 나를 겁쟁이라 비웃지 않았다. 내게 늙은 어머니가 계심을 알았기 때문이다. 공자 규가 후계자 싸움에서 패하여 동료는 싸움에서 죽고 나는 잡혀서 욕된 몸이 되었지만 그는 나를 염치없다고 비웃지 않았다. 내가 작은 일에 부끄러워 하기보다 공명을 천하에 알리지 못함을 부끄러워하는 것을 알고 있었기 때문이다. 나를 낳아준 이는 부모이지만 나를 진정으로 알아준 사람은 포숙이다."라고 회고 하였다.

【출전】출전 사기의 관중열전(管仲列傳)

● 관중(管仲)은 중국 춘추시대 정치가이며 본명은 이오(夷吾)이다. 685년 제(齊)나라 환공(桓公) 밑에서 재상(宰相)이 되었으며 민심교화와 부국강병을 실천하여 환공(桓公)을 패자(覇者, 제후의 우두머리)로 만들었다.

管	鮑	之	交
대롱 관	절인 물고기 포	갈 지	사귈 교

055

膠漆之心

|뜻풀이| 아교와 옻칠 사이 같은 마음이란 뜻으로
드물게 보는 두터운 우정을 말함

【고사】 당나라 때 백낙천(白樂天)과 원미지(元微之)는 절친한 친구 사
이였다. 과거에 함께 급제했고 문학관과 정치관도 같았다. 시(詩)의
혁신에도 뜻을 같이하여 백성들의 분노와 고통을 담은 신악부(新樂
府)를 지었는데 이것은 강렬한 사회 비판을 담고 있어 두 사람은 변방

126

으로 좌천되었다. 떨어져 있음이 그리워 백낙천이 원미지에게 편지를 써 보냈다. "4월 10일 밤에 낙천은 아뢴다. 미지여, 미지여, 그대의 얼굴을 보지 못한지도 어언 3년이 지나고 그대의 편지를 받지 못한 지도 2년이 되려고 하네. 인생살이가 얼마나 되기에 이처럼 멀리 떨어져 있어야 되는가? 하물며 아교와 옻칠 같은 마음(況以膠漆之心)으로서 북쪽 오랑캐 땅에 몸을 두고 있으니 말일세. 아무리 해도 서로 만날 수가 없고 체념하려 해도 잊을 수가 없네. 서로 그리워하면서도 떨어져 있으니 이제 머리카락마저 하얗게 세려고 하네. 미지여, 미지여, 이를 어찌해야 할꼬. 진실로 하늘이 하신 일이라면 우린들 어찌할 수 없구나!"로 끝을 맺는다.

교칠(膠漆)은 아교와 옻을 말한다. 아교로 붙이면 서로 떨어질 수가 없고, 옻으로 칠하면 벗겨지지를 않는다. 이렇게 서로 떨어지지 않고 마음이 변하지 않는 우정을 교칠지교(膠漆之交)라 하고, 떨어질 수 없는 그리운 마음을 교칠지심이라 한다.

【출전】 원미지(元微之)의 백씨문집(白氏文集)

[고사성어 더 알아보기]

- 雲合霧集(운합무집) : 구름처럼 합하고 안개처럼 모임. 많은 것이 일시에 모임.
- 遠交近攻(원교근공) : 먼 나라와 우호 관계를 맺고 이웃나라를 공략하는 일.
- 怨入骨髓(원입골수) : 원한이 골수에 사무친다는 뜻.

膠	漆	之	心
아교 교	옻 칠	갈 지	마음 심

우정

桃園結義

도 원 결 의

|뜻풀이| 삼국지의 유비, 관우, 장비가 복숭아 나무 정원에서
의형제 결의를 함

【고사】 후한(後漢)은 외척과 환관(宦官)의 전횡이 가장 두드러지게
나타났던 시기로 후한 붕괴의 직접적 원인은 황건적의 봉기에서 찾을
수 있다. 문란한 국정과 거듭되는 흉년에 백성들은 굶주림을 이기지
못하고 새 세상을 상징하는 황색의 머리띠를 두른 도적떼가 되었다.

128

황건적의 난이 온 천하를 휩쓸 때 유비, 관우, 장비 세 사람이 만나 도원(挑園)에서 제례를 갖추고 하늘에 맹세했다. "비록 각기 성은 다르지만 이미 형제의 의를 맺기로 하였으니 한마음 한뜻으로 협력하여 위험에 빠졌을 때 서로 돕고 부축하며 위로는 나라에 보답하고 아래로는 백성을 편안하게 하도록 하소서. 동년 동월 동일에 태어나지 않았지만 오직 동년 동월 동일에 죽기를 바라나이다. 천지신명께서는 이 마음을 굽어 살피시어 의리를 배반하거나 은혜를 잊은 자가 있다면 하늘과 사람을 함께 죽이소서."라 했다. 이 이야기가 도원결의로 소설의 영향이 너무도 커서 역사적 진실이라고 믿는 사람들이 많지만 사서(史書)에서는 그 증거를 찾을 수 없다. 작가의 상상력으로 만들어졌지만 세 사람의 관계가 친동기간 이상으로 친밀했기 때문에 완전한 허구라 단정하기 어렵다.

황건적의 난은 대규모 농민봉기로 광대한 지역으로 급속히 퍼졌다. 황건군의 주모자 장각과 장량, 장보를 모두 잃고도 끈질긴 항쟁을 벌였는데 황건적의 난은 결국 실패했지만 새로운 시대를 여는 기폭제가 되었다.

우정

【출전】 삼국지연의(三國志演義)

● 중국의 장편소설로 14세기말에 나관중(羅貫中)이 지었다. 후한(後漢) 말에 유비, 관우, 장비가 도원(桃園)에서 의(義)를 맺어 위, 촉, 오 3국의 정립시대(鼎立時代)를 거쳐 진(晉)이 천하를 통일하기까지 영웅들의 무용담을 담고있다.

桃	園	結	義
복숭아 **도**	동산 **원**	맺을 **결**	옳을 **의**

057

죽 마 지 우

竹馬之友

|뜻풀이| 어릴 때 친하게 지내며 함께 자란 벗

【고사】 은호(殷浩)는 식견과 도량이 넓고 성품이 온후하였다. 양나라의 황제 간문제(簡文帝)는 은호에게 건무장군(建武將軍) 양주자사(揚州刺史)가 되어 조정에 나오도록 간청했다. 결국 은호는 청을 받아들였으나 이는 당시 촉(蜀)을 평정하고 돌아와 세력이 커지고 있던 환온(桓溫)을 견제하기 위한 계책이었다. 은호가 호족 반란군 진압에 실패하자 적수가 된 환온이 은호를 규탄하여 서인(庶人)으로 강등시키고

귀양을 보냈다. 환온은 "은호는 어려서 나와 함께 죽마(竹馬)를 타고 놀던 친구다. 내가 죽마를 버리면 언제나 은호가 그것을 주워서 탔다. 그러니 그가 내 밑에 있는 것은 당연하다."라고 말했다. 은호는 환온을 원망하는 말은 입 밖에 내지 않고 하루종일 허공에 돌돌괴사를 쓸 뿐이었는데 이는 아주 기괴한 일 또는 뜻밖의 일로 풀이된다. 은호는 결국 귀양지에서 죽고 황위를 찬탈하려고 기회를 노리던 환온은 야망을 실현하지 못한 채 숨을 거두었다. 죽마지우 또는 죽마고우(竹馬故友)는 죽마를 타던 옛 친구라는 뜻으로 소꿉동무를 이르는 말이다.

죽마(竹馬)라는 용어가 사용된 것은 후한서 곽급전에서 찾을 수 있는데 곽급(郭伋)이 병주에 부임할 때 그곳의 아이들이 죽마를 타고 길에 나와 절을 하며 곽급을 맞이했다고 한다. 또 진서(晉書)에 진나라의 황제 무제는 제갈정과 소꿉친구였으나 자신의 아버지가 반기를 든 제갈정의 아버지를 처형하여 제갈정의 원한이 컸다. 무제가 제갈정을 만나 "경도 예전에 죽마를 타고 다닐 때의 우정을 잊지 않았을 걸세 (卿故復憶竹馬之好不)."라고 말하자 제갈정은 "신은 숯을 삼키고 몸에 옻칠을 할 줄도 모르며 (예양이 자기의 은인인 지백의 원수를 갚기 위해 조양자를 죽이려고 불타는 숯을 먹어 성대를 태웠고, 몸에 옻을 발라 문둥이로 변하다) 모진 목숨 살아 오늘 폐하를 뵙게 되었다."고 눈물을 흘렸다. 결국 무제는 그의 마음을 이해하고 자리를 떠났다.

【출전】 진서의 은호전(殷浩傳)

竹	馬	之	友
대 **죽**	말 **마**	갈 **지**	벗 **우**

우정

058

금 상 첨 화

錦上添花

|뜻풀이| 비단 위에 꽃을 수 놓는다는 뜻으로
좋은 일에 좋은 일이 더한다는 것

【고사】 왕안석(王安石)은 정치가이자 개혁가로 당시 송(宋)나라는 해
마다 계속되는 전쟁으로 인한 엄청난 군비와 행정지출로 재정 위기에
몰려 있었으며 기득권층의 수탈로 백성들의 생활은 피폐해져 갔다.
왕안석의 신법(新法)은 송나라에 직면한 문제들을 타파하기 위한 법

안들로 파격적이고 전면적인 개혁정치였다. 그러나 나라가 정치적 혼란에 빠지면서 큰 성과를 거두지는 못했다. 문학적으로는 당송팔대가의 한 사람으로 꼽힐 만큼 뛰어난 문장가로 시는 맑고 고상하며 산문은 웅장하였다.

강은 남원으로 흘러 언덕 서쪽으로 기우는데
바람엔 맑은 빛이 있고 이슬에는 꽃의 화려함이 있네
문앞의 버들은 옛 도령의 집이요,
우물가의 오동은 전날 총지의 집이라
좋은 모임에서 술잔을 거듭 비우려 하는데
아름다운 노래는 비단 위에 꽃을 더한 듯 麗唱仍添錦上花
문득 무릉의 술과 안주를 즐기는 손이 되어
내 근원에 응당 붉은 노을이 적지 않으리

이 시는 그가 만년에 정계를 떠나 남경의 한적한 곳에 은거하면서 지은 것으로 추측된다. 6행의 '여창잉첨금상화'가 금상첨화의 유래이다.

【출전】 왕안석의 시 즉사(卽事, 즉석에서 지은 이름없는 시)

錦	上	添	花
비단 **금**	윗 **상**	더할 **첨**	꽃 **화**

059

소 국 과 민

小國寡民

|뜻풀이| 작은 나라 적은 백성이라는 뜻으로
노자가 그린 이상 사회, 국가

【고사】 노자(老子) 또는 도덕경(道德經)이라고도 하는데 81장으로 되어 있다. 소국과민(小國寡民)은 80장에 나오는 말로 나라는 작고 백성이 적어서 모든 문명의 이기가 있어도 쓰지 않게 된다. 백성은 생명이 중한 것을 알아 멀리 떠나가는 일도 없고 배와 수레가 있어도 타고 갈

곳이 없으며 무기가 있어도 쓸 곳이 없다. 백성들도 다시 옛날로 돌아가 글자 대신 노끈을 맺어 쓰게 하고 그들의 먹는 것을 달게 여기고, 그들의 입는 것을 아름답게 여기며 그들의 삶을 편안히 여기고 관습을 즐기게 한다. 이웃나라끼리 서로 바라보며 닭 울음과 개 짖는 소리가 들리지만 백성들은 늙어 죽도록 서로 오가는 일이 없다.' 라고 나온다. 이는 평화롭고 이상적인 사회를 말하는데 노자 자신이 그리는 이상적인 국가 형태를 표현했다.

도연명의 도화원기(挑花源記)에 나오는 무릉도원(武陵桃源)도 이 노자의 소국과민에 영향을 받아 묘사한 작품이다.

【출전】 노자 80章

● 노자(老子)는 도가(道家)의 창시자로 초(楚)나라의 사상가이다. 공자(孔子)보다 약 50년 전의 사람으로 추정하거나 100년 후로 보는 설이 있는가 하면 다른 사상가들에 대항하기 위해 만들어낸 가공의 인물이란 설도 있다. 중국에 있어서 우주의 일체에 대하여 생각한 최초의 사람으로 그것을 도(道)라고 명명하였다.

小	國	寡	民
작을 소	나라 국	적을 과	백성 민

060

화　서　지　몽

華胥之夢

|뜻풀이| 화서나라의 꿈을 꾸다라는 뜻으로
무심코 꾼 꿈에서 인생의 진리를 깨달음

【고사】 중국의 삼황오제 가운데 한 사람인 황제(皇帝)는 15년 동안 천
하가 자기를 떠받드는 것을 기뻐하며 오관의 즐거움을 쫓아 살았으나
몸은 여위어가고 정신도 흐려졌다. 그래서 다음 15년은 천하를 잘 다
스리기 위해 지혜와 노력을 아끼지 않았다. 그러나 몸과 정신은 더욱

피폐해져 황제는 정치에서 완전히 손을 떼고 무위(無爲)의 제왕(帝王)인 대정씨(大庭氏) 집에 들어가 석달 동안 마음을 깨끗이 하고 몸을 가다듬었다. 낮잠을 자던 황제는 꿈에 태고 시절 무위의 제왕인 화서씨의 나라로 가서 놀게 되었다. 그 나라에는 지배자가 없고 신분의 귀천도 없었으며 사람들은 욕심도 없고 자기를 위하는 일도 없었다. 남을 멀리하는 일도 없기 때문에 사랑과 미움이 없었다. 황제는 꿈에서 깨어나자 맑은 정신으로 진리를 깨달을 수 있었다. 그 후 황제는 천하를 잘 다스려 화서씨의 나라처럼 되었다. 그가 죽자 백성들은 몇 년을 울며 슬퍼했다.

이 화서의 나라는 도가(道家)의 이상 사회를 그린 것으로 무심무위(無心無爲)가 도의 극치라는 것을 주장하고 있는 것이다.

【출전】 열자의 황제편(皇帝篇)

● 열자(列子)는 열어구(列禦寇)를 존중하여 부른 호칭으로 도가사상 외에 유가사상도 포함되어 있지만 책을 편찬한 사람들은 대개 도가적인 시각에서 정리하고 배열했다. 열자가 많은 사람들에게 읽히고 있는 것은 문학적 상상력이 풍부할 뿐 아니라 세상을 현명하게 살도록 달관된 인생관을 제시하고 있기 때문이다.

華	胥	之	夢
빛날 화	서로 서	갈 지	꿈 몽

061

_대 _의 _멸 _친
大義滅親

|뜻풀이| 국가 사회의 큰일을 위해 부자의 정(私情)을 희생함

【고사】 춘추시대 위(衛)나라의 석작은 위환공(衛桓公)의 이복 형제인 주우(州吁)가 성품이 과격하고 거침이 없었기 때문에 아들 석후(石厚)에게 가까이 지내지 말라고 당부하였다. 그러나 석후는 주우와 함께 임금 환공(桓公)을 죽이고 주우는 스스로 임금이 되었다. 주우는 후궁

의 자식으로 보위에 오른 것에 대한 정치적 부담을 영토 확장으로 만회하려 하였으나 백성들은 여전히 그를 따르지 않았다. 결국 석후를 통해 그의 아버지 석작의 조언을 구했다. 석작은 주(周)왕실을 찾아가 조공을 바치고 위나라의 군주로 인정받는 것이 좋을 것이니 먼저 주 왕실과 친한 진(陳)나라에 찾아가 중계를 부탁하라고 조언하여 주우와 석후는 진나라로 떠났다. 석작은 재빨리 진에 밀서를 보내어 주우와 석후를 위나라의 찬탈자로 처형할 것을 청원하였다.

이 사실을 두고 군자가 말하기를 "석작은 충성된 신하이다. 주우를 미워하여 자식인 후까지 죽였다. 대의를 위해 육친의 정을 버린다는 것은 이를 두고 한 말일 것이다(大義滅親 其是之謂乎)."

【출전】 춘추좌씨전(春秋左氏傳)의 은공(隱公) 3, 4년 조

● 〈춘추좌씨전春秋左氏傳〉 - 공자가 편찬한 것으로 전해지는 역사서인 '춘추'의 해설서로 저자는 노나라의 좌구명(左丘明)으로 되어 있으나 분명하지는 않다. 춘추좌씨전은 풍부한 자료를 바탕으로 춘추의 내용을 자세하게 설명하고 있어 춘추시대를 이해하는 중요한 자료로 알려져 있다.

살기
좋은
사회

大	義	滅	親
큰 대	옳을 의	꺼질 멸	친할 친

062

계 륵

鷄肋

|뜻풀이| 먹자니 먹을게 없고 버리자니 아까운 닭의 갈비뼈
이러지도 저러지도 못하는 형편을 말함

【고사】 삼국 정립시대가 나타나기 1년 전, 유비가 익주(益州)를 점령
하고 한중(漢中)을 평정한 다음 위(魏)나라 조조(曹操)의 군대를 맞아
한중 쟁탈전을 벌이고 있었다. 싸움은 여러 달에 지나 장기전 양상을
띠고 있었는데 유비의 병참은 제갈 량(諸葛亮)의 용의주도한 확보로

넉넉한데 반하여 조조는 병참을 소홀히하여 내부의 질서가 문란하고 거기에 탈영병이 속출하여 공격도 수비도 불가능한 상태에 있었다. 막료 한 사람이 현황을 보고하고 후퇴 여부를 묻자 닭고기를 뜯고 있던 조조는 닭갈비(鷄肋)를 들었다 놓았다만 했다. 그 막료가 어리둥절한 마음으로 나오는데 주부(主簿)인 양수(楊修)가 듣고 장안으로 귀환할 준비를 서두르기 시작했다. 다른 참모들이 놀라 그 까닭을 묻자 양수는 "닭의 갈비는 먹으려하면 먹을 것이 없고 그렇다고 내버리기도 아까운 것이오. 한중(漢中)을 여기에 비유한 것은 승상께서 군대를 철수하기로 결정하신 것이오." 라고 답했다. 과연 양수의 예상대로 조조는 그 이튿날 철수 명령을 내렸다.

개인주의적이면서 무정부주의적인 노장사상(老莊思想)에 심취했던 죽림칠현(竹林七賢) 중 한 사람인 유영(劉伶)은 어느 날 술에 취해 사람들과 시비가 붙게 되었다. 상대가 화가 나서 소매를 걷어 붙이고 주먹을 휘두르자 유영은 말했다. "나 같은 닭의 갈비가 어떻게 귀하신 주먹을 모실 수 있겠습니까(鷄肋安足以尊拳)?" 하자 상대는 어이가 없어 웃고 돌아섰다고 한다. 진서(晉書)의 유영전에 나오는 이야기로 여기서 계륵은 몸이 작고 비쩍 마른 것을 비유한 말로 쓰인다.

[출전] 후한서의 양수전(楊修傳)

전략

鷄 肋
닭 계　갈빗대 록

063

狡兎三窟

|뜻풀이| 슬기있는 토끼는 구멍 셋을 파놓는다는 뜻으로
재난이 발생하기 전에 미리 준비를 해야한다는 것

【고사】 설(薛) 땅은 맹상군의 아버지 전영의 봉지(封地)였다. 하루는 식객
(食客) 풍원에게 설땅으로 가서 차용금을 거두어 오라고 시켰다. 풍원은
설에 가서 부채가 있는 사람들을 전부 모았다. 그리고 부채 증서를 전부
거두어 채무자들이 보는 앞에서 불태우고 부채는 전액 탕감되었다고 선
언했다. 설의 백성들은 맹상군 만세를 부르며 매우 기뻐했다. 풍원의 보
고를 들은 맹상군은 어이가 없었다. 이때 풍원이 "당신에게 지금 부족한
것은 은의(恩義)올시다. 차용 증서를 불살라 당신을 위해 돈주고 사기 힘

든 은의를 사가지고 왔다."라고 하였다. 그로부터 1년 뒤에 맹상군은 새로 즉위한 제민왕(齊泯王)의 노여움을 사 재상 자리를 내놓고 영지로 물러나게 되었는데 설땅 사람들은 백리까지 마중하며 그를 기쁘게 맞이했다. 풍원이 맹상군을 위해 마련한 첫 번째 보금자리였다. 그 후 풍원은 위(魏)나라 혜왕(惠王)을 찾아가 "제나라는 맹상군을 파직시켰습니다. 귀국에서 맞이하면 국력과 군사력이 강해지고 번영할 것입니다." 위 혜왕은 맹상군을 맞이하기 위해 황금 천 량과 수레 백 량을 세 번이나 보내어 설득했으나 풍원의 책략대로 모두 사양하고 위나라의 제의를 받아들이지 않았다. 이 소식을 들은 민왕은 맹상군의 위치를 새삼 인식하고 자신의 잘못을 사과하며 재상으로 다시 임명했다. 이것이 두 번째 보금자리의 마련이었다. 그다음 풍원은 설땅에 제나라 선대의 종묘를 세울 것을 민왕에게 건의토록 하여 민왕이 설땅에 종묘를 세웠다. 선대의 종묘가 맹상군의 영지에 있는 한, 아무리 왕이라도 맹상군을 함부로 대하지 못할 것이므로 세 번째의 보금자리를 마련한 것이다. 이리하여 맹상군은 재상에 재임한 수십 년 동안 별다른 화를 입지 아니했는데 이것은 모두 풍원이 맹상군을 위해 세 가지 보금자리를 마련한 덕이었던 것이다.

[출전] 사기의 맹상군열전(孟嘗君列傳)

● 맹상군(孟嘗君)은 전국시대 말기의 정치인으로 제(齊)나라의 왕족이었고 이름은 전문(田文)이다. 선왕(宣王)의 이복동생 전영의 아들로 태어났으나 어머니가 비천하였고 5월에 태어난 아이는 그 부모를 해치게 된다는 속설 때문에 장성할 때까지 전영 몰래 키워졌다는 이야기가 전해진다. 그러나 40여 명의 아들 중 그 총명함 때문에 후계자로 인정받았고 천여 명의 식객을 거느린 것으로 유명하다.

전략

狡	兎	三	窟
교활할 교	토끼 토	석 삼	굴 굴

064

彌縫
미 봉

|뜻풀이| 터진 옷을 꿰매듯 임시변통으로 순간을 모면하는 것

【고사】 춘추시대 초기 주(周)의 환왕은 쇠약해진 주의 세력을 다시 한 번 복구하고자 애썼다. 그 무렵 정(鄭)의 장공(莊公)은 한창 기세를 올리고 있었으므로 주왕(周王)은 장공을 토벌해서 명예를 만회하고자 했다. 환왕은 장공에게서 종래 왕조의 경사(卿士)로서 맡기고 있던 상

징적 지위를 박탈했다. 이를 못마땅하게 생각한 정장공은 왕실에 대한 조공을 일체 중지해 버렸다. 환왕은 이 기회에 정나라를 쳐서 주나라 위신을 회복할 생각이었다. 환왕은 괵(虢), 채(蔡), 위(衛), 진(晋) 등 네 나라 군대도 함께 거느리고 정나라로 진격했다. 정장공은 "진(晉)나라는 내란이 생겨 싸울 경황이 없을테니 먼저 진나라를 공격하여 연합군의 혼란을 야기하고 그 다음, 왕이 지휘하는 군사를 집중 공격하면 승리는 우리 것이다."하고 전차 부대를 앞세우고 보병이 뒤따르게하여 보병으로 하여금 전차의 틈을 연결시키는 오승미봉(伍承彌縫)전법을 사용하여 토벌군을 무너뜨렸다. 도망가는 연합군을 계속 추격하려고 하자 장공은 추격을 멈추고 "군자란 약자를 업신여겨서는 안 된다. 하물며 천자를 업신여겨서는 더욱 안 된다. 나라의 안전만 보전하면 그만 두어야 한다." 이 싸움으로 장공의 이름은 천하에 떨치게 되었고 뒤에 제환공(齊桓公)에 의해 실현된 패자(覇者)의 길을 열게 되었다. 미봉은 전차부대를 앞세우고 보병을 전차의 틈 사이를 이어서 적과 싸우는 병법의 한 방법이었다. 미봉은 곧 떼워 붙인다는 뜻이었는데 지금은 실패나 결점을 일시 얼버무리는 뜻으로 쓰인다.

【출전】 춘추좌씨전 주환왕전(周桓王傳)

전략

彌	縫
미륵 **미**	꿰맬 **봉**

065

背水之陣
배　수　지　진

|뜻풀이| 물을 등지고 진을 친다는 뜻으로 물러설 곳이 없으니
목숨을 걸고 싸울 수 밖에 없는 지경을 이름

【고사】 한고조(漢高祖)가 제위에 오르기 2년 전(BC 240년)의 일이다.
한군의 일지대(一支隊)를 이끌고 있던 한신(韓信)은 위(魏)를 격파한
여세를 몰아 조(趙)로 진격했다. 한신의 작전은 일만의 군대는 강을
등지고 진을 치게 하고 주력부대는 성문 가까이 공격해 들어갔다 패
배를 가장하여 배수진까지 퇴각을 했다. 조나라 군대가 성을 비우고
추격해 오자 매복병을 시켜 성 안으로 잠입하여 조나라 기를 뽑고 한

146

나라 깃발을 세우게 했다. 물을 등지고 진을 친(背水之陣) 한신의 군대는 죽기 아니면 살기로 결사 항전을 해 조나라 군대는 퇴각할 수밖에 없었는데, 그들의 성으로 돌아와 보니 한나라 기가 꽂혀 있어 성이 이미 점령된 줄 알고 혼란이 일어났을 때 한신의 부대가 맹공격을 퍼부어 간단히 승리를 거두었다. 한신은 군대를 사지에 몰아 넣음으로써 싸움에 지쳐 전의가 없던 군대를 결사 항전하게 하여 승리를 거둔 것이다. 싸움이 끝나고 축연이 벌어졌을 때 부장들은 한신에게 물었다.

"병법에는 산을 등지고 물을 앞에 두고서 싸우라 했습니다. 그런데 이번에는 물을 등지고 싸워 마침내 승리를 거두었습니다. 이것이 대체 어떻게 된 일입니까?"

"이것도 병법의 한 수로 제군들이 미처 깨닫지 못했을 뿐이오. 병서에 자신을 사지(死地)에 몰아 넣음으로써 살 길을 찾을 수가 있다고 적혀 있지 않소. 그것을 잠시 응용한 것이 이번의 배수진(背水陣)이오. 원래 우리 군은 원정을 계속하여 지친 군사들이 대부분이니 이들을 생지(生地)에 두었다면 그냥 흩어져 달아나 버렸을 것이오. 그래서 사지(死地)에다 몰아넣은 것 뿐이오." 이를 들은 모든 장수들이 탄복했다고 한다.

【출전】 사기의 회음후열진(淮陰侯列傳)

전략

背	水	之	陣
등 배	물 수	갈 지	진칠 진

066

四面楚歌

|뜻풀이| 사방에서 들리는 초나라의 노래라는 뜻으로
사방에 적으로 포위되어 있는 상태

【고사】 초나라와 한나라의 칠년간의 싸움도 막바지에 이르러 순진한
항우가 휴전 강호를 하고 동쪽으로 퇴각하는 것이다. 그러나 한신이
지휘하는 한군이 초군을 포위하여 초군은 식량도 떨어지고 전의도 상
실한 상황이었다.

이때 장량의 계책으로 이곳저곳에서 초나라 노랫소리가 들렸다. 향수
를 더이상 이길 수 없었던 초군은 야음을 틈타 계속 도망을 쳤다. 항
우는 이 노래 소리를 듣고 '한나라가 이미 초나라를 얻었단 말인가.

어째서 초나라 사람이 이다지도 많지(夜聞漢軍四面皆楚歌 項羽乃大驚日 漢皆 得楚乎 是何楚人之多也)' 이젠 끝장이라고 생각한 항우는 장막안으로 들어가서 결별연(訣別宴)을 열었다. 항우 곁에는 천리마라는 오추마(烏騅馬)와 우희(虞姬)가 있었다. 항우는 너무 비감하여 스스로 시를 지어 노래했다.

> 힘은 산을 뽑고 기개는 천하를 덮어도
> 때가 내게 이롭지 않으니 오추마도 달리지 않는구나
> 오추마가 달리지 않으니 내 이를 어찌할 것인가
> 우희(虞姬)여! 우희여! 내 그대를 어찌할 것인가

항우가 슬프게 노래하자, 우희도 이별의 슬픔을 가득담고 애절하게 따라 불렀다.

> 한나라의 군대는 이미 땅을 차지했는지
> 사방에서 초가 소리뿐(四面楚歌聲) 대왕의 운이 다 되었거늘
> 천한 첩이 어찌 살기를 바라리요

이 노래를 마지막으로 우미인도 항우의 품에서 자결하고 항우 역시 다음날 오강에서 자결했으니 그의 나이 31세였다. 고향이 그리워 오강(烏江)까지 달려갔으나 패군지장으로 고향에 돌아가는 것을 부끄럽게 여겨 자결한 것이다. 무면도강동(無面渡江東)이라는 고사성어가 여기서 나왔다.

【출전】 사기의 항우본기(項羽本紀)

전략

四	面	楚	歌
넉 **사**	낯 **면**	초나라 **초**	노래 **가**

067

三十六計走爲上策

삼 십 육 계 주 위 상 책

|뜻풀이| 36가지 병법 중에 도망치는 것이 형세가 불리할때는 최상책이라는 뜻

【고사】 송나라의 뒤를 이어 남조의 제(齊)나라(30년 만에 망함) 2대 왕 명제(明帝) 소란은 갖은 음모와 포악으로 황제의 위를 강탈한 다음 반란과 보복이 두려워 자기를 반대했던 형제와 조카들을 두 달 동안에 걸쳐 14명이나 죽였다. 황제가 된 지 3년 남짓 병을 얻어 눕게 되자 시조 고조(高祖) 소도성의 혈통을 이어받은 10여 명의 왕족들이 마음에 걸려 후환을 없애기 위해 심복을 시켜 그들을 한꺼번에 죽여버렸다. 그리고 건국 공신인 왕경칙(王敬則)도 제거하기 위해 그가 태수로 있

는 회계(會稽)와 경계선을 이룬 오군(吳郡)에 장괴(張壞)를 평동장군에 임명하여 파견했다. 이 모든 상황을 안 왕경칙도 군대를 일으켜 진군하였고 명제의 학정에 불만을 가진 농민들도 가세하여 그 수는 10만이 넘게 되었다. 이 소식은 조정을 큰 두려움에 빠지게 했고 태자 보권까지도 달아나야 할지 있어야 할지를 몰라 허둥됐다. 이 소식을 전해들은 왕경칙은 다음과 같이 말했다. "단공의 36가지 계책 중에 도망가는 것이 최상책이라고 했다. 그대들 부자도 도망가는 길만이 있을 뿐이다." 단공이란 남조(南朝)의 송(宋)나라 초기의 명장인 단도제(檀道濟)를 이르는 말로 그가 북위(北魏)와 싸울 때 잘 도망쳤기 때문에 단공 삼십육지책(檀公 三十六之策)이라고 말한 것이다. 하지만 왕경칙도 관군의 습격을 받아 좋은 무기를 갖지 못한 농민군과 함께 혼란에 빠졌고 결국 목이 잘렸다.

삼십육계 주위상책은 싸움에서 도망가야 할 때는 무리를 하지 말고 도망치는 것이 상책이라는 것이다. 삼십육계는 목숨이 있으면 다음을 도모할 수 있으니 불리하면 도망쳐 목숨을 보존하라는 것이다.

[출전] **자치통감 제141권 (資治通鑑 第141卷)**

● 자치통감(資治通鑑)은 중국 송나라의 사마광(司馬光)이 편찬한 사서(史書)이다. 정부의 원조로 1066~1084년에 완성되었으며, BC 403~960년까지의 사실(史實)을 편년체로 기술한 것이다.

※ 편년체(編年體)란 중국이나 한국에 있어서의 역사의 연대적인 서술방법→연대기(年代記)

전략

三	十	六	計	走	爲	上	策
석 삼	열 십	여섯 육	셀 계	달릴 주	할 위	윗 상	꾀 책

068

先則制人

선 즉 제 인

|뜻풀이| 일을 하려면 선수를 잘 쳐야 남을 제압할 수 있다

【고사】 항량(項梁)은 초(楚)의 명장 항연(項燕)의 아들로 병법에 매우 밝았다. 힝량은 어느날 사람을 죽이고 몸을 오(吳)나라에 있는 항우에게로 피하였다. 오나라의 사대부(士大夫)들은 모두 항량을 대단한 인물로 알아 큰 토목 공사나 장례식이 있을 때에는 항량이 언제나 지휘봉을 잡았으며 병법을 이용하여 사람들을 지시하고 사람들의 재능을 잘 알았다. 시황제(始皇帝)가 회계(會稽)를 순시할 때 항량이 항우를 데리고 구경갔는데 항우가 진시황을 보고 "저 사람의 자리를 빼앗아

내가 대신 해야지." 항량은 항우의 입을 틀어막고 "엉뚱한 말을 마라. 멸족당한다."라고 타일렀지만 항량은 항우가 보통 인물이 아니라는 것을 알게 되었다. 진시황이 죽고 정국이 혼란해지자 회계(會稽)의 태수 은통(殷通)이 반란을 획책하면서 어느날 항량을 불러 말했다. "이제 진(晉)은 그 국운이 다했으므로 진을 멸망시킬 때가 되었다고 본다. 옛말에 선수를 치면 상대를 제압할 수 있다는 말이 있다(先則制人). 그래서 나는 그대와 환초(桓楚)를 장군으로 삼고 진나라를 치고 싶다." 항량은 순간적으로 '기회다' 생각하고 "태수가 아시는 대로 환초는 이웃나라에 피신해 있는데 그가 있는 곳을 아는 사람은 항우이므로 그를 불러 데려오도록 해주십시오." 은통은 항우를 불러 오라 했다. 밖으로 나온 항량은 항우에게 태수 방으로 들어가 무조건 은통의 목을 치라고 하였다. 그래서 항량은 태수의 목을 쳐 선수를 침으로서 회계의 군수가 되었으며 8천의 군사를 손에 넣어 진나라에 봉기하는 기반을 잡았다.

선즉제인이 다 좋은 것은 아니었다. 상황 판단을 잘못해 손해나는 경우도 있고 세상에는 만자득지(晚者得之)도 있다. 그래서 병법에는 기선제압이 있고 공격의 허점을 노려 되치는 방법도 있다. 유방과 항우의 싸움에서 항우는 선즉제인에 속했고 유방은 만자득지에 속했다고 하는 사람이 많다. 선수도 중요하지만 그 과정이 많은 사람의 지지를 받을 수 있어야 한다. 그래야 끝도 좋게 맺어지는 것이다.

【출전】 사기의 항우본기(項羽本紀)

전략

先	則	制	人
먼저 선	곧 즉	절제할 제	사람 인

069

一敗塗地

일 패 도 지

|뜻풀이| 한 번 여지없이 패하여 다시 일어설 수 없음을 일컬음

【고사】 진시황이 죽고 2세가 즉위하자 그렇게 견고해 보이던 진나라의 기반도 흔들리기 시작했다. 무명 청년인 진승이 반란을 일으키자 호응자가 의외로 많아서 파죽지세로 진나라 군대를 무너뜨리고 진나라를 점령하여 스스로 왕이 되었다. 이에 나라가 어지러워져, 여기저기서 군현이 우두머리(長)를 죽이고 군사를 일으키는 자가 속출하였다. 패(沛)고을 현령도 반란민에게 죽게 될까 겁이 나서 고을 백성들을 이끌고 진승에게 호응할 생각으로 소하(蕭何)와 조참(曹參)을 불러

154

상의했다. 소하와 조참은 "진나라 관리인 현령이 지금 반란군과 합세하면 백성들이 믿지 않을 것이니 진나라의 가혹한 정치와 부역을 피해 유방을 따라 성 밖으로 도망간 백성들을 불러들여 그들의 힘을 빌면 거역할 사람이 없을 것입니다."하여 번쾌를 시켜 유방을 불러 오게 했다.그러나 수백 명이 떼를 지어 성문으로 들어오자 겁을 먹은 현령이 성문을 닫고 계책을 거꾸로 일러 준 소하와 조참을 죽이려 찾았으나 그들은 이미 유방에게로 도망간 후였다. 유방은 비단 폭에 글을 써서 성 위로 쏘아 보내 현령을 죽이고 성문을 열게 했다. 성의 장로들이 유방을 현령으로 추대하려 하자 "천하가 한창 시끄러워 제후들이 사방에서 함께 일어나고 있는데 지금 장수를 한 번 잘못 두게 되면 일패도지 하고 만다(今置將不善一敗塗地). 나는 내 몸의 안전을 생각해서 이런 말을 하는 것이 아니다. 내 재주가 모자라 여러분의 부형과 자제의 생명을 보존해 줄 수 없는 것을 두려워하기 때문이다. 이는 중요한 일이니 부디 좋은 사람을 선택해 주었으면 한다."라고 사양하였으나   소하와 조참이 만일의 경우 닥칠 화를 두려워하여 유방을 극구 추대하여 마침내 유방은 현령이 되어 패공(沛公)이라 일컬어졌으며 한(漢)의 건국 기초를 쌓게 되었다.

유방의 현령 사양, 진나라 궁실에서 물러나 홍문연의 저자세 등이 이보전진을 위한 일보후퇴 행동으로 겸양의 미덕이라고 할 수도 있지만 고도의 전략에서 나온 지도자다운 행동이다.

【출전】 사기의 고조본기(高祖本紀)

전략

一	敗	塗	地
한 일	패할 패	칠할 도	땅 지

070

천 재 일 우

千載一遇

|뜻풀이| 천 년에 한 번 만난다는 뜻으로
좀처럼 만나기 어려운 좋은 기회

【고사】 동진(東晉)의 원굉이 삼국시절의 건국공신 스무 명을 골라 그
한 사람 한 사람의 행장을 칭찬하는 찬(贊)을 짓고, 거기에 서문을 붙
인 것이 삼국명신서찬이다. 그는 이 서문에서 "백낙을 만나지 못하면
천년을 가도 천리마 하나 생겨나지 않는다(夫末遇伯樂 則千載無一
馬)."고 하여 훌륭한 임금과 신하가 서로 만나기 어려운 것을 비유한

다음 "만 년에 한 번 기회가 온다는 것은 사람이 살고 있는 세상의 공통된 원칙이요, 천년에 한 번 만나게 된다는 것은 어진 사람과 지혜로운 사람이 용케 만나는 것이다. 이런 기회를 만나면 그 누가 기뻐하지 않으며 이를 놓치면 그 누가 한탄하지 않겠는가(千載一遇 賢智之喜會)."라고 했다.

여기서의 천재일우야 역사적인 기회를 말하지만, 그리스 속담에 어느 사람에게나 일생에 세 번쯤 성공할 수 있는 기회가 온다고 한다. 다만 기회는 앞만 있지 뒤는 없다는 것이 안타까울 뿐이다. 성공이나 출세한 사람 대부분은 기회포착을 잘 한 사람들이다.

【출전】 원굉의 삼국명신서찬(三國名臣序贊)

● 원굉(袁宏)은 동진시대 사람으로 동양 태수를 역임하였고 일생동안 여러 문집에 시문을 남겼다. 삼국명신서는 원굉이 삼국시절의 건국공신 스무 명을 골라 한 사람 한 사람의 행장을 칭찬하는 찬을 짓고, 거기에 서문을 붙인 책이다.

전략

千	載	一	遇
일천 **천**	실을 **재**	한 **일**	만날 **우**

071

신 출 귀 몰

神出鬼沒

|뜻풀이| 귀신같이 돌아다녀 왕래를 예측하지 못함

【고사】 병약훈(兵略訓)은 도가 사상을 기본 이론으로 전략(前略)을 논(論)한 책이다. 그 중에서도 아군의 계략과 진치는 일과 군대의 세력과 병기가 겉으로 보아서 적군이 대책을 세울 수 있는 것이라면 교묘한 전략이 아니라고 말하고 있다.

'교묘한 행동은 신이 나타나고 귀신이 돌아다니는 것처럼 별과 같이 빛나고 하늘과 같이 운행하는 것이다. 그 나아가고 물러감과 굽히고 펴는 것은 아무런 전조도 없고 형태도 나타나지 않는다.'라고 말하고 있다.

여기서 쓰인 신출귀행(新出鬼行)이 신출귀몰로 나오는 것은 당희장어(唐戲場語)에 나오는 '두 머리 세 얼굴의 귀신이 나타나고 없어진다(兩頭三面 神出鬼沒)'의 귀설에서이다.

지금은 마음대로 출몰하여 변화가 무진한 개인의 두뇌나 꾀를 말하기도 하고 게릴라전이나 특공작전은 신출귀몰하게 해야 한다고 말하고 있다. 싸움터나 정보수집 등에서 신출귀몰은 가치가 있을지 모르지만 사회생활에서 신출귀몰하는 태도를 보이면 오히려 많은 사람의 경계심을 받게 된다.

[출전] 회남자의 병약훈(兵略訓)

● 병약훈(兵略訓)은 도가사상을 기본으로 전략(戰略)을 논한 것이다.

전략

神	出	鬼	沒
귀신 **신**	날 **출**	귀신 **귀**	빠질 **몰**

072

仰天大笑

앙 천 대 소

|뜻풀이| 어처구니가 없어 하늘을 보고 크게 웃음

【고사】 제나라 위왕이 처음에 정치를 잘못하자 여러나라가 자주 침략해 왔고 급기야 위왕 8년에 많은 초나라 군사가 쳐들어왔다. 위왕은 조나라에 구원병을 청하려 순우곤을 사신으로 보내면서 금 백근(金百斤)과 거마십사(말 네 필)를 예물로 보내려 했다. 그때 순우곤(淳于髡)이 앙천대소(仰天大笑)하자 왕이 물었다. "선생은 예물이 적어서 그

러십니까?" 곤이 말하기를 "신이 입궐을 하러 오면서 보니 길에서 농사가 잘 되라고 비는 농부를 보았습니다. 돼지 족발 하나와 술 한 병을 놓고 빌기를 '좋지 않은 땅에서 수레가 넘치고 오곡이 잘 되어 수확이 넘쳐 집에 가득하게 해 주시오.' 하는 데 신(臣)이 보니 신께 드리는 것은 별 것 없고 농부의 소원은 과분해서 그것을 보고 웃지 않을 수 없었습니다." 그제서야 왕은 자신의 속 좁음을 깨닫고 황금 천금과 흰 구슬 십 상과 거마백사를 예물로 주니 곤이 바로 출발했다. 이처럼 앙천대소는 하늘을 쳐다보고 크게 웃는 것인데 이는 어이가 없어 웃는 것으로 기뻐서 웃는 것과는 의미가 다르다.

소와정 늙은이 한가로이 누워 웃는데, 앙천대소하다가 또 길게 웃네. 옆 사람이여 주인이 웃는다고 비웃지 마오. 찡그리는 건 찡그릴 까닭이 있어서고 웃는 것도 웃을 까닭이 있기 때문이라 했다오(笑臥亭翁閑臥笑 仰天大笑復長笑 傍人莫笑主人笑 嚬有爲嚬笑宥笑). 유의손이 지은 한시로 세상을 비웃는 뜻을 담았는데 조선 세종(世宗) 때의 문신으로 임금의 총애를 받았다.

【출전】 사략 권1(史略 券一)

[고사성어 더 알아보기]

• 靑山流水(청산유수) : 막힘없이 말을 썩 잘함.
• 靑山一髮(청산일발) : 먼 수평선 저쪽에 푸른 산이 이득히 한 올의 머리카락같이 보이는 것.

전략

仰	天	大	笑
우러를 **앙**	하늘 **천**	클 **대**	웃음 **소**

073

一擧兩得
일 거 양 득

|뜻풀이| 한 가지 일로써 두 가지 이득을 얻음

【고사】 춘추후어(春秋後語)에는 다음과 같은 고사가 있다. 옛날 변 장자라는 힘센 사나이가 여관에 투숙하고 있는데 호랑이가 나타났다 는 말을 듣고 잡으러 나가려하자, 여관의 심부름하는 아이가 그를 말 렸다. "호랑이 두 마리가 나타나서 소를 가져가려고 하는 것입니다. 그러나 틀림없이 호랑이끼리 싸울 것입니다. 한 마리는 죽고 한 마리 는 상처를 입을 것이니 그때 가서 잡으십시오." 변장자는 그의 말대로

하여 두 마리 호랑이를 잡은 장사라고 평판이 자자했다고 기록되어 있다.

초책(楚策)에는 전국 시대 한과 위 두 나라가 1년 이상 싸우고 있었다. 진혜왕이 그 어느 한쪽을 돕고자 부하들과 의논을 했다. 그러나 진진이란 신하가 '일거양득(一擧兩得)'에 대한 이야기를 하며 방관하고 있다가 힘이 다 빠진 다음에 공격하자고 하여 한번에 두 나라를 다 멸망시켰다고 기록되어 있다.

북사(北史)에 국왕인 섭도와 신하 장손성이 함께 사냥을 가서 두 독수리가 먹이를 가지고 다툴 때 장손성이 화살을 날려 두 독수리를 한 화살로 잡게 되었다. 그래서 일전쌍조(一箭雙鳥)라는 말이 생겼다고 한다.

진무왕(秦武王)이 감무(甘茂)라는 신하에게 근신이 되거나 외교관이 되는 것 가운데 하나를 선택하라고 했다. "저는 근신이 되어 봉명사신으로 가겠습니다." 그래서 감부는 단번에 두 벼슬을 겸하게 되었다고 한다. 일거양득은 자신이 하면 좋은 것이지만 물총새와 조개의 싸움처럼 상대에게 어부지리를 주어 일거양득 당하는 것은 피할 일이다.

【출전】 진서의 속석전(束石傳), 초책(楚策), 북사(北史)

전략

一	擧	兩	得
한 일	들 거	두 양	얻을 득

074

破竹之勢

_파 _죽 _지 _세

|뜻풀이| 대나무를 쪼개는 듯한 강한 기세라는 뜻으로
거침없이 밀고 들어가는 형세를 말함

【고사】 삼국시절은 진(晉)나라 건국으로 끝이난 셈이지만, 삼국 중의
하나인 오(吳)나라는 15년 동안이나 그 명맥을 유지하고 있었다. 그
오나라를 치기 위해 내려 온 진남대장군(鎭南大將軍) 두예(杜豫)가 20
만 대군으로 형주(荊州)를 완전 점령하고 마지막 총공격을 위한 작전
회의를 하게 되었을 때다. 한 장수가 "지금은 봄이라 장마에 강물이

불어나고 전염병이 돌지 모르니 오나라를 지금 치는 것보다 회군하였다가 겨울에 다시 공격하는 것이 어떻겠습니까?"하였다. 그러자 두예는 단호하게 잘라 말했다. "지금 우리 병사들의 사기는 대나무를 쪼개는 것과 같소. 대나무는 처음 몇 마디만 칼날이 들어가면 그 다음에는 저절로 쪼개지는 법인데 이런 절호의 기회를 어찌 놓친단 말이오 (今兵威已振 譬如破竹 數節之後 迎刃而解 無復着手處也)?"고 했다. 두예는 곧바로 병력을 움직여 파죽지세로 몰아쳐 진나라가 삼국을 통일하게 되었다. 오늘날에는 거침없이 일이 잘 풀리거나 처리됨을 비유하는 말로 사용된다.

[출전] 진서의 두예전(杜豫傳)

● 두예는 중국 진(晉)나라의 정치가이자 학자로 유일하게 삼국시대의 명맥을 유지하고 있던 오(吳)나라를 공격하여 평정하였으며 뛰어난 군사전략으로 실력을 발휘하였다. 박학다식하고 많은 공을 세워 두무고(杜武庫)라 불리었다.

전략

破	竹	之	勢
깨뜨릴 **파**	대 **죽**	갈 **지**	형세 **세**

075

君子三樂
군 자 삼 락

|뜻풀이| 군자가 세상에서 가장 즐기는 세가지

【고사】 군자에게는 세 가지 즐거움(君子有三樂)이 있다. 이 세 가지
란 첫째, 부모가 살아 있고 형제가 모두 무탈한 것(父母具存兄弟無故)
둘째, 하늘을 우러러 한점 부끄러움이 없는 것(仰不愧於天俯不作於
人) 셋째, 천하의 인재를 얻어 교육하는 것(得天下英才而敎育之)이다.
그러나 천하를 다스리는 왕이 되는 것은 이 세 가지 속에 들어 있지 않다.

논어(論語)를 보면 공자(孔子)는 자신이 행복한 사람이라고 했다. 그것은 어떤 실수가 있을 때 가르쳐 주는 사람이 옆에 항상 있기 때문이라 하셨고 앞의 가르침과 뒤의 가르침이 틀리다고 제자가 반문하면 제자의 말이 옳고 또 앞의 말은 장난이었다고 자신의 그릇된 판단을 솔직히 시인하는 대목에서 알 수 있다. 맹자는 이와 같은 경우를 만나도 그때는 그때, 지금은 지금(此一時 彼一時)이라고 하셨다. 그래서 공자(孔子)는 성인이요 맹자는 아성(亞聖)인지 모르나 군자삼락도 자신을 몰라주는 당시 군왕들에 대한 반발 같은 느낌이 드나 성현의 말씀이니 되새겨 보자.

어떤 정치 평론가는 "공자나 맹자가 천자나 제후가 되었거나 아니면 재상직에도 장기적으로 있었다면 어떤 사회가 실현되었을까 궁금하다"고 말한 사람도 있다. 그러나 공자나 맹자가 자신들의 이상을 현실정치에 펴보지 못했기에 몇 천 년이 지난 지금까지 그들의 저술, 그들의 제자교육, 그들의 생활 태도가 많은 사람의 모범이 되는지도 모른다. 군자삼락은 맹자가 제후가 되지 못한 것을 반동적인 이론이라고 하는 사람도 있지만 인생삼락이 라고 할 수 있는 부모형제 무고하고, 하늘과 사람의 부끄러움이 없고, 영재를 얻어 교육시킬 수 있는 것은 분명 인생의 최고의 즐거움에 속한다고 할 수 있을 것이다.

[출전] 맹자의 진심장(盡心章)

君	子	三	樂
군자 **군**	아들 **자**	석 **삼**	즐거울 **락**

076

명 경 지 수

明鏡止水

|뜻풀이| 깨끗하고 밝은 마음의 상태

【고사】 노(魯)나라에 왕태라는 올자(兀者, 형벌로 발목이 잘린 사람)
가 있었는데 그의 주위에 많은 제자들이 모여들었다. 이것을 본 공자
의 제자 상계(常季)가 특출한 면도 없는 왕태에게 사람이 많이 모여드
는 이유를 물었다. 공자는 "사람은 흐르는 물로 거울을 삼는 일이 없

168

이 그쳐 있는 물로 거울을 삼는다(人莫鑑於流水 而鑑於止水). 왕태의 마음은 그쳐 있는 물처럼 조용하기 때문에 사람들은 그를 거울삼아 모여들고 있는 것이다(惟止能止象止)." 또 〈응제왕편〉에는 "지인(至人)의 마음가짐은 저 환하게 밝은 거울에나 비유할 수 있을 것이다. 명경(明鏡)은 사물의 오고 감에 내맡긴 채 자신의 뜻을 나타내지 않는다. 미인이 오면 미인을 비추고 추부(醜婦)가 오면 추부를 비추어 어떤 것이라도 응접을 하나 그 자취를 남기는 일이 없다. 그러므로 계속해서 얼마든지 물건을 비추면서도 본래의 맑음을 상하게 하는 법이 없다. 그와 같이 지인의 마음가짐도 사물에 대해 차별이 없고 집착도 없으므로 자유자재일 수가 있다."고 했다.

【출전】 장자의 덕충부편 응제왕편(德充符篇 應帝王篇)

明	鏡	止	水
밝을 **명**	거울 **경**	그칠 **지**	물 **수**

군자

077

삼 고 지 례

三顧之禮

|뜻풀이| 초가집을 세 번 찾아간다는 뜻으로 인재를 진심으로
예를 갖추어 맞이하는 것을 비유하는 말

【고사】 조조에게 쫓기어 형주(荊州)의 유표(劉表)에게 몸을 의탁하고
있던 유비(劉備)에게 어느날 서서(徐庶)가 찾아왔다. 서서는 유비 밑
에 장수는 많은데 군사(軍師)가 없어 힘을 쓰지 못하고 있지 않느냐
면서 자기의 친구인 제갈 공명을 찾아가 모셔오라고 하였다. 평소에
모사(謀士)의 필요성을 뼈저리게 느끼고 있던 유비는 한가하게 농사

170

를 지으면서 시골에 누워있는(臥龍) 제갈 공명을 만나보기로 하였다. 서서는 제갈 공명은 천하를 요리할 수 있는 큰 인물이므로 사람을 시키지 말고 장군이 직접 찾아가 보라는 말도 빼지 않았다. 이리하여 유비는 제갈 공명을 직접 찾아가게 되었는데 번번히 만나지 못하다가 세 번째 찾았을 때 비로소 제갈 량을 만날 수 있었다. 유비는 제갈 량을 얻은 것을 물고기가 물을 만난 것(水魚之交)에 비유하였고 제갈 량은 그의 출사표(出師表)에서 '신은 원래 서민으로 남양에서 밭을 갈고 있었습니다. 선제께서는 신이 비천한 신분임을 싫어하지 않으시고 외람되이 몸을 굽히시어 신의 초가집을 세 번이나 찾아주시어 신에게 당세의 일을 하문하셨습니다(先帝不以臣身陋猥自枉屈三顧臣於草廬之中 諮臣以當世之事). 이로 말미암아 감격하여 드디어 선제에게 열심히 봉사할 것을 맹세하였나이다.' 삼고지례(三顧之禮)는 초가집을 세 번 찾아가 인재를 모시기 위해 최선을 다하는 것을 비유한 말이다. 같은 말의 삼고초려(三顧草廬)가 있다.

【출전】 삼국지의 제갈 량전(諸葛亮傳)

三	顧	之	禮
석 삼	돌아볼 고	갈 지	예도 례

군자

171

078

自勝者強

<ruby>自<rt>자</rt></ruby> <ruby>勝<rt>승</rt></ruby> <ruby>者<rt>자</rt></ruby> <ruby>強<rt>강</rt></ruby>

|뜻풀이| 자신을 이기는 사람은 강하다

나를
이겨내라.

【고사】 노자는 말했다. "남을 알려고 하는 자는 겉만을 아는 자이고 자기를 알려고 하는 자는 속을 아는 자이다. 남을 이기려는 자에게는 힘이 있고, 자기를 이겨내는 자는 강하다(知人者智하고 自知者明한 다. 勝人者有力하고 自勝者强한다)." 나를 성실하게 대하라, 나를 버

려라, 나를 없애라, 나를 닦아라, 나를 이겨내라 등은 모두 명(明)을 앞세우고 지(智)를 뒤따르게 해야 하며, 역(力)을 극소화하고 강(强)을 극대화해야 인간은 인간다워진다는 지적이다. 그러나 현대의 지식사회는 정반대의 길을 걸어가고 있다. 그래서 현대사회는 남을 제압하는 힘을 향해 질주한다. 힘만 믿는 현대인은 오만하고 방정맞고 부끄러워할 줄 모르게 되어 노자의 '유약승강(柔弱勝强)'이란 말을 비웃기도 한다. 소크라테스는 '너 자신을 알라'고 했고, 왕양명도 '산속의 도적을 깨뜨리기는 쉬워도 마음속의 도적을 깨뜨리기는 어렵다.'고 했다. 공자도 '나를 이겨 예로 돌아가는 것(克己復禮)이 인(仁)'이라고 하셨다. 손자는 싸움에 이기려면 "적을 알고 나를 알아야 한다."고 했다.

【출전】노자 33장

自	勝	者	强
스스로 자	이길 승	놈 자	강할 강

군자

梁上君子

양　상　군　자

|뜻풀이| 대들보 위의 군자라는 뜻으로 집안에 들어 온
도둑을 미화(美化)하여 점잖게 부르는 말

【고사】 후한 말기 태구현의 장관으로 진식이 부임해 왔다. 그는 학문을 좋아하는 선비요, 공정하고 관대하며 거만하지 않은 성품으로 청렴하고 백성의 괴로움을 덜어주는 현정(縣政)을 펴서 현의 백성들이 안락하게 생활 할 수 있었다. 어느 해 나라에 흉년이 들었는데 진식이

079

174

글을 읽고 있던 방에 도둑이 들어와 대들보 위에 숨어들었다. 진식은 대들보 위에 도둑이 엎드려 있는 것을 알고도 모른척 하며 아들과 손자들을 불러 모아놓고 훈계를 시작했다. "사람은 반드시 스스로 힘써 살아야 한다. 성현들은 나쁜 사람도 천성은 착하다 했다 다만 나쁜 행실을 본받아 실천함으로 습관이 되어 나쁜 사람이 되는 것이다. 저 위에 있는 양상군자(梁上君子)도 이와 같은 사람이다." 이 말을 듣자 놀란 도둑은 대들보 위에서 내려와 자신의 잘못을 자백하고 용서를 빌었다. 진식은 "너의 얼굴을 보니 악한 사람같지 않았다. 깊이 반성하여 착한 사람이 되라. 가난까지도 이기려고 힘써야 한다." 그리고는 도둑에게 비단 두 필을 주고 돌려보냈다. 이 일이 알려지자 태구현에는 도둑질하는 사람이 없어졌다고 한다.

【출전】 후한서, 진식전(陳寔傳)

梁	上	君	子
들보 양	윗 상	임금 군	아들 자

군자

080

青天白日
청 천 백 일

|뜻풀이| 맑게 개인 하늘에서 밝게 비치는 해처럼 아무 잘못도 없고 결백함

【고사】 한유가 양자강 남쪽의 선성으로 부임한 친구 최군(崔群)에게 어서 돌아와 주었으면 좋겠다고 호소한 글로 그는 세상에서 최군에 대해 이러니 저러니 말이 많음을 전한 다음 그런 사람들에게 자신이 대답한 말을 다음과 같이 기록하고 있다. "봉황과 지초(芝草)는 누구

나 그것이 성서로운 조짐임을 알고 있고, 푸른 하늘의 밝은 태양은 노비조차도 그 청명함을 알고 있습니다(靑天白日 奴隸示其知淸明). 이것을 음식에 비유하여 말하자면 먼 곳에서 생산되는 진기한 음식은 좋아하는 사람도 있고 그렇지 않은 사람도 있지만 쌀, 수수, 회, 적을 좋아하지 않는 자가 있겠습니까?" 여기서 한유가 청천백일을 비유로 하여 말하고자 한 것은 최군의 인품이 청명하다는 것이 아니라 그같이 훌륭한 인물은 누구라도 알아본다는 뜻이다.

주자전서(朱子全書)에는 주자가 맹자를 평하여 "청천백일과 같이 씻어낼 때도 없고 찾아낼 흠도 없다"고 했다. 이것은 인격의 순결무구(純潔無垢)를 말한 것이다. '청천백일하에 드러났다' 라는 표현은 어떤 사건이 모든 사람이 알 수 있도록 밝혀진 것을 말한다.

【출전】 한유의 여최군서(與崔群書)

靑	天	白	日
푸를 **청**	하늘 **천**	흰 **백**	날 **일**

군자

081

거 재 두 량

車載斗量

|뜻풀이| 인재가 매우 많아 수레에 싣고 말로 될 수 있을
정도라는 뜻

【고사】 삼국시대 촉(蜀)나라가 오(吳)나라를 침공하려 하자 오왕(吳
王) 손권(孫權)은 위(魏)나라에 구원병을 요청하기 위해 중대부(中大
夫) 조자(趙咨)를 사신으로 보냈다. 위왕(魏王) 조비(曹丕)가 그를 맞
아 손권에 대하여 묻자 조자는, "그는 총명과 지혜와 어짐을 겸비하

였으며 뛰어난 계략을 가진 분입니다."라고 하였다. 이 말을 듣고 조비가 비웃자 조자는, "오나라에는 백만의 군대와 천연의 험악한 지형을 가지고 있어 두려움이 없으나 남의 나라를 침략하려드는 촉을 혼내 주기위해 구원병을 청하러 온 것뿐입니다." 하고 대답했다. 조비가 다시 "그대와 같은 인재가 오나라에는 얼마나 있는가?" 하고 묻자 조자는 답하였다. "저와 같은 인물은 수레에 싣고 말로 될 정도(車載斗量)로 많이 있습니다." 조비는 이말을 듣고 매우 감탄하여 두 나라는 군사 동맹을 맺게 되었다.

공자의 제자에는 십철과 육례에 통한 자만도 72명이었다. 그러나 사신으로 갈 만한 자질을 가진 제자나, 시신을 접대할 인격과 지성을 소유한 제자는 몇 안 되었다. 오나라 조자가 구원병을 위나라로부터 얻을 수 있었던 것은 상당부분 조자의 인격에 기인한 것이다.

【출전】 삼국지의 오주전(吳主傳)

車	載	斗	量
수레 **거**	실을 **재**	말 **두**	헤아릴 **량**

군자

082

殺身成仁

살 신 성 인

|뜻풀이| 자신의 몸을 희생해서라도 인(옳은 도리)을 이룬다

【고사】 공자께서 말씀하셨다. "뜻있는 선비와 어진 사람은 삶을 구하여 인(仁)을 해치는 일이 없고 몸을 죽여 인(仁)을 이루는 일은 있다(志士仁人 無求生以害仁 有殺身以成仁)." 지사(志士)는 도의(道義)에 뜻을 둔 사람이고, 인인(仁人)은 어진 덕을 갖춘 사람이다. 공자에게 있어서 인(仁)은 최고의 덕이며, 이 최고의 덕을 성취하기 위해서

는 유한한 육체는 대(對)가 되지 않는다. 지사와 인인은 仁에 살고, 仁으로 살고, 仁을 위해 살아야지 육체의 생명을 추구하는 것이 삶의 표준이 되지는 않는다. 그러므로 군자는 도(道)를 꾀하지(원칙지킴을 설계하지), 식(食, 먹고 사는 것을 계획함)을 꾀하지 않는다고 하였다.

인(仁)은 공자의 중심 사상이자 선(善)의 근원이며 행(行)의 기본으로 쉽게 이룰 수 없는 최고의 덕목이다. 공자는 누구에게도 인(仁)의 경지를 인정한 적이 없었고 자신 역시 도달했다 말하지 않았는데 이는 인을 완전한 덕으로 생각했기 때문이다. 공자는 인을 하나의 문장으로 규정하지 않았으나 효(孝), 제(悌), 예(禮), 충(忠), 서(恕), 경(敬), 공(恭), 관(寬), 신(信), 민(敏), 혜(惠), 온량(溫良), 애인(愛人) 등이 인을 형성하는 일부분이라 했다.

【출전】 논어의 위령공편(衛靈公篇)

殺	身	成	仁
죽일 살	몸 신	이룰 성	어질 인

군자

083

溫故知新

| 뜻풀이 | 옛것을 익혀 새로운 것을 알아냄

【고사】 공자께서 "옛것을 익혀 새것을 알면 남의 스승이 될 수 있다 (溫故而知新 可以爲師矣)."고 말씀하셨다. 온(溫)자의 해석은 여러가지가 있는데 그 중 정현(鄭玄)은 심온(燖溫)을 온과 같다 했는데, 심(燖)은 고기를 뜨거운 물속에 넣어 따뜻하게 하는 것을 말한다. 즉, 옛

것을 배워 가슴 속에 따뜻하게 품고 있는 것을 말한다. 주자(朱子)의 주(註)에는 심역(尋繹)이라하여 찾아 연구한다고 풀이했다. 온고지신은 옛것과 새것이 불가분 관계에 있음을 말한다. 옛것에 대한 올바른 지식이 없이는 오늘의 새로운 사태를 정확히 파악할 수 없고 새로운 사태를 정확히 인식하지 못한다면 장차 올 사태에 대한 올바른 판단이 설 수 없다. 과거와 현재와 그리고 미래에 대한 인과법칙적인 원리를 터득하지 못한 사람은 후진들을 올바르게 이끌어 줄 자격이 없다는 것을 말한 것이다.

한국사회는 온고를 거부하거나 무시하고 지신(知新)만을 추구하여 뿌리 없는 문화, 국적 없는 습관, 상황 윤리로 표류하고 있는 감이 있다. 우리처럼 옛 것, 과거 등을 하루아침에 청산해 버리고 새것만을 무분별하게 받아들이는 국민도 드물 것이다. 하지만 우리 민족은 긴 일제 강점기에 일제의 식민지화에도 꿋꿋이 우리의 전통과 한글을 지킨 바 있다. 지금이라도 이런 정신을 살려 옛것과 현재의 지식을 잘 조합하여 세계일류 국가의 건설을 이루어보자.

[출전] 논어의 위정편(爲政篇)

溫	故	知	新
따뜻할 온	연고 고	알 지	새 신

군자

084

자 요 수 인 자 요 산
智者樂水仁者樂山

|뜻풀이| 지혜로운 사람은 물을 좋아하고 어진 사람은
산을 좋아한다

【고사】 지자는 물을 좋아하고 인자는 산을 좋아한다(知者樂水 仁者樂
山). 지자는 움직이고 인자는 고요하다(知者勤 仁者靜). 지자는 즐겁
고 인자는 오래 산다(知者樂 仁者壽).

지자는 변화에 대해 민감하기 때문에 멈출 줄 모르는 물처럼 만물을
변화하는 측면에서 관찰하고 행동한다, 무엇이 옳고 그른가, 선하고

악한가, 곱고 추한가, 가치가 있고 무가치한가, 알고 싶기에 의심해 보고 따져 보고 분석함으로써 생각과 행위가 멈출 줄을 모른다. 그래서 지혜로운 자는 물을 좋아한다고 했을 것이다.

그러나 어진 사람은 옳으면 사랑하고 그르면 용서한다. 인자의 마음가짐은 사랑하고 용서하는 두 갈래 믿음 뿐이기에 마음이 단순하고 뚜렷하다. 다른 대상 때문에 쉽게 움직이지 않고 고요하고 중후하다. 그래서 공자께서는 인자는 산을 좋아한다고 했다. 그러나 지자(知者)와 인자(仁者)가 꼭 물과 산처럼 구별되는 것은 아니다. 공자께서는 이성적 인간상인 군자(君子)에 대한 말씀이 논어에 많이 나오는데 군자는 끊임없는 지적 욕구로 호학(好學)해야 하며 평생 불변하는 인(仁)속에 살아야 하는 것이다.

지적인 면이 강한 사람과 인적인 면이 강한 사람은 있겠지만 지식이나 지혜가 아예 없다면 무슨 일이든 많은 잘못을 저지를 것이요, 무슨 일이든 할 수가 없을 것이다. 그래서 산이 있는 곳에 물이 있어야 하고, 물이 있는 곳에 산이 있어야 조화롭듯이 군자는 물같은 면도 있어야 하고 산같은 면도 있어야 한다는 것을 공자께서는 말씀하신 것이다. 한국에는 물을 좋아하는(海水浴, 溫泉浴) 사람도 많고 산을 좋아하는(登山, 山林浴) 사람도 많다. 그래서 앞으로 군자가 많이 나올 희망이 있는 나라라고 말하고 싶다.

[출전] 논어의 옹야편(雍也篇)

智	者	樂	水	仁	者	樂	山
슬기 **지**	놈 **자**	좋아할 **요**	물 **수**	어질 **인**	놈 **자**	좋아할 **요**	뫼 **산**

군자

085

가 인 박 명

佳人薄命

|뜻풀이| 여자의 용모가 너무 빼어나면 운명이 기박하다는 뜻

【고사】 두 뺨은 우유빛을 띠고 머리털은 옻칠을 한 듯
눈빛이 발로 들어와 구슬처럼 빛나네
원래 선녀의 옷은 흰 비단으로 만들고
붉은 연지가 타고난 바탕을 더럽힐 수 없네
오나라 말소리는 귀엽고 부드러워 앳되기만 한데

한없는 인간의 근심을 전혀 알 수 없네
예로부터 예쁜 여인의 운명 기박하다 하지만
봄이 가고 문이 닫히면 버들꽃도 지겠지

이 시의 작가 소식은 북송 후기의 대문장가로서 관직에 들어가서는 일생의 대부분을 당쟁의 소용돌이 속에서 좌천과 유배가 반복되는 정치적 불운을 겪었다. 그가 중앙정부의 요직에 있지 못하고 항주, 양주 등의 지방관으로 있을 때 우연히 절에서 나이 삼십이 이미 넘었다는 여승을 보고 그녀의 아름다웠을 시절을 생각했다. 예부터 여자의 용모가 너무 아름다우면 운명이 기박하고 명이 짧음을 시로 쓴 데서 전해졌다.

'미인박명(美人薄命)'이란 말은 이 시에서 유래되었으나 이 시가 있기 전부터 내려오던 이야기로 동서고금을 통한 가인박명의 사례는 아주 많다. 동양의 최고 미인 양귀비는 나라를 어지럽힌 죄로 안녹산의 난 때 피난길에서 처형당했고 세기의 미녀 클레오파트라는 스스로 독사를 풀어 목숨을 끊었다. 만인의 연인 마릴린 먼로는 36세에 수면제 과다 복용으로 유명을 달리하여 많은 사람들을 안타깝게 했다.

[출전] 소식(蘇軾)의 시(詩)

● 소식(蘇軾 : 1036~1101)은 중국 북송(北宋)의 문인으로 호는 동파(東坡)이다. 아비지 순(洵), 아우 소철(蘇轍)과 더불어 삼소(三蘇)라 불리운다. 당송팔대가의 한 사람이며, 왕안석(王安石)과 대립하여 구법파의 중심적 인물이 되었다. 시(詩)·사(詞)·고문(古文)에 능하였으며, 저서에는《동파전집, 東坡全集》이 있다.

佳	人	薄	命
아름다울 가	사람 인	엷을 박	목숨 명

086

傾國之色

경 국 지 색

|뜻풀이| 나라를 기울게 할 만큼 아름다운 미인

【고사】 북방에 어여쁜 사람이 있어, 단 한 사람뿐인 절세미인

한 번 돌아보면 성을 위태롭게 하고 [傾城]

두 번 돌아보면 나라를 위태롭게 하네 [傾國]

어찌 경성, 경국이 위태로워지는 것을 모르리요마는

어여쁜 사람은 다시 얻기 어렵다

한무제를 모시고 있던 가수(歌手) 이연년이 노래를 지어 바치면서 자기 누이를 가리켜 경국지색이라고 했다. 무제는 곧 그녀를 불러들였는데 그녀의 아름다운 자태와 날아갈 듯한 춤 솜씨에 온통 마음이 사로잡히고 말았다. 이 여인이 무제의 총애를 독차지했던 이부인(李夫人)으로 창읍애왕(昌邑哀王)을 낳았다.

경국이란 말은 이백(李白)의 '명화경국양상환(名花傾國兩相歡) - 예쁜 꽃과 절세미인이 서로 즐거워하다.'라는 구절과 백이거의 장한가(長恨歌) '한황중색사경국(漢皇重色思傾國) - 한왕이 여자를 좋아해 빼어난 미모의 여인을 그리다.'는 구절에도 찾을 수 있는데 여기서의 경국은 미인으로 해석한다.

하(夏) 나라의 마지막 왕 걸왕(桀王)은 미색이 뛰어난 애첩 말희(末喜)와 함께 사치와 향락에 빠져 은나라 탕왕에게 나라를 빼앗겼고 상(商) 나라의 마지막 왕 주왕(紂王)은 애첩 달기(妲己)의 말만 듣고 충신 비간(比干)을 죽음으로 모는 등 미색(美色)에 빠져 나라를 망하게 한 폭군의 전형으로 불리고 있다.

【출전】 한서(漢書)의 이부인전(李夫人傳)

● 한서(漢書)는 한고조(漢高祖) 유방부터 왕망(王莽)의 난까지 229년간의 역사책이다. 〈전한서〉 또는 〈서한서〉라 하며 사기(史記)와 더불어 중국 사학사상(史學史上) 대표적인 저작으로 반표가 짓기 시작하여 반고가 아버지의 뜻을 이어 받았다.

傾	國	之	色
기울 경	나라 국	갈 지	빛 색

087

沈魚落雁

<ruby>沈<rt>침</rt></ruby> <ruby>魚<rt>어</rt></ruby> <ruby>落<rt>낙</rt></ruby> <ruby>雁<rt>안</rt></ruby>

|뜻풀이| 물고기는 잠기고 기러기는 떨어진다는 뜻으로
미인을 형용하는 말로 와전됨

【고사】 "모장(毛嬙)과 여희(麗姬)는 사람들이 아름답게 여긴다. 그러
나 물고기가 보고는 물 속에 깊이 잠기며 새가 보고는 높이 날고, 큰
사슴과 작은 사슴은 마구 달려가 숨어 버린다. 이들 중에 누가 천하의
미를 올바르게 안다고 하겠는가?"

이 이야기 가운데 '물고기가 보면 깊이 들어가고(魚見之深入), 새가 보면 높이 난다(鳥見之高飛).'의 침어낙안(沈魚落雁)은 본시 인간에게는 미인으로 보여도 물고기와 새에게는 단지 두려운 존재일 뿐이라는 뜻으로 쓰인 것이다. 고사성어의 굴절된 유형으로 미인을 형용하여 이르는 말로 굳어졌다.

침어낙안(沈魚落雁) 외에도 명모호치(明眸皓齒, 밝은 눈동자와 흰 이), 화용월태(花容月態, 꽃다운 얼굴과 달 같은 자태), 폐월수화(閉月羞花, 달이 숨고 꽃이 부끄러워한다), 절세가인(絕世佳人, 세상에 비할 데 없이 아름다운 여자) 등이 미인의 형용사로 쓰인다.

【출전】 장자(莊子)의 제물론편(齊物論篇)

● 고대 장자는 중국 전국시대의 사상가로 본명은 장주(莊周)이다. 장자의 사상에는 풍요로운 비유와 유머가 있으며 냉소적이고 허무한 삶을 표방했다. 장자의 현행본은 곽상이 52편을 33편으로 정리한 것인데 소요유편과 제물론편을 다양한 각도로 부연전개한 것이다.

沈	魚	落	雁
잠길 **침**	물고기 **어**	떨어질 **낙**	기러기 **안**

088

解語花
해 어 화

|뜻풀이| 꽃처럼 아름다우면서 말까지 알아듣는 미인을 가리킴

【고사】 중국 오대(五代)의 왕인유(王仁裕)가 엮은 개원천보유사에 이런 내용이 있다. 당(唐)나라의 현종(玄宗)과 양귀비(楊貴妃)는 연꽃을 감상하기 위해 태액지에 이르렀다. 그러나 현종의 눈에는 그 어떤 것도 양귀비보다 아름다울 수는 없었다. 현종이 좌우에게 말하기를 "연

꽃의 아름다움도 말을 이해하는 이 꽃(양귀비)에게 미치지 못한다(久之 帝指貴妃 謂於左右曰 爭如我解語花)."고 했다.

양귀비의 본명은 양옥환으로 현종의 18번째 아들인 수왕(壽王)의 아내였다. 총애하던 무혜비가 죽고 외로워하는 현종을 위로하기 위해 중국 전역의 미인들을 수소문하던 중 노래와 춤이 능하고 미모가 출중한 양옥환이 현종의 눈에 띄어 애첩이 되었다. 현종은 아들의 아내를 애첩으로 삼기 위해 양귀비를 일단 도교(道敎)의 절로 보내어 중으로 만들었다가 뒤에 후궁으로 들어오게 했다. 현종은 양귀비를 맞으면서 정치는 관심 밖의 일이 되고 나라는 부정부패가 만연해져 민심은 흉흉해졌다.

현종(玄宗)은 당나라의 제6대 황제로 젊어서는 민생안정과 국방에 힘을 쏟는 등 중국 역사상 몇 안 되는 태평성대를 구가하였다. 그러나 노년에 들어서 도교에 빠져 막대한 국비를 소비하고 양귀비와 사랑에 빠져 정사를 멀리했다.

【출전】개원천보유사(開元天寶遺事)

解	語	花
풀 해	말씀 어	꽃 화

089

琴瑟相和

금 슬 상 화

|뜻풀이| 거문고와 비파가 음률을 잘 화합하듯 부부간의
의좋음을 뜻함

【고사】 소아 상체편(常棣篇)에 집안의 화합을 읊은 다음과 같은 구절
이 있다.

아내와 자식이 화합하는 것이 妻子好合
비파와 거문고를 연주하는 것과 같고 如鼓瑟琴

194

형제 사이가 뜻이 맞아 兄弟歸翕

화락하고 즐겁다. 和樂且湛

또한 시경(詩經) 관저편(關雎篇)에는 요조숙녀를 아내로 맞아 다정하
게 지내고 싶다는 구절이 실려있다.

올망졸망 마름풀을 參差荇菜

좌우로 헤치며 캐는구나 左右采之

얌전하고 정숙한 숙녀를 窈窕淑女

거문고와 비파처럼 벗하고 싶다. 琴瑟友之

국어에서는 음운 변화 및 의미 변화를 겪어 부부간의 사랑을 나타내는 '금슬' 과
'금실' 을 모두 표준어로 인정하고 있으나 거문고와 비파를 나타낼 때는 '금슬' 로
써야 한다. 금슬상화 또는 금슬지락(琴瑟之樂)은 거문고 소리와 비파 소리의 화음
이 잘 맞는 것처럼 사이좋은 부부를 말한다.

【출전】 시경의 소아(小雅)

● 고대 중국의 시가를 모아 엮은 오경(五經)의 하나로 본래는 3000여 편이었으
나 공자에 의해 305편으로 간추려 졌다.
풍(風), 아(雅), 송(頌)으로 나뉘며 다시 아는 대아(大雅)와 소아(小雅)로 나뉜다.
아는 궁궐에서 연주되는 곡조에 붙인 가사로 귀족풍을 띠고 있다.

琴	瑟	相	和
거문고 금	큰거문고 슬	서로 상	화할 화

090

糟糠之妻

<ruby>糟<rt>조</rt></ruby> <ruby>糠<rt>강</rt></ruby> <ruby>之<rt>지</rt></ruby> <ruby>妻<rt>처</rt></ruby>

|뜻풀이| 지게미와 쌀겨를 먹고 고생을 함께 한 아내(본처)를 말함

【고사】 후한 광무제(光武帝)에게는 일찍이 과부가 되어 쓸쓸히 지내는 호양공주(湖陽公主)라는 누이가 있었다. 광무제는 누이를 마땅한 사람과 재혼시킬 의향으로 그녀에게 물었다. "네 나이가 아까울 뿐 아니라, 천자의 누이니 어느 사내인들 마다하겠느냐. 그래서 너를 다시

시집 보내려 하는데 눈여겨 본 사람이 있느냐." 하자 "대사공(大司空)으로 있는 송홍(宋弘) 같은 사람이면 남편으로 섬기고 싶지만 그 밖의 인물은 맘이 없나이다."하였다. 송홍은 온후한 성품이면서도 강직하였는데 풍채도 당당한 사람이었다. 광무제는 술자리를 마련하여 송홍을 불러 들이고 공주에게는 병풍 뒤에 숨게 했다. 광무제는 넌지시 송홍에게 "속담에 지위가 높아지면 친구를 바꾸고 집이 부유해지면 아내를 바꾼다(諺日 貴易交 富易妻)고 했는데 그대의 생각은 어떠한가?"하고 하문하자 송홍은 "신은 가난하고 천했을 때의 친구는 잊어서는 안되고, 지게미와 쌀겨를 먹으며 고생한 아내는 집에서 내보내지 않는다(臣聞 貧賤之交 不可忘 糟糠之妻 不下堂)라고 들었습니다." 이 말을 들은 광무제는 더 이상 할 말을 잊었고 병풍 뒤의 호양공주는 눈물지었다.

【출전】 후한서의 송홍전(宋弘傳)

糟	糠	之	妻
지게미 조	겨 강	갈 지	아내 처

부부

091

月下氷人

|뜻풀이| 월하노인과 빙상인이란 말을 합친 약어로 중매인을 뜻함

【고사】 당나라 때 위고라는 청년이 여러 곳을 여행하던 중 송성이란 곳에 이르러 '달빛 아래 노인(月下老人)'이 열심히 책을 뒤적이고 있는 것을 보았다. 호기심이 발동한 위고는 노인에게 "어르신께서 지금 읽고 계신 책은 어떤 책입니까?" 하자 노인은 "세상 사람들의 혼사에 대한 책이라 네. 여기 적혀 있는 남녀를 이 빨간 끈으로 매 놓으면 아무리 멀리 떨어져 있어도, 원수지간이라도 반드시 맺어지게 된다네." "그럼 내 아내가 될

사람은 지금 어디에 있습니까?" "자네 처는 송성에 있네. 북쪽 길에서 야채를 팔고 있는 할머니가 안고 있는 젖먹일세." 위고는 그 말을 듣고 크게 비관하여 사람을 시켜 그 아이를 죽이라고 사주한 뒤 그 고장을 떠났다. 그로부터 14년이 흐른 뒤에 위고는 상주(相州)의 관리로 있다가 그곳 태수의 딸과 결혼을 했다. 신부는 17세로 젊고 아름다웠으나 이마에 칼자국이 있었다. 첫날밤 월하노인이 생각난 위고는 신부에게 노인 이야기를 하니 신부가 "사실 저는 태수의 양녀로 아버지가 이곳 관리였으나 일찍 돌아가시고 채소를 파는 유모의 손에 자랐습니다. 그러던 어느 날 생면부지의 사람이 휘두르는 칼에 맞아 이마에 상처를 입었습니다." 위고는 크게 뉘우치며 신부에게 용서를 빌었다.

진나라에 색담(索紞)이라는 점쟁이가 있었는데 어느날 호책(狐策)이란 사람이 꿈풀이를 하러 왔다. "나는 얼음 위에 서 있고 얼음 밑에 있는 누군가와 이야기를 하였는데 통 생각이 나지 않습니다." 색담이 풀이하길 "얼음 위는 양(陽)이고 그 밑은 음(陰)이라 이 꿈은 그대가 중매를 하게 된다는 것이고 그 혼사는 얼음이 풀릴 무렵 성사될 것이네." 얼마 후 호책은 태수에게 아들의 중매를 부탁받아 혼인을 성사시켰다.

이 두 이야기에 나오는 월하노인(月下老人)과 빙상인(冰上人)을 합쳐 월하빙인(月下冰人)이라 부르게 되었는데 중매인을 가리킨다.

【출전】 속유괴록(續幽怪錄), 진서(晉書) 예술전(藝術傳)

月	下	氷	人
달 월	아래 하	얼음 빙	사람 인

092 <ruby>破<rt>파</rt></ruby><ruby>鏡<rt>경</rt></ruby>

|뜻풀이| 깨진 거울이란 뜻으로 부부의 이별 또는 이혼을 비유하는 말

【고사】 남북조 시대의 마지막 왕조인 진(陳)이 멸망하게 되었을 때 낙창공주(樂昌公主)의 남편 서덕언(徐德言)은 수나라 대군이 양자강 기슭에 도착하자 아내를 불러 말했다. "사태를 예측 할 수 없소. 나라가 망하면 부인은 얼굴과 재주가 빼어나니 적의 수중으로 들어가 귀한 집에서 살게 될 것이오. 그렇게 되면 당신을 만나기 어렵겠지만 앞일

을 모르니 이 거울을 쪼개어 소중히 간직합시다. 그리고 정월 보름날 도성의 시장에서 거울을 팔도록 하시오. 만일 살아 있다면 무슨 일이 있어도 도성 시장으로 찾아가겠소.” 두 사람은 각각 거울 한쪽씩을 소중히 간직하고 헤어지게 되었다. 결국 진(陳)나라는 망하여 서덕언의 아내는 수나라 양소(楊素)의 집으로 보내졌다. 한편 서덕언은 난리 속에 겨우 몸만 살아남아 걸식하며 힘들게 도성으로 올라왔다. 약속한 정월 보름날 시장으로 가니 부인은 없고 깨진 반쪽 거울을 파는 사람만 있었다. 서덕언은 맞춰진 거울 뒷면에 시를 한 수 적어 사나이를 돌려보냈다.

거울은 사람과 함께 갔으나　鏡與人俱去

거울만 돌아오고 사람은 돌아오지 않네　鏡歸人不歸

항아의 그림자는 다시 만날 수 없고　無復姮娥影

밝은 달빛만 헛되이 머무네　空留明月輝

돌아온 거울을 받아든 서덕언의 아내는 이후 아무것도 먹지 않고 울기만 할 뿐이었다. 이 사연을 알게 된 양소(陽素)는 두 사람의 사랑에 감동되어 그들이 함께 고향으로 돌아갈 수 있도록 해 주었다.

[출전] 태평광기(太平廣記)

● 태평광기는 BC 981년 발간되었으며 중국의 설화집이다. 한(漢)대부터 북송 초에 이르는 정통역사에 실리지 않은 기록 및 고소설을 수록하고 있다. 역사, 지리, 종교, 민속 등 풍부한 내용을 포함하고 있기 때문에 다방면의 연구와 참고 자료로 제공되고 있다.

破 깨뜨릴 파　　鏡 거울 경

093

偕老同穴
해 로 동 혈

|뜻풀이| 살아서는 같이 늙고 죽어서는 한무덤에 묻히려는
부부 사랑의 맹세를 뜻함

【고사】 '해로(偕老)'라는 말은 시경(詩經) 패풍의 격고(擊鼓)에 나오
는데 출정한 병사가 고향으로 돌아 갈 희망도 없이 아내를 그리워하
며 읊은 애절한 시다. '죽음과 삶과 만남과 헤어짐을 그대와 함께 언약
하였네. 그대의 손을 잡고서 그대와 함께 늙으리로다(死生契闊 與子-
成說 執子之手 與子偕老).'

또 용풍의 군자해로(君子偕老)는 '군자와 함께 오래도록 살고지고 머리장식엔 구슬을 여섯 개나 꽂았네(君子偕老 副笄六珈).'로 귀부인의 정숙하지 못함을 풍자로 노래한 시이다.

위풍의 맹(氓)은 행상으로 온 남자를 따라가 그의 아내가 되었으나 고생 끝에 버림 받은 여인의 탄식을 노래한 시인데 '그대와 더불어 늙고자 하였더니, 늙어서 나를 원망하게 만드누나(乃爾偕老 老使我怨).'라는 내용을 담고 있다.

동혈(同穴)이란 말은 왕풍의 대거(大車)에 나오는 말로 '살아서 방을 달리해도 죽으면 무덤을 같이하리라. 나를 미덥지 않다고 말한다면, 밝은 해를 두고 맹세하리(穀則異室 死則同穴 謂予不信 有如曒日).'라는 사랑을 맹세하는 노래이다.

해로(偕老)나 동혈(同穴) 등은 모두 즐거움을 노래한 것이 아니라, 이룰 수 없는 아쉬움을 노래한 것이라고 생각하면 해로동혈(偕老同穴)이란 말이 단지 사이가 좋은 부부로만 해석하는 것은 옳지 않을 지도 모른다. 그러나 지금은 금슬 좋게 살다가 함께 묻힘을 의미한다.

[출전] 시경의 풍(風 또는 국풍國風)

● 시경에 수록된 305편 가운데 국풍이 가장 중요한 위치를 차지하고 있는데 160편이 수록 되어있다. 국풍은 주로 백성들이 부르던 노래를 채집하여 남녀간의 애틋한 정과 이별의 아픔 등을 소박하게 담고 있다.

偕	老	同	穴
함께 해	늙을 로	한가지 동	구멍 혈

094

改過遷善

개　과　천　선

|뜻풀이| 지난 잘못을 뉘우치고 새롭게 착한 사람이 되는 것

【고사】 진(晉)나라 혜제 때 주처(周處)라는 사람이 있었다. 그의 아버지 주방(周紡)은 태수를 지냈으나 그의 나이 10세 때 돌아가셨다. 그러자 그는 방탕하고 포악한 사람이 되어 마을 사람들로부터 남산의 호랑이, 장교에 사는 교룡(蛟龍)과 더불어 세 가지 해로운 존재로(三

害) 낙인찍히게 되었다. 그러나 주처가 철이 들면서 자신의 과오를 깨닫고 새사람이 되기로 결심했다. 그래서 삼해(三害)라는 오명을 벗기 위해 목숨을 건 사투 끝에 남산 호랑이와 교룡을 죽이고 마을로 돌아왔으나 아무도 반갑게 맞아 주는 사람이 없었다.

실망한 그는 마을을 떠나 동오에 가서 대학자 육기(陸機)를 만나 하소연하자 육기는 "굳은 의지를 가지고 지난날의 과오를 고쳐 새사람이 된다면(改過遷善) 자네의 앞날은 무한하네."라고 격려해 주었다. 주처는 이에 용기를 얻어 10여 년 동안 학문과 덕을 쌓아 마침내 학자가 되었다는 데서 개과천선이 유래되었다.

【출전】 진서본전(晉書本傳)

● 진서본전은 중국 24사(史) 중 하나. 진나라의 정사(正史)로서 당(唐)나라의 태종이 방현령, 이연수 등에게 명하여 쓰게 하였다.

改	過	遷	善
고칠 개	지날 과	옮길 천	착할 선

곡 학 아 세

曲學阿世

|뜻풀이| 학문의 도리를 왜곡하여 권세에 아부한다는 뜻으로
출세에 눈이 어두워지지 말라는 것

095

【고사】 한나라의 경제(景帝)는 보위에 오르자 대신들의 반대에도 불
구하고 학문이 높고 강직한 원고생(轅固生)을 도성으로 불러들였다.
어느날 경제의 어머니 두태후가 노자(老子)의 문장을 좋아해 원고생
에게 물었는데 그가 답하길 "그와 같은 책은 종들의 말에 불과합니

다." 하여 두태후의 화를 샀다. 화가 난 두태후는 그를 사육장으로 보내 돼지를 잡도록 했다. 그러나 경제는 원고생의 직언이 무죄임을 알고 그를 도와주어 원고생은 돼지를 단번에 죽이고 풀려날 수 있었다. 그 뒤 무제가 즉위하여 병으로 낙향하고 있던 원고생을 다시 부르려 했지만 아부를 잘 하는 유학자들이 원고생이 늙었다는 이유로 복직을 반대했다. 원고생이 무제의 부름을 받고 조정에 들어갔을 때 소장학자로 유명한 공손홍(公孫弘)도 그 자리에 있었다. 공손홍은 못마땅한 눈초리로 원고생을 쳐다보고 있었는데 원고생이 그를 불러 말했다. "공손군, 정학에 힘쓰며 정견을 펴야지 학문을 굽혀 세상에 아부(曲學阿世)해서는 안되네." 이 말을 듣고 공손홍은 고개를 숙였다.

[출전] 사기의 유림열전(儒林列傳)

● 사기는 중국 한나라 사마천(司馬遷)이 지은 책으로 중국의 역사서이다. 사기는 본기(本記) 12권, 표(表) 10권, 서(書) 8권, 세가(世家) 30권, 열전(列傳) 70권 등 전 130권으로 이루어져 있다. 이 가운데 열전은 그 시대를 상징하는 다양한 인물들의 활동을 통해 인간 삶의 문제를 집요하게 추구한 개인 전기이다.

曲	學	阿	世
굽을 **곡**	배울 **학**	언덕 **아**	인간 **세**

096

권 선 징 악
勸善懲惡

|뜻풀이| 착한 행실을 권장하고 악한 행동을 징계함

【고사】 노(魯)나라 성공(成公) 14년에 제(齊)나라로 공녀(公女)를 맞이하러 가 있던 교여(僑如, 선백)가 부인 강 씨(姜氏)를 제나라에서 데려왔다. 이때 교여라고 높여서 부른 것은 부인을 안심시켜 슬며시 데려오기 위해서였다. 선백(宣伯)이 제나라로 공녀(公女)를 맞이하러 갔

208

었을 때는 선백을 숙손(叔孫)이라 불러 군주(君主)의 사자로 높여 부르는 방법을 사용했다. 그러므로 군자는 이렇게 말했다. "춘주시대의 호칭은 알기 어려운 것 같으면서도 쉽고, 쉬운 것 같으면서도 뜻이 깊으며, 빙글빙글 도는 것 같으면서도 정돈되어 있고 노골적인 표현을 쓰지만 품위가 없지 않으며 악행을 징계하고 선행을 권한다. 성인이 아니고서야 누가 이렇게 지을 수 있겠는가(春秋之稱 微而顯 志而晦 婉而成章 盡而不汚 懲惡而勸善 非聖人誰能修之)?" 여기서 징악이 권선 이라는 말에서 권선징악이 유래되었다.

【출전】 춘추좌씨전(春秋左氏傳)

[고사성어 더 알아보기]

* 女必從夫(여필종부) : 아내는 반드시 그 지아비를 따라야 한다는 말.
* 域外之議(역외지의) : 범속하지 않은 훌륭한 의견.

勸	善	懲	惡
권할 **권**	착할 **선**	징계할 **징**	악할 **악**

097

濫吹

(남) (취)

|뜻풀이| 엉터리로 부는 것. 무능한 사람이 유능한 체 하는 것을 말함

【고사】 제(齊)나라의 선왕(宣王)은 우(竽)라는 관악기 연주를 즐겨들었다. 선왕은 많은 악사들이 연주하는 것을 특히 좋아하여 반드시 300명이 합주(合奏)케 하였다. 어느 날 남곽처사(南郭處士)란 자가 선왕을 찾아와 임금을 위해 우를 불겠다고 간청하였다. 선왕은 그를 받아들여 합주단의 일원으로 삼고 많은 상을 하사하였다. 세월이 흘러 선

왕이 죽고 그의 아들 민왕(湣王)이 즉위했다. 민왕은 선왕과 달리 독주를 즐겨 들었는데 남곽처사는 자신의 차례가 돌아오자 도망치고 말았다. 사실 남곽처사는 우를 전혀 불지 못하고 단원들 사이에서 열심히 부는 시늉만 한 것이었다.

한비자는 이 우화로 여론도 중요하지만 나라를 바로 다스리자면 임금은 신하들 한 사람 한 사람도 잘 알아야 한다는 뜻으로 말한 것이다.

부정직

[출전] 한비자의 내저설상 칠술편(內儲說上 七術篇)

● 한비자(韓非子, ?~BC 233)는 중국 춘추시대 말기의 법치주의자로 인간의 이기심을 섬세하고 날카롭게 간파하여 이를 제왕학(통치학)의 권술(權術) 이론으로 발전시켰다. 칠술편은 임금이 신하를 다스리는 일곱 가지 술법(術法)이 적혀 있는데 그 내용은 다음과 같다. 첫째, 신하들의 말을 사실과 맞추어 본다. 둘째, 잘못된 일은 반드시 벌하여 위엄을 밝힌다. 셋째, 잘한 일은 상을 주어 능력을 다하게 한다. 넷째, 매일 신하들의 말을 들어 살핀다. 다섯째, 그럴듯한 명령으로 속여서 일을 시켜 본다. 여섯째, 아는 것을 감추고 물어 본다. 일곱째, 거짓을 꾸미고 일을 뒤집어 시켜본다.

濫
넘칠 남

吹
불 취

098

朝三暮四

조 삼 모 사

|뜻풀이| 간사한 꾀로 남을 속이고 농락하는 행위

【고사】 송나라에 저공이란 사람은 많은 원숭이를 기르고 있었는데 원숭이 먹이인 도토리를 구하는 일도 쉽지 않았다. 저공은 원숭이들을 모아 놓고 이렇게 말했다. "너희들에게 줄 도토리를 앞으로 아침에 세개, 저녁에 네 개 주려고 한다." 그러자 원숭이들이 아침이 적다며 모두 반발하였다. 그러자 저공은 할 수 없다는 듯이 "그러면 아침에 네

개, 저녁에 세 개를 주면 어떻겠느냐?" 하였다. 이에 원숭이들은 손뼉을 치며 만족해 하였다.

이 이야기는 원숭이들이 총 받는 개수에는 변함이 없는데도 4개를 먼저 받는다는 눈앞의 이익에 현혹되어 판단이 흐려짐을 이야기하고 있다. 여기서 유래하여 조삼모사는 눈앞의 이익에 어두워 결과를 생각하지 않는 어리석음을 비유하거나 남을 농락하여 자신의 이익을 챙기는 행위를 비유하는 고사성어로 사용된다.

열자(列子)는 문장이 간결하고도 쉬울 뿐 아니라 도의 원리와 도를 터득하는 방법에 대해 잘 설명하고 있으며 재미난 이야기들이 많기 때문에 일반인들도 도가사상을 쉽게 이해할 수 있는 책이다.

[출전] 열자의 황제편(黃帝篇), 장자의 제물편(齊物篇)

[고사성어 더 알아보기]

• 由我之歎(유아지탄) : 나로 말미암아 남에게 해가 미치게 되는 것을 걱정함.
• 由奢入儉(유사입검) : 사치하지 아니하고 검소하려고 힘씀.
• 流芳百世(유방백세) : 향기가 백 세대를 전해지는 것처럼 그 명성이 이어짐을 뜻함.
• 遺珠之歎(유주지탄) : 훌륭한 인재를 등용하지 못해서 한탄하는 일.

朝	三	暮	四
아침 **조**	석 **삼**	저물 **모**	넉 **사**

099

群鷄一鶴

군 계 일 학

|뜻풀이| 평범한 사람들 중에 뛰어난 한 사람을 일컬음

【고사】 위나라 말기 혼란스러운 세상을 피해 산속으로 들어가 유유자
적하며 노장사상을 신봉한 선비들이 적지 않았다. 이들 중 대표적인
인물들을 죽림칠현(竹林七賢)이라 불렀는데 진나라를 세운 사마씨의
일족에 의해 회유되어 해산되었다. 하지만 혜강(嵇康)은 끝까지 저항

하다가 결국 사형을 당하였는데 그에게는 혜소(嵇紹)라는 아들이 있었다. 혜소가 장성하자 혜강의 친구 산도가 무제에게 천거(薦擧)하여 혜소는 벼슬길에 오르게 되었다. 혜소가 낙양(洛陽)에 입성하자 그를 본 사람이 죽림칠현의 한 사람인 왕융(王戎)에게 다음과 같이 말했다. "그저께 혼잡한 군중 속에서 혜소를 처음 보았습니다. 그의 드높은 기개와 혈기는 마치 닭의 무리 속에 있는 한 마리의 학(群鷄一鶴)과 같더군요." 이 말은 여러 평범한 무리 중에서 유독 뛰어난 한 사람을 이르는 말로 계군고학(鷄群孤鶴), 계군일학(鷄群一鶴), 학립계군(鶴立鷄群) 등과 같이 통용된다.

혜소는 무제의 다섯째 아들 혜제(惠帝)를 호위하다 결국 적의 화살에 맞아 황제의 곁에서 숨을 거두었다. 이때 그의 피가 어복(御服)을 물들였는데 반란이 평정된 뒤 신하들이 어복을 빨 것을 청하자, 황제가 "이것은 혜소의 피이니 없애지 말라."고 명했다.

【출전】 진서(晋書)의 혜소전(嵇紹傳)

群	鷄	一	鶴
무리 군	닭 계	한 일	학 학

100

國士無雙
국 사 무 쌍

|뜻풀이| 한 나라에 둘도 없이 뛰어난 인물

【고사】 한신은 항우의 성품이 거만하여 자신의 재능을 알아보지 못하자 한왕 유방에게 망명하였다. 하지만 유방의 휘하에서도 인정받지 못하고 한직에 머물러 있었는데 승상(丞相) 소하(蕭何)의 눈에 띄어 천거되었으나 요직에 들지 못했다. 그즈음에 유방이 항우에게 밀려 후퇴하게 되자 불안감을 느낀 많은 병사와 장수들이 군을 이탈하였는데

216

한신도 그 속에 끼어 있었다. 한신이 도망했다는 소식을 들은 소하는 급히 그 뒤를 쫓았는데 소하마저 사라지자 유방은 크게 낙담하였다. 소하가 한신을 데리고 돌아오자 유방은 한편으로 화를 내고 한편으로 기뻐하며 물었다.

"승상인 당신도 도망을 친 것이오?"

"도망한 것이 아니고 도망한 자를 찾으러 갔던 것입니다."

"누구를 쫓아갔단 말이오?"

"한신입니다."

"한신이라고! 수십 명이 넘는 장수들이 도망가도 뒤쫓은 일이 없었는데 한신 따위를 쫓다니 진심인가?"

"지금까지 도망간 장수는 얼마든지 채울 수 있습니다. 그러나 한신은 나라에 둘도 없는 인물(國士無雙)입니다. 주공께서 한중의 왕으로 만족하시려면 한신은 필요 없으나 천하를 두고 다투시려면 한신 외에는 지략(智略)을 도모할 사람이 없습니다."

유방은 소하의 뜻을 받아들여 한신을 대장군으로 삼았다. 한신은 자신의 재능을 발휘해 거침없이 적을 격파하였고 유방과 함께 해하에서 항우를 포위해 승리를 거두었다.

[출전] 사기의 회음후열전(淮陰候列傳)

國	士	無	雙
나라 국	선비 사	없을 무	두 쌍

101

白眉
백 미

|뜻풀이| 여러 사람 가운데 뛰어남을 의미함

【고사】 삼국시대 촉(蜀)나라에 마씨오상(馬氏五常)이라 불리는 다섯 형제가 있었는데 그들은 모두 재주가 뛰어나 이름이 높았다. 사람들은 '마씨집 오상(五常)이 모두 뛰어나지만 그중에서도 백미가 가장 뛰어나다(馬氏五常 白眉最良).'고 했는데 백미는 흰 눈썹으로 마량(馬良)을 뜻하는 것이었다. 마량은 어릴 적부터 눈썹에 흰 털이 섞여 있

었기 때문에 이렇게 불렸는데 문무를 겸비(文武兼備)했을 뿐만 아니라 어질고 덕이 높았다. 적벽대전 뒤 어진 인재(人材)를 찾던 유비의 부름을 받아 동생 마속(馬謖)과 함께 유비를 섬겼고 제갈 량(諸葛亮)과는 문경지교(刎頸之交, 생사를 같이 할 수 있는 아주 가까운 사이)를 맺을 정도였다. 오늘날 백미는 여럿 가운데에서 가장 뛰어난 사람이나 훌륭한 물건을 비유적으로 이르는 말이 되었다.

읍참마속(泣斬馬謖)의 마속은 마량의 아우로 울면서 마속을 벤다는 뜻으로, 대의를 위해 측근이라도 가차없이 제거하는 권력의 공정성과 과단성을 일컫는다. 제갈 량은 친구인 마량의 아우 마속을 신임하였는데 그는 머리가 비상한 데다 군략에도 일가견을 갖고 있는 인물이었다. 그러나 위나라와의 전투에서 제갈 량의 명령을 따르지 않고 독자적인 전략을 세웠다가 대패하였는데 제갈 량은 엄격한 군율로 마속을 처형하였다.

탁월

【출전】 삼국지의 마량전(馬良傳)

白　眉
흰 백　눈썹 미

102

백 발 백 중

百發百中

|뜻풀이| 일이나 계획하고 있던 바가 생각대로 들어맞음을 비유

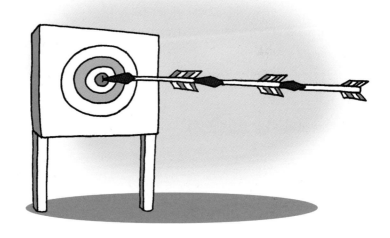

【고사】 진(秦)나라가 백기(白起) 장군을 시켜 한(韓)나라와 위(魏)나라를 격파하고 위의 도읍 양(梁)을 공격하려 하고 있었다. 위의 도읍 양이 함락되면 주(周)나라도 위태로워 종횡가 소려(蘇厲)가 난왕더러 백기 장군을 설득해 보자며 다음과 같이 이야기해 보자고 했다.

초(楚)나라에 양유기(養由基)라는 사람이 있어 활을 잘 쏘았다. 그는 백보 떨어진 곳에서 버들잎을 쏘아 백발백중(百發百中)하였기 때문에 좌우에 있는 관중 수천 명이 다 활을 잘 쏜다고 말하였다. 한 사나이가 있어 양우기의 곁에 서서 말하기를 "잘 한다, 활을 가르쳐 줄만하다."고 하였다. 이 비꼬는 말을 듣자 양유기는 화를 내면서 활을 버리고 칼을 잡으며 말했다.

"당신이 어떻게 해서 나에게 활을 가르칠 수 있는가?"

그러자 그 사나이가 말했다.

"나는 실로 활의 기술을 가르쳐 준다고 한 것이 아니오. 백보 떨어진 곳에서 버들잎을 쏘아 맞혔다고 해도 사람은 기력에 한계가 있어 안 맞는 화살도 있기 마련이어서 백발백중만 과시하다가는 과거의 공이 무산될 때가 있는 것이오."

이와 같이 백기 장군이 과거에 큰 공을 세웠으나 한 번 실수하면 지금까지의 공훈은 파산되는 것이니 당신으로서는 병을 앓는다고 하여 출전하지 않는 것이 상책일 것이라고 설득하였으나 백기는 자기를 대적할 자가 없으므로 승리를 못할 일이 없다고 거절하며 대군을 이끌고 위나라를 쳐들어와 대승을 거두었다.

【출전】 사기의 주기(周紀)

百	發	百	中
일백 **백**	필 **발**	일백 **백**	가운데 **중**

탁월

221

붕 정 만 리

鵬程萬里

103

|뜻풀이| 붕새가 날아갈 길이 만리라는 뜻으로 원대한
계획이나 사업을 비유하는 말

【고사】 장자가 말하길 "어둡고 끝이 보이지 않는 북해(北海)에 곤(鯤)
이라는 큰 물고기가 있었는데 크기가 몇 천리나 되는지 몰랐다. 이 물
고기가 변해서 붕(鵬)이라는 새가 되었는데 날개의 길이가 몇 천리가
되어 한번 날면 하늘을 뒤덮은 구름과 같았고 붕이 남해 바다로 갈 때
는 날개짓을 3천 리를 하고, 9만 리를 올라가서는 여섯 달을 날고서야

비로소 한번 쉬었다. 붕이 날아가는 것을 보고 새들은 '우리는 비록 작은 숲을 날 뿐이지만 충분히 재미가 있는데' 라고 빈정대며 말하는 것은 하찮은 지혜를 자랑하는 소인배가 어찌 위대한 것의 마음을 알겠는가? 이것이 소인과 대인의 차이" 라고 장자는 비유하고 있다.

붕정만리는 붕이 날아가는 만 리를 가리키는데 원대한 사업이나 계획을 비유할 때, 머나먼 노정이나 큰 일을 성취하려는 노력 등을 비유할 때 사용된다.

도남(圖南)은 고사성어 붕정만리에서 유래되었는데 9만 리를 6개월 동안 남쪽으로 날아가는 것을 말한다. 이것은 전혀 다른 지역으로 가서 큰 사업을 시작하는 것 또는 대업을 꾀한다는 뜻이다.

[출전] 장자의 소요유편(逍遙遊篇)

● 장자의 사상은 개인의 근심과 고난, 현실적 비극을 절감한데서 기인하는데 이를 극복하기 위해서 세속적인 가치에 방해 받지 않는 정신적 해방이 장자가 추구하는 이상적 삶의 모습이라 할 수 있다. 소요유편에서 제시하는 소요와 유는 편안하고 한가로운 마음, 즉 정신의 해방을 통한 자유의 삶을 말하고 있다.

鵬	程	萬	里
붕새 **붕**	한도 **정**	일만 **만**	마을 **리**

104

獅子吼
_사 _자 _후

|뜻풀이| 사자가 울부짖는 소리 즉 부처의 위엄 있는 설법

【고사】〈전등록〉에는 석가모니가 태어나자, 한 손으로는 하늘을 가리키고 한 손으로는 땅을 가리키며 일곱 걸음을 옮겨 돈 다음 사방을 돌아보며 "천상천하 유아독존(天上天下 唯我獨尊, 우주 속에 나보다 더 존귀한 것은 없다)"이라 하면서 사자후 같은 소리를 내었다고 기록되어 있다. 또, 〈유마경〉에는 "석가의 설법의 위엄은 마치 사자가

부르짖는 것과 같으며 그 해설은 우레가 울려 퍼지는 것처럼 청중들의 마음을 사로잡았다.”고 말하고 있다. 여기서 사자후는 석가의 설법 앞에서 모두 고개를 조아리며 굴복하여 귀의함을 비유한 말로 열변을 토해내는 것을 말한다.

북송의 시인 소동파(蘇東坡)의 시에서 사자후는 친구 진계상이 아내의 불호령에 벌벌 떤다는 것을 희화하여 쓴 것이다.

용구거사는 역시 가련하다.
밤에 잠도 자지 않고 공(空)과 유(有)를 말하는데
갑자기 하동의 사자 소리를 듣자 (忽聞河東獅子吼)
지팡이가 손에서 떨어지며 정신이 아찔해지는구나.

[출전] 불경의 전등록(傳燈錄), 유마경(維摩經) 소동파의 시(詩)

● 전등록은 석가여래의 법맥을 체계화하고 법어(法語)를 기록한 것이고 유마경은 불교경전으로 내용과 구성이 단순하면서도 재미있어 중국과 우리나라에 널리 알려졌다. 소동파는 탁월한 문장가 중 한 사람으로 송나라 최고의 시인이며 그의 집안은 부유한 지식인 집안으로 명망이 높았다. 그의 시는 철학적 요소가 짙고 당송팔대가의 한 사람이다.

獅	子	吼
사자 **사**	아들 **자**	울부짖을 **후**

105

교　각　살　우

矯角殺牛

|뜻풀이| 뿔을 좋게 바로잡으려다가 소를 죽인다는 뜻으로
결점을 고치려다 수단이 지나쳐 오히려 일을 그르침

【고사】 중국에서는 종을 주술적인 힘이 있는 것으로 여겨 종소리에
의해 악령을 물리치고 간사스러운 마음을 쫓는다고 믿었다. 기우(祈
雨)나 풍작을 기원할 때, 제사나 연회의 자리에 종을 울렸는데 주조할
때 뿔이 곧게 나고 잘 생긴 소의 피를 바르는 것은 종을 신성시했기

때문이었다. 교각살우(矯角殺牛)는 제사에 사용할 소의 뿔이 조금 삐뚤어져 있어 교정을 위해 무리하게 줄을 팽팽하게 동여매었다가 뿔이 뿌리째 빠져 소가 죽었다는 이야기에서 유래되었다. 뿔을 바로 잡으려다가 소를 죽인다는 뜻으로 조그만 일에 힘쓰다가 큰 일을 그르친다는 의미이다. 비슷한 뜻의 교왕과직(矯枉過直)은 한서(漢書)에서 진시황과 한고조가 봉건제와 군현제의 문제를 해결하려다 오히려 일을 그르친 것을 두고 나온 고사인데 굽은 것을 바로 잡으려다 그것이 지나쳐 오히려 더 나쁘게 된 것을 의미한다. 또, 소탐대실(小貪大失)은 전국시대 진(秦)나라 혜왕(惠王)의 헌상품에 눈이 어두워져 촉(蜀)나라를 망하게 한 촉후(蜀侯)의 이야기로 작은 것을 탐하다가 큰 손실을 입는다는 뜻이다. 우리나라 속담에 '빈대 잡으려다 초가삼간 다 태운다.'와 일맥상통하는 한자성어다.

탁월

矯	角	殺	牛
바로잡을 교	뿔 각	죽일 살	소 우

227

106

촌 철 살 인
寸鐵殺人

|뜻풀이| 간단한 말이나 글로써 상대방을 당황하게 하거나 감동시키는 것

【고사】 촌철살인(寸鐵殺人)을 그대로 풀이하면 '손가락 한 마디 길이의 무기로 사람을 죽이다.'지만, 의미로는 한마디 말로 사람의 마음을 움직이게 하거나 상대편의 허를 찌르는 한 수를 말한다. 유래는 종고선사(宗杲禪師)가 선(禪)에 대해 "어떤 사람이 무기를 한 수레 가득 싣고 왔다고 해서 살인을 할 수 있는 것이 아니다. 나는 오히려 한치도

안 되는 칼만 있어도 사람을 죽일 수 있다."고 했다. 이 말은 칼날로 상처를 입히는 것이 아니라 자기 마음속의 속된 생각을 없애는 것을 의미하는데 아직 깨달음에 이르지 못한 사람은 속된 생각을 없애기 위해 여러 가지 성급한 방법을 쓰겠지만 정신을 집중하면 사람의 마음을 점령하고 있는 속된 생각을 완전히 쫓아 없앨 수 있음을 말한 것이다. 오늘날은 아주 짧은 말과 글이지만 핵심을 담아 상대방을 당황하게 하거나 마음을 감동시키는 말로 사용된다.

탁월

【출전】 학림옥로(鶴林玉露)

● 남송(南宋)의 유학자 나대경(羅大經)이 지은 학림옥로(鶴林玉露)는 찾아오는 손님들과 주고받은 청담(淸談)을 시동에게 기록하게 한 것으로 천(天), 지(地), 인(人) 세 부분 18권으로 된 책이다. 나대경의 책은 간단하면서도 의미는 풍부하고 인물의 평가와 시문의 평론에 있어 독보적 견해를 펼쳤다.

寸	鐵	殺	人
마디 **촌**	쇠 **철**	죽일 **살**	사람 **인**

107

破天荒
파 천 황

|뜻풀이| 아무도 하지 못한 일을 처음으로 이룸

【고사】 당나라 때 형주(荊州)는 매우 낙후된 곳이어서 매년 과거시험
에 응시자는 있었으나 합격자가 없어 사람들은 형주를 '천황(天荒)'
즉, 하늘이 내린 황무지라고 불렀다. 그러다 유세란 인물이 처음으로
과거에 합격하자 사람들은 천황을 처음으로 깨뜨렸다하여 유세를 파

천황이라 불렀다. 유세의 급제가 얼마나 화제가 되었는가 하는 것은 왕정보가 쓴 당척언에 형주 지방관인 형남군절도사(荊南軍節度使)인 최현(崔鉉)이 '파천황전(破天荒錢)'이라는 이름으로 상금 70만 전을 유세에게 보냈다고 기록되어 있다. 파천황은 이제까지 아무도 하지 못했던 일을 성취함을 비유하거나 미천한 가문 또는 양반 없는 시골에서 인재가 나와 원래의 미천한 상태를 벗어남을 이르는 말이다.

중국은 일찍이 한나라 때부터 과거 시험을 치렀다. 당나라는 수재(秀才), 명경(明經), 진사(進士) 등의 과목을 두었는데 수재는 정치학, 명경은 유학, 진사는 문학이었다. 특히 진사가 존중되어 유명한 인물이 많이 나왔으며 진사과의 경우 지방에서 예비시험을 보고 중앙의 학교에서 선발된 사람들과 공거(貢擧)를 보아 통과되면 고급관리가 되었다.

【출전】 북몽쇄언(北夢鎖言)
● 송나라의 손광헌(孫光憲)이 지은 북몽쇄언은 사회 풍속과 문인들의 일화를 모은 책으로 이 시기 문학 연구에 귀중한 자료로 쓰인다.

破	天	荒
깨뜨릴 **파**	하늘 **천**	거칠 **황**

108

多多益善

다 다 익 선

|뜻풀이| 많으면 많을수록 더욱 좋다는 뜻

【고사】 한(漢)나라 고조 유방은 천하를 통일하고 일등공신들을 제후로 봉하였지만 스스로 황제의 자리에 오른 후 왕권 확립을 위해 공신들의 숙청을 단행하였다. 제일 먼저 한(漢)나라에 가장 위협적인 존재로 한신을 꼽고 항우의 곁을 끝까지 지켰던 종리매(鍾離昧)를 숨겨 주었다는 이유로 초나라의 왕(王)이었던 한신을 좌천시켰다. 한신이 유

방에게 잡혀 있을 때 고조는 한신과 여러 장수들의 능력에 대하여 의견을 나누다가 한신에게 물었다.

"그대가 보건대 나는 어느 정도의 군사를 거느릴 수 있다고 보는가?"

"폐하께서는 십만 명 정도 거느릴 수 있는 장재(將材)이지요."

"그러면 그대는 어떠한가?"

"예, 신은 많으면 많을수록 더욱 좋습니다(臣多多而益善耳)."

그 말을 듣고 고조가 껄껄 웃고 나서 물었다.

"그렇다면 군사가 많을수록 좋다는 그대는 어찌하여 십만의 장수감에 불과한 과인의 포로가 되었는가?"

"하오나 폐하, 그것은 별개의 문제이옵니다. 폐하께서는 군병들의 장수가 아니라 장수들의 장수이십니다. 그것이 신이 폐하에게 사로잡힌 까닭으로 폐하는 하늘이 주신 것이옵고 사람의 힘은 아니옵니다."

하고 대답했다.

탁월

【출전】 사기의 회음후열전(淮陰侯列傳)

多	多	益	善
많을 다	많을 다	더할 익	착할 선

109

千里眼

_천 _리 _안

|뜻풀이| 먼 곳의 일까지도 잘 꿰뚫어 알고 있음을 가리키는 말

【고사】 남북조 시대 북위(北魏) 장제(莊帝) 때 광주(光州, 山東省按縣)자사가 된 양일(楊逸)은 나이 겨우 29세이었고 명문 출신의 귀공자였지만 교만함이 없고 백성을 위해 침식을 잊을 정도였다. 군대들이 전쟁에 나갈 때면 폭풍한설 속이라도 몸소 나와 배웅했다. 백성을

가족처럼 사랑했지만 법을 엄히 지켜 지역 안이 잘 다스려져 죄를 범하는 자도 없었다. 당시는 계속되는 흉년으로 굶어 죽는 사람이 나왔으므로 국가의 창고를 열어 배급하려 하자 담당 관리는 상부의 허가부터 받자고 했다. 그러나 "나라의 기본은 백성이다. 백성들이 굶주려 죽으면 어떻게 나라가 있겠는가? 위에서 죄를 내면 내가 받겠다."하고 독단으로 창고를 열어 백성들에게 나누어 준 후 나라에 보고했다. 죄를 물어야 한다는 신하들도 있었으나 수만의 굶주린 백성을 살렸으니 그런 긴급조치는 가상하다고 칭찬까지 하는 중신도 있었다. 그는 백성을 사랑해서 민폐를 없애기 위해 감시원을 곳곳에 배치해 두어서 군대나 관리들이 식사 제공이나 뇌물을 주려고 하면, "양사군께서는 천리안을 가지고 계신데 어떻게 속일 수 있습니까(楊使君 有千里眼 那何欺之)?"하고 거절했다고 한다. 이런 인물이 정치적 완력 때문에 32세에 죽임을 당하자 광주에서는 1개월에 걸쳐 온 주와 변두리 시골까지 슬퍼하며 제사를 지냈다고 한다.

탁월

【출전】 위서(魏書)의 양일전(楊逸傳)

● 위서(魏書)는 중국의 남북조시대(南北朝時代) 북제(北齊)의 위수가 편찬한 사서로 정사(正史)로 인정받는 이십오사(二十五史) 가운데 하나이다. 북위서 또는 후위서라고도 불린다. 본기(本紀)는 14권, 열전(列傳) 96권, 지(志) 20권 등 130권으로 되어 있다. 위서는 북제 정통론(正統論)에 의해 서술되었기 때문에 서위(西魏)에 대해서는 비판적으로 서술되어 있으나 남북조시대의 역사와 사회 연구에 중요한 의미를 갖는다.

千	里	眼
일천 **천**	마을 **리**	눈 **안**

110

태 산 북 두

泰山北斗

|뜻풀이| 모든 사람이 우러러 볼 수 있는 존재나 권위자

【고사】한유(韓愈)는 당송 8대가(大家)의 한 사람으로 문인이자 사상가이다. 어려서 부모를 여의고 어려운 환경에서도 학문에 정진하여 유가를 비롯한 제자백가의 학문을 두루 섭렵했다.

〈한유전〉에는 그가 모든 학자들의 스승이 되어 노장의 도와 불교를 배척하고 유교의 정통성을 적극 옹호하여 높이 떠받든 것을 칭송하고 나서 "한유가 죽은 뒤로 그의 학설이 세상에 크게 행해지고 있어 학자들은 그를 태산북두처럼 우러러보았다(自愈沒 其言大行 學者仰之如泰山北斗云)."라고 쓰고 있다. 태산은 중국인들이 가장 성스럽게 여겼던 산으로 이런 상징성 때문에 역대 제왕들은 이곳에서 하늘에 제사를 지냈다. 북두(北斗)는 북두칠성을 말하는 것으로 예부터 나그네의 길잡이 역할뿐 아니라 인간의 수명을 관장하는 별자리로 여겼다. 그러므로 이 말은 사람들이 우러러보는 존재, 존경 받는 사람을 비유하는 말로 학문이나 예술 분야의 권위자나 대가를 이르는 말이다.

한유의 문학상 공적은 문체개혁(文體改革)으로, 기교를 중시한 나머지 내용이 허술했던 변려문에 반대하여 간결하고 명쾌하게 쓰여진 고문을 산문의 이상이라 주장하였다. 고문은 우수한 고대의 문학전통과 정신을 성공적으로 계승하면서 전혀 새로운 문학세계를 창조하여 중국사회에 정착하게 되었다.

【출전】 당서의 한유전(韓愈傳)

● 당서(唐書)는 290년 동안 당나라 역사 기록으로 송나라 때 새로이 편찬한 것을 신당서(新唐書), 이전의 것을 구당서(舊唐書)로 불리게 되었다. 이십오사(二十五史) 가운데 하나이며 사료적 가치는 구당서가 더 높은 것으로 평가되고 있다.

泰	山	北	斗
클 태	뫼 산	북녘 북	말 두

畫龍點睛

111

화　룡　점　정

|뜻풀이| 일에서 가장 중요한 부분을 끝냄으로써
일을 완성시킴

【고사】 남조(南朝)의 양(梁)나라 장승요는 관계(官界)에서는 우군장군
(右軍將軍)과 오흥(吳興) 태수 등을 억압한 사람이지만 일반적으로는
화가로서 알려져 있다. 그의 입신지경(入神之境)의 그림에 얽힌 이야
기는 많다. 그가 언젠가 벽에다 울창한 숲을 그렸더니 이튿날 많은 새
들이 그 벽 밑에 와 죽어 있었다. 우리나라 신라 때 솔거(率居)가 그린

황룡사(黃龍寺) 벽화 이야기와 비슷한 이야기이다. 장승요의 화룡점정 이야기는 매우 유명하다. 그가 언젠가 도읍인 금릉(金陵)에 있는 안락사(安樂寺) 벽에 네 마리의 용을 그렸는데 눈동자를 그리지 않았다. 그래서 사람들이 그 까닭을 묻자 "눈동자를 그리면 날아가 버리기 때문이다."라고 대답했다. 그러나 사람들은 거짓말을 한다며 그 말을 믿지 않고 그려보라고 졸라서 용 한마리에 눈동자를 그려 넣었다. 그러자 갑자기 천둥이 울리고 번개가 치더니 그 용이 벽을 차고 뛰어나가 하늘로 올라가 버리고 말았다. 나중에 보니 눈동자를 그리지 않은 용은 그대로 남아 있었다고 한다. 또 다른 기록에는 천황사(天皇寺)의 벽에 용 두 마리를 그리고 역시 눈동자를 그리지 않았지만, 수만금의 돈으로써 눈동자를 그리라는 부탁을 받고 눈동자를 그려 넣자 역시 날아 올라갔다는 이야기도 전해지고 있다.

【출전】 수형기(水衡記)

畫	龍	點	睛
그릴 **화**	용 **용**	점찍을 **점**	눈동자 **정**

112

^공 ^중 ^누 ^각
空中樓閣

|뜻풀이| 진실성이나 현실성이 없는 허망한 생각이나 말

【고사】 송(宋)나라 과학자인 심괄(沈括)이 지은 몽계필담(夢溪筆談)에 다음과 같은 글이 실려 있다. "등주(登州)는 사면이 바다로 둘러싸여 있는데, 봄과 여름이면 저 멀리 수평선 위로 누각들이 줄을 이은 도시를 볼 수 있다. 그곳 사람들은 이것을 해시(海市)라고 부른다." 여기서

해시라는 것은 빛이 불안정한 대기층에 의해 굴절되면서 다른 위치에 있는 물체가 눈 앞에 존재하는 것처럼 보이는 착시현상 즉, 신기루를 가리키는 말이다. 훗날 청(淸)나라의 학자 적호는 자기 저서 통속편(通俗篇)에서 심괄의 글에 대해 이렇게 말하고 있다. "지금 말과 행동이 허황된 사람을 가리켜 공중누각이라고 말하는 것은 이 일을 인용한 것이다." 라고 기록하였다. 공중누각은 말뜻 그대로 허공에 지어진 누각으로 진실성이 없거나 비현실적인 일 또는 기초가 튼튼하지 못함을 두루 나타내는 표현이다.

사상누각(沙上樓閣)은 모래 위에 세워진 누각이라는 뜻으로 기초가 튼튼하지 못하면 곧 무너지고 만다는 것을 일깨워주는 말로 공중누각과 비슷한 말이다.

허탈

【출전】심괄(沈括)의 몽계필담(夢溪筆談)

● 심괄은 유능한 정치가였을 뿐만 아니라 박학하여 문학, 예술, 행정 분야는 물론, 천문학과 자연과학 등 모든 분야에 걸쳐 일가견을 가지고 있었다. 그의 이러한 연구 결과를 만년에 집대성한 것이 몽계필담으로 송나라 과학사(科學史)에 중요한 자료가 되어 후세에 공헌한 바 크며 오늘날에도 그 가치를 인정받고 있다.

空	中	樓	閣
빌 공	가운데 중	다락 누	집 각

113

口尚乳臭

구 상 유 취

|뜻풀이| 입에서 젖비린내 나듯 상대가 어리고
말과 행동이 유치함

【고사】 위표(魏豹)는 항우와 함께 함곡관을 넘어 진나라를 멸하여 그
공로로 위나라의 왕으로 봉해졌다. 그러나 유방이 삼진(三秦)을 평정
하자 유방을 도와 팽성(彭城)을 공격했다가 다시 한나라의 패색이 짙
다고 보고 자신의 안위를 생각하여 초나라의 편에 붙었다. 유방은 신
하 역이기를 보내 설득하였지만 위표가 받아들이지 않자 한신을 보내

위표를 공격하게 했다. 유방은 한신이 떠나기 전 역이기에게 위나라의 대장이 누구냐고 물었다. 그가 백직(柏直)이라고 대답하자 유방은 코웃음치며 말했다. "입에서 젖비린내가 나는 자로구나(口尙乳臭), 어찌 우리 한신대장을 당해낼 수 있겠는가?" 여기서 유래된 구상유취는 당랑거철(螳螂拒轍)과 같이 적수가 되지 않는 자를 얕잡아 일컬을 때에 흔히 쓰이게 되었다.

위표는 백직을 대장으로 황허강에 진을 치고 한신의 군대가 강을 건너오지 못하게 하였다. 한신과 위표가 대치한 지형은 매우 험준하여 수비는 쉽고 공격은 어려운 곳이었다. 한신은 앞에서는 요란하게 전투를 준비하는 것처럼 보이게 하여 백직을 안심시키고 비밀리에 군대를 이끌고 황허강을 건너 재빠르게 전진하여 위나라 후방을 점령하였다. 이와 같은 병법을 성동격서(聲東擊西)라 하여 동쪽에서 소리를 지르고 서쪽을 친다는 뜻으로 상대편에게 그럴듯한 속임수를 써서 공격하는 것을 말한다. 이 싸움에서 위나라는 망하고 한나라에 흡수되었다.

허탈

【출전】 사기의 고조기(高祖紀)

口	尙	乳	臭
입 **구**	오히려 **상**	젖 **유**	냄새 **취**

114

杞憂

기 우

|뜻풀이| 기나라 사람의 근심. 공연한 쓸데없는 걱정을 말함

【고사】 중국의 기(杞)나라에 하늘이 무너지고 땅이 꺼지면 몸둘 곳이 없음을 걱정한 나머지 침식을 전폐한 사람이 있었다(杞國有人 憂天地 崩墜 身之所倚 廢寢食者). 소문을 듣고 한 지혜로운 선비가 그를 찾아 가서 말했다. "하늘은 눈에 보이지 않지만 단단하기 이를 데 없는 기 (氣)덩어리가 받치고 있기 때문에 절대 무너져 내리지 않습니다."

"그럴까요? 그러나 하늘이 무너지지 않아도 해와 달과 별은 마땅히 떨어질 것입니다." 지혜로운 선비는 "해나 달, 별도 역시 공기 속에 쌓여 있고 너무 멀리 떨어져 있기 때문에 사람을 상하게 하는 일은 절대 일어나지 않습니다."

"그럼 땅은 어찌 무너지지 않겠습니까?" 지혜로운 선비는 "땅이란 흙이 쌓이고 쌓여 사방이 꽉차 있어서 아무리 뛰어다녀도 꺼져 내릴 리가 없습니다." 그러자 비로소 걱정 많은 사람은 마음을 놓게 되었다.

기우는 기인지우(杞人之憂)의 준말로 앞일에 대한 쓸데없는 걱정을 의미한다.

【출전】 열자의 천서편(天瑞篇)

● 열자는 노자, 장자 등과 함께 도가사상을 담고 있는 중국의 고전으로 전국시대 열어구가 지었다고 전해지는 책이지만 열어구를 비평한 것들도 있어 열어구나 제자가 지었다고 보기는 어렵다. 다만 책으로 이루어지기까지 열어구의 말이나 사상이 기본 바탕이 되었음은 틀림없고 자료적 가치도 매우 높다.

허탈

杞	憂
나라이름 **기**	근심 **우**

115

남 풍 불 경

南風不競

|뜻풀이| 힘이 미약하고 기세를 떨치지 못함

【고사】 춘추시대에 진(晉)나라를 중심으로 연합군이 결성되어 강력한 대국이었던 제(齊)나라를 공격할 때였다. 정(鄭)나라 자공(子孔)은 군주가 이끄는 주력부대가 원정을 떠난 사이 연합군에 가담하지 않은 초(楚)나라를 끌어들여 정나라의 권력을 장악하려고 하였다. 그러나 초나라 재상 자경은 이 싸움은 명분이나 의로움이 없다는 이유로 전

쟁을 반대하였다. 파병을 반대하는 자경에게 초나라의 강왕(康王)은 "나는 즉위한 지 5년이 되었지만 군대를 외국에 파견한 적이 없소. 백성들이 내가 게으르거나 안일만을 탐내어 위대한 선군의 유업을 망각하고 있다고 생각할지 모르니 재상은 파병을 해 주시오."라고 말했다. 이 말을 들은 자경은 하는 수 없이 "그렇다면 출병은 하되, 만약 전세가 불리하면 군대를 회군시켜도 외국에 파병가는 것이니 왕의 불명예는 되지 않을 것입니다." 하였다.

자경은 정(鄭)나라로 공격해 들어갔다. 그러나 정나라는 자공(子孔)의 야심을 미리 알고 수비를 강화하고 있었기 때문에 자경의 군대는 곧 후퇴할 수밖에 없었다. 엎친 데 덮친 격으로 자경의 군대는 철수 도중 큰비와 추위를 만나 많은 동사자(凍死者)가 발생하여 전멸 상태에 빠지고 말았다.

초나라 군대가 출동했다는 소문을 듣고 진나라 사광(師曠)이 말하기를 "뭐 대단한 것은 없을 것이다. 나는 자주 북풍을 노래하고 남풍을 노래했지만 남풍의 음조는 미약해서 조금도 생기가 없으니(南風不競 死聲多) 초군은 반드시 실패할 것이다." 여기서 남풍불경이란 진나라의 사광이 초나라를 평가한 말에 유래되었다. 초나라는 국민의 기풍(氣風)이 약하고 천기(天機) 또한 얻지 못하였을 뿐만 아니라 왕의 자질 부족과 판단의 착오를 지적하고 있다.

【출전】 춘추좌씨전 양공(襄公) 18년조

南	風	不	競
남녘 **남**	바람 **풍**	아닐 **불**	다툴 **경**

116

勞而無功

노 이 무 공

|뜻풀이| 애만 쓰고 애쓴 보람이 없는 것을 말함

【고사】 공자(孔子)가 위(衛)나라로 갔을 때 위나라 사금(師金)이라는 자가 공자의 제자 안연을 보고 공자를 이렇게 평했다. "물 위를 가는 데는 배만한 것이 없고 육지를 가는 데는 수레만한 것이 없다. 배를 육지에서 밀고 가려 한다면 평생 걸려도 몇 발짝 가지 못할 것이다. 옛날과 지금은 물과 육지처럼 달라져 있고, 주나라와 노나라는 배와

수레만큼이나 차이가 있다. 그런데 지금 주나라 때에 행해지고 있던 도를 노나라에서 행하려 하고 있으니 이것은 배를 육지에서 밀고 있는 것과 같다. 애쓰고 공이 없을 뿐 아니라 몸에 반드시 화가 미치게 될 것이다(勞而無功 身必有殃). 공자는 아직 사물에 따라 막힘이 없는 무한한 변화를 가진 도가 있다는 것을 모르고 있다."

관자(管子)의 〈형세편〉에 "옳지 못한 것에 편들지 말라. 능하지 못한 것에 강제하지 말라. 알지 못하는 사람에게 이르지 말라 이 같은 것을 가리켜 수고롭기만 하고 공이 없다고 말한다(謂之勞而無功)."고 했다.

순자(荀子)의 〈정명편〉에도 "어리석은 사람의 말은 막연해서 갈피를 잡을 수 없고, 번잡하고 통일이 없으며, 시끄럽게 떠들어대기만 한다. 그렇기 때문에 열심히 말은 하지만 요령이 없고, 몹시 애는 쓰지만 공이 없다(故窮籍而 無極甚勞而無功)."고 했다.

허탈

【출전】 장자의 천운편(天運篇), 관자의 형세편(形勢篇), 순자의 정명편(正明篇)

勞	而	無	功
일할 노	말이을 이	없을 무	공 공

117

似而非

_사 _이 _비

|뜻풀이| 겉으로는 비슷하나 실제로는 근본적으로 다른
가짜를 가리키는 것

【고사】 어느 날 맹자에게 제자 만장(萬章)이 찾아와 "한 마을 사람들
이 모두 '저 사람은 훌륭하다'고 칭찬한다면 그가 어디를 가도 훌륭한
사람일 터인데 왜 유독 공자께서 그를 '덕을 해치는 사람'이라고 말씀
하신 것입니까(一鄕皆稱原人焉 無所往而不爲原人 孔子以爲德之
賊 何哉)?" 맹자는 "그를 비난하려고 해도 특별히 비난할 것이 없고

공격하려고 해도 공격할 구실이 없으나 그런 사람은 더러운 세속에 아첨하고 합류한다. 집에 있을 때는 성실한 척하고 밖에 나가 행동할 때는 청렴결백한 척하며 사람들이 다 그를 좋아하고 스스로 자신의 처신이 옳다고 생각하지만 그런 사람과는 요(堯)와 순(舜)의 올바른 도(道)에 함께 들어갈 수 없기 때문에 덕을 해치는 사람이라고 말씀하신 것이다."

또, 맹자가 "공자께서 말씀하시길 '나는 사이비(似而非)한 것을 미워한다. 말 잘하는 것을 미워함은 정의를 어지럽힐까봐 걱정스러워서, 말 많은 것을 미워함은 신의를 어지럽힐까봐 걱정스러워서, 정(鄭)나라의 음란한 음악을 미워함은 아악(雅樂)을 어지럽힐까봐 걱정스럽기 때문이다. 아울러 향원(鄕原)을 미워함은 그가 덕을 어지럽힐까봐 걱정스럽기 때문이다' 라고 말씀하셨다."

허탈

> 요(堯)와 순(舜)은 중국 고대의 요 임금과 순 임금으로 신화 속 군주이다. 성군(聖君)의 대명사로 일컬어져 태평성대를 요순시대라 부르기도 한다.
> 향원(鄕原)은 사회적 위치를 이용하여 사리사욕에만 눈이 멀어 사회정의 실현에는 아무 관심이 없는 사이비 지식인을 말한다. 공자는 사이비를 자기 결점을 감추는 데 서투른 순진한 일반 백성들보다 훨씬 위험한 존재라고 명명하여 부정적으로 사용되게 되었다.

【출전】 맹자의 진심장하(盡心章下)

似	而	非
닮을 **사**	말 이을 **이**	아닐 **비**

蛇足

_사 _족

|뜻풀이| 하지 않아도 될 일을 공연히 하다가 일을 그르치는 것

118

【고사】 초회왕(楚懷王) 6년에 영윤(令尹) 소양(昭陽)이 위(魏)나라를 정벌하여 순식간에 8개의 성이 초나라의 수중에 들어갔다. 소양은 여세를 몰아 다시 제(齊)나라를 공격하러 나섰다. 이때 진진(陳軫)은 제나라 위왕(威王)의 부탁을 받고 소양을 만나 이렇게 물었다.

"초나라에선 전쟁에 크게 승리하면 어떤 관직까지 올라갑니까?"

"관직은 최고 상주국(上柱國)에까지 오르고, 가장 높은 작위인 집규(執珪)까지 오를 수 있습니다."

"그보다 더 높은 지위는 무엇입니까?"

"영윤이 있을 뿐입니다."

"그럼 소양께서는 이미 영윤이시니 관직을 높일 수도 없겠군요."

이어 진진은 '사족'에 관한 고사를 소양에게 들려주었다. 어떤 이가 제사를 올리고 하인들에게 술 한 잔을 내렸는데 여러 사람이 나누어 마시기에는 모자라는지라 땅바닥에 뱀을 먼저 그리는 사람이 술을 마시기로 했다. 그들 중 그림을 잘 그리는 한 사람이 뱀을 먼저 그리고도 오만하게 뱀의 다리를 그려 넣었다. 그러자 다른 이가 단숨에 술을 들이키며 뱀에는 다리가 없거늘 어째서 뱀의 다리를 그리는가하며 비꼬았다.

진진은 "소양께서는 영윤의 자리에 있으면서 위나라를 공격해 위군을 소멸시키고 적장까지 죽였습니다. 성도 여덟 개나 취했으며 군대의 사기도 하늘을 찌를 듯 합니다. 소양께서는 그것만으로도 충분히 명성을 떨쳤습니다. 새로이 공을 세운다 해도 더 높은 관직에 오를 수 없고 적절한 시점에서 멈출 줄 모르는 장수는 자칫 목숨을 잃기 십상인데 어째서 뱀의 다리까지 그리려 하십니까?"

진진의 말에 일리가 있다고 판단한 소양은 회군하여 돌아갔다.

[출전] 전국책(戰國策)의 제책(齊策)

蛇	足
뱀 사	발 족

허탈

119

歲月不待人
세 월 부 대 인

|뜻풀이| 흘러가는 세월은 삶을 기다려 주지 않는다

【고사】

원기 왕성한 나이는 거듭 오지 않고 盛年不重來

하루에 두 번 새벽이 오기 어렵다 一日難再晨

때를 놓치지 말고 부지런히 일해라 及時當勉勵

세월은 사람을 기다려 주지 않는다 歲月不得人

세월부대인은 인생은 빨리 흘러가는 것이니 매사에 최선을 다하자는 것으로 명심보감 권학편(勸學篇)에 끝부분 4절을 발췌하여 권학시로 널리 알려져 있지만 전문 내용은 권주시(勸酒詩)로 잔치를 축하하며 이웃과 함께 즐겁게 살자는 것이 기본 내용이다.

인생은 뿌리없이 떠다니는 것
들길에 날리는 먼지와도 같으니
바람따라 흐뜨러져 구르는
인간은 원래 무상한 몸
땅에 태어난 모두가 형제이니
어찌 반드시 혈육만이 육친인가
기쁜일 생겼을 때 응당 즐겨야 하니
한 말 술로 이웃과 어깨를 나란히 한다네.

【출전】 도연명(陶淵明)의 잡시(雜詩)

● 도연명(陶淵明, 365~427) : 중국 진나라의 시인으로 풍족하지 못한 소지주의 가정에서 자랐다. 그는 인생의 대부분을 민간인으로 보냈기 때문에 그의 시는 따스한 인간미가 있으며 소박하고 간결하다.

歲	月	不	待	人
해 세	달 월	아닐 부	기다릴 대	사람 인

120

漱石枕流

수 석 침 류

|뜻풀이| 돌로 이를 닦고 물로 베개 삼는다는 뜻으로
틀린 말을 고치지 않고 고집하여 씀

【고사】 위진(魏晉)시대에는 정치적 혼란이 거듭되면서 노장사상(老莊
思想)의 영향력이 커졌다. 특히 후한 말기에는 잦은 왕조 교체를 겪으
면서 정치에 염증을 느낀 많은 지식인과 귀족들은 속세를 떠나 세상
을 등지고 살았다. 그래서 철학적이고 예술적인 논의를 중시하는 풍
조가 유행했는데 이를 청담(淸談)이라고 한다. 진(晉)나라의 손초(孫

楚)도 젊었을 때 속세를 떠나 산속에 은거하기로 마음을 정하고 친구인 왕제(王濟)에게 그 마음을 털어놓았다.

"돌을 베개 삼아 눕고 흐르는 물로 양치질한다(枕石漱流)."라고 할 것을 실언하여 "돌로 양치질하고 흐르는 물로 베개로 삼을 작정이네(漱石枕流)."라고 해 버렸다. 그 말을 들은 왕제가 웃으며 "흐르는 물을 베개로 벨 수 있는가. 그리고 돌로 어떻게 양치질을 한단말인가?" 하였다.

무안한 생각에 손초는 재빨리 "물을 베개로 한다는 것은 옛날의 은둔자 허유(許由)와 같이 쓸데없는 소리를 들었을 때 귀를 씻으려고 하는 것이고, 돌로 양치질한다는 것은 왕모래로 이를 닦으려는 것일세."라고 했다. 수석침류는 자기의 논리나 행동이 어긋났는데도 옳다고 억지를 부리는 것을 꼬집는 말이다.

허탈

【출전】 진서(晉書)의 손초전(孫楚傳)

漱	石	枕	流
양치질할 **수**	돌 **석**	베개 **침**	흐를 **류**

121

緣木求魚

연 목 구 어

|뜻풀이| 나무에서 물고기를 잡다라는 뜻으로
불가능한 일을 억지로 하려고 함

【고사】 맹자는 인(仁)과 의(義)로써 세상을 다스리는 왕도사상을 자신
의 정치철학으로 제시하였는데 힘과 무력을 바탕으로 하는 패도정치
(覇道政治)를 몰아내고 평화적이고 순리적인 왕도정치(王道政治)를
펼치도록 제후들을 설득하며 다녔다. 맹자가 제(齊)나라의 선왕(宣王)
을 만났을 때였다.

"폐하는 전쟁을 일으켜 백성의 생명을 위태롭게 하고 이웃 나라와 원수가 되는 것을 원하십니까?" 하자 선왕은 "그렇지는 않소이다. 그러나 과인에게는 대망(大望)이 있소." 맹자가 "전하의 대망이란 무엇입니까?" 묻자, 선왕은 왕도정치를 논하는 맹자에게 선뜻 대답하지 못하였다. 맹자는 "폐하께서 말씀하시는 대망이란 천하통일을 이루어 세상의 모든 백성들이 복종하고 사방의 오랑캐가 폐하를 따르게 하려는 것이겠지요. 그렇지만 무력으로 그것을 달성하고자 하신다면 마치 나무에 올라가 물고기를 구하는(緣木求魚) 것과 같습니다. 나무에 올라가 물고기를 구하는 것은 물고기만 구하지 못할 뿐 뒤따르는 재난은 없으나 무력으로 큰 뜻을 이루고자 하시는 것은 백성을 잃게 될 뿐 아니라 실패하는 날에는 나라를 망치는 재난이 따라 올 것입니다."

연목구어는 목적과 수단이 맞지 않아 성공이 불가능할 때 또는 허술한 계책(計策)으로 큰 일을 도모할 때 사용한다.

허탈

[출전] 맹자의 양혜왕편(梁惠王篇)

緣	木	求	魚
인연 **연**	나무 **목**	구할 **구**	물고기 **어**

122

남 가 일 몽

南柯一夢

|뜻풀이| 남쪽으로 뻗은 나뭇가지 아래서 꾼 꿈으로 덧없는 인생과 부귀영화를 비유

【고사】 강남(江南) 양주(楊洲)에 순우분(淳于芬)이란 사람이 살고 있었다. 그는 친구들과 술을 마신 후 나무 그늘 아래서 잠이 들었는데 자주빛 관복을 입은 두 사람이 나타나 "저희들은 괴안국(槐安國) 국왕의 사자이온데 당신을 모시고 오라는 명을 받들고 왔습니다." 하였다. 그들을 따라 괴안국으로 간 순우분은 임금의 환대를 받으며 임금의 사위가 되었다. 평범한 시골 사람에서 부귀영화를 누리는 신분이

된 그는 남가군(南柯郡)의 태수가 되어 20년 동안 남가군을 다스려 태평성대를 이루니 왕도 그 소식을 듣고 그를 재상으로 삼았다. 순우분이 재상이 된 지 얼마 되지 않아 단라국(檀羅國)의 군대가 침략해 와 용감히 싸웠으나 크게 패하고 많은 군사가 목숨을 잃었다. 엎친 데 덮친 격으로 아내마저 세상을 떠나니 그는 낙담하여 관직을 사직하고 도성으로 돌아왔다. 그의 명성에 많은 추종자들이 모여들자 불안을 느낀 괴안국 왕은 순우분을 불러 이렇게 말했다.

"내 딸이 죽었으니 자네가 이 나라에 미련을 가질 이유가 없네. 이제 자네 고향으로 돌아가게나."

"저희 집은 여기인데 어디로 간단 말입니까?"

"자네는 원래 속세의 사람으로 여기는 자네의 집이 아니네."

그 순간 순우분은 잠에서 깨어나 정신을 차려보니 느티나무 아래에 누워있었다. 하도 이상한 생각에 느티나무를 살펴보니 뿌리에 구멍이 있고 성 모양을 한 커다란 개미굴이 보였는데 그것이 바로 괴안국이었다. 그는 남가일몽(南柯一夢)의 덧없음을 깨닫고 집으로 돌아와 두문불출하며 삶의 모든 쾌락을 멀리한 채 도학(道學)에 정진하게 되었다.

허탈

【출전】 이공좌(李公佐)의 남가기(南柯記)

南	柯	一	夢
남녘 **남**	가지 **가**	한 **일**	꿈 **몽**

123

百年河清

백 년 하 청

|뜻풀이| 황하의 물이 맑아지기를 기다린다는 뜻으로
아무리 기다려도 실현 가능성이 없는 일

【고사】 춘추전국시대 소국인 정(鄭)나라는 강대국 사이에 끼여 전쟁
과 주권 상실의 위협에 시달려야만 했다. 그런데 정나라는 초(楚)나라
의 속국격인 채(蔡)나라를 공격하여 화를 자초하였는데 초(楚)나라는
즉각 보복 공격하였다. 국가의 존망의 위기에 몰린 정나라는 대책을
강구하기 위해 회의를 열었으나 결론이 나지 않았다. 항복하여 백성

을 구하자는 항복론과 진(晉)나라에 구원병을 요청하여 전쟁을 벌이
자는 주전론(主戰論)이 팽팽히 대립하였다. 이때 자사(子駟)가 말하
기를,

"주(周)나라의 시에 이런 말이 있습니다. 황하의 물이 맑기를 기다리
는 것은 사람 수명으로는 맞지 않다. 여러 가지를 놓고 점을 친다면
그물에 얽힌 듯 갈피를 잡지 못한다(周詩有之曰 待河之清 人壽幾何
非云詢多 職競作羅)." 이 말은 무작정 진나라의 구원병을 기다리는
것은 황하의 물이 맑아지기를 기다리는 것과 같다는 의미로 사용한
것이다. 결국 정나라는 자사의 주장을 받아들여 초나라에 항복하고
위기를 모면하였다.

황하의 하류 지역은 중원으로 불리며 문명의 발상지면서 역대 왕조의 수도가 있었
다. 황하의 상류와 중류에서 유입되는 지류에는 대량의 황토를 포함하여 세계 최
대 운반량으로 알려져 있는데 많은 토사가 섞여 황하(黃河)라 불리게 되었다.

【출전】 춘추좌씨전(春秋左氏傳)의 양공(襄公) 8년조(8年條)

百	年	河	清
일백 **백**	해 **년(연)**	물 **하**	맑을 **청**

124

黔驢之技
검 려 지 기

|뜻풀이| 당나귀의 재주라는 뜻으로 걸치레 뿐이고 실속이 없음

【고사】 지금의 귀주성(貴州省)을 옛날에는 검(黔)이라고 했는데 그곳
에는 원래 당나귀(驢)라는 짐승이 없었다. 이 지방 사람 하나가 멀리
여행을 떠났다가 당나귀가 말보다 산에서 짐을 잘 나른다는 말을 듣
고 당나귀 한 마리를 사왔다. 그래서 검주산 기슭에서 기르게 되었는

데 그 산에는 호랑이 한 마리가 살고 있었다. 호랑이는 당나귀를 난생 처음 보았으므로 감히 접근하지 못하고 한동안 당나귀의 동태를 관찰하고 있었다. 그런데 아무리 봐도 당나귀가 별 볼 일 없는 것처럼 보이자 호랑이는 주위를 빙빙 돌면서 위협하는 시늉을 해 보였다. 호랑이의 무서움을 전혀 알지 못하는 당나귀는 성을 내며 뒷발질을 하기 시작했다. 한참동안 당나귀의 뒷발질을 보고 있던 호랑이가 당나귀의 기량(黔驢之技)이 별거 아닌 것을 알아 차리고 당나귀를 덮쳐 잡아먹어 버리고 말았다. 검려지기는 당나귀의 뒷발질처럼 보잘것 없는 기량을 비웃는 말로 기술과 기능이 부족함을 비유하거나 자신의 재주가 보잘것없음을 모르고 우쭐대다가 화를 자초함을 비유한 말이다.

【출전】 유종원(柳宗元)의 유하동집(柳河東集)

● 유종원은 중국 당나라의 문인이며 정치가이자 학자로 당송 8대가의 한 사람이다. 그의 문학적인 견해는 한유와 비슷하지만 사상적 입장에서는 서로 대립적이었다. 그의 산문 제재는 광범위하고 형식 또한 다양했으며 작품을 통해 관료를 비판하고 현실을 반영하는 한편, 정치적 좌절과 변방 생활에서 오는 우울과 고민을 술회하여 사상과 문학을 더욱 심화시켰다.

黔	驢	之	技
검을 **검**	당나귀 **려**	갈 **지**	재주 **기**

125

와 우 각 상 지 쟁

蝸牛角上之爭

|뜻풀이| 보잘것 없는 일로 아무런 이득도 없이 다투는 것

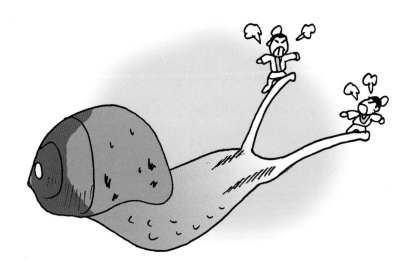

【고사】 위(魏)나라 혜왕과 제(齊)나라 위왕은 불가침 동맹을 맺었는데 위왕이 배반하여 혜왕은 자객을 보내 그를 죽이려 했다. 이때 혜왕의 신하 공손연(公孫衍)은 천하의 군주가 사람을 보내 원수를 갚고자 함은 부끄러운 일이니 군사를 일으켜 응징할 것을 주장했고 계자(季子)는 전쟁을 일으킴은 무고한 백성들에게 짐을 지우는 것이라 해서 반

대하였다. 첨예한 대립에 혜왕이 어느쪽의 말을 들어야 할지 망설이고 있자 재상인 혜자(惠子)가 현자인 대진인(戴晉人)과 혜왕을 만나게 했다.

대진인이 말했다. "달팽이의 왼쪽 뿔 위에는 촉씨(觸氏)라는 나라가 있고 오른쪽 뿔 위에는 만씨(蠻氏)라는 나라가 있었습니다. 이들이 영토 싸움을 벌였는데 죽은 자가 수만이고, 달아나는 적을 보름이나 추격한 일도 있었습니다." "세상에 그런 허황된 이야기가 어디 있소." 혜왕이 어이없어하자 대진인은 "왕께서는 우주가 끝이 있다고 생각하십니까? 무한한 우주에 비하면 제나라와 위나라는 달팽이 더듬이 위의 촉씨와 만씨에 다를 것이 무엇입니까?"하였다. 대진인이 물러나고 혜왕은 새삼 탄복하여 말했다. "그는 참으로 위대하구나. 성인도 그에게는 미치지 못하리라." 와우각상지쟁이란 달팽이 더듬이 위에서의 싸움이라는 말로 거창한 싸움 같지만 사실은 하찮은 일에 불과하다는 뜻이다.

【출전】 장자의 즉양편(則陽篇)

蝸	牛	角	上	之	爭
달팽이 와	소 우	뿔 각	윗 상	어조사 지	다툴 쟁

126

龍頭蛇尾

<ruby>龍<rt>용</rt></ruby> <ruby>頭<rt>두</rt></ruby> <ruby>蛇<rt>사</rt></ruby> <ruby>尾<rt>미</rt></ruby>

|뜻풀이| 용의 머리에 뱀의 꼬리. 시작은 그럴듯해도 끝이 허망함

【고사】 용흥사(龍興寺)라는 절에 진존숙(陣尊宿)이란 이름난 스님이
있었다. 그는 도를 깨치기 위해 절을 떠나 각지로 돌아다니면서 나그
네들을 위해 짚신을 삼아 길에 걸어두었다. 진존숙이 나이 들었을 때
의 일이다. 어느 날 용흥사에 낯선 중이 찾아와 진존숙이 화두를 던지

자 그 중은 갑자기 '허헛!' 하고 호령을 하는 것이었다. 진존숙은 '허허, 이거 야단맞았군.' 하고 상대를 바라보자 또 한 번 "허헛!"하고 꾸중을 하는 것이었다. 상대방의 재치 빠른 태도와 깊은 호흡은 상당한 수양을 쌓은 듯 하였으나 찬찬히 살펴보니 참으로 도를 깨치지는 못한 것 같았다. 진존숙은 속으로 '이 중이 얼른 보기에는 그럴듯하지만 역시 참으로 도를 깨치지는 못한 것 같다. 모르긴 하지만 한갓 용의 머리에 뱀의 꼬리가 아닐까(似則似 是則未是 只恐龍頭蛇尾)?'라고 생각하였다. "도형께서는 지금 자꾸 허세를 부리고 있는데 소승의 질문에 무엇으로 마무리를 지을 것이요?"하고 묻자 그 승려는 슬그머니 사라지고 말았다.

화두(話頭)는 말보다 앞서 가는 것, 언어 이전의 소식이라는 뜻을 담고 있다. 따라서 불교의 근본진리를 묻는 물음에 대하여 의문을 일으켜 깨달음을 구하는 언어와 행동을 말하는 것이다. 오늘날 화두는 선불교의 전유물에서 벗어나 지속적인 관심이나 몰입의 대상이라는 의미로 흔히 쓰이고 있으나 여전히 화두는 일반인이 쉽게 접근할 수 없는 신성하고 초월적인 수행의 핵심으로 받아들여지고 있다.

【출전】벽암집(碧岩集)

龍	頭	蛇	尾
용 **용**	머리 **두**	긴뱀 **사**	꼬리 **미**

127

鐵面皮

|뜻풀이| 얼굴이 두꺼워 자신의 이익을 위해 아첨을 일삼는
파렴치한 인간

【고사】송대 손광헌(孫光憲)이 지은 북몽쇄언에 진사(進士) 왕광원(王
光遠)은 뛰어난 인물이었으나 출세욕이 지나쳐 권문세가(權門勢家)
를 따라다니며 아부를 일삼았다. 하루는 어느 고관이 술에 취해 왕광
원에게 시비를 걸며 사정없이 매질을 하였으나 그는 조금도 화를 내

지 않고 오히려 고관의 비위를 맞춰 주었다. 이 광경을 지켜보던 그의 친구가 왕광원을 질타하자 그는 "실세에게 잘 보여서 손해 볼 것이 없지 않겠나."라고 대답했다. 사람들은 왕광원을 비웃으며 이렇게 말했다. "광원의 낯가죽은 두껍기가 철갑 열장을 두른 것과 같다(光遠顏厚如十重鐵甲)."라고 했다.

철면이 꼭 나쁜 뜻으로 쓰인 것만은 아닌데 송(宋)나라의 조변(趙卞)은 전중시어사(殿中侍御史–관리의 부정을 감찰하는 벼슬)가 되자 권력자이거나 천자의 총애를 받는 사람이거나 직위를 가리지 않고 엄단하여 사람들은 그를 철면어사(鐵面御史)라 불렀다. 또, 송(宋)나라 조선의(趙善宜)는 선교랑(宣敎郎)에 임명되어 숭안현의 지사가 되었는데 현정(縣政)을 보살핌에 있어 법률을 엄격하게 지켰기 때문에 사람들은 그를 조철면(趙鐵面)이라고 불렀다. 이는 강직과 준엄함을 나타내는 뜻이나 오늘날에는 보통 뻔뻔스럽고 염치없는 사람을 이르는 말이 되었다.

【출전】 북몽쇄언(北蒙鎖言)

鐵	面	皮
쇠 철	낯 면	가죽 피

허탈

128

匹夫之勇

|뜻풀이| 혈기만 믿고 마구 날뛰는 행동

【고사】 제(齊)나라 선왕(宣王)이 맹자에게 이웃나라와 잘 지낼 수 있는 방법이 있는가를 물었다. 맹자가 대답하기를 "오직 인자(仁者)라야 능히 큰 나라로써 작은 나라를 섬길 수 있습니다. 은나라의 탕왕(湯王)이 갈(葛)나라를 섬기고 주문왕(周文王)이 곤이(昆夷)를 섬겼습니다. 그리고 오직 지혜있는 왕이라야 작은 나라로서 큰 나라를 섬길 수

있는데 주태왕(周太王, 주문왕의 아버지)이 훈육을 섬겼고, 월왕 구천(勾踐)이 오(吳)나라를 섬겼습니다. 대국의 입장에서 소국을 섬기는 자는 하늘을 즐거워하는 자이고, 소국의 입장에서 대국을 섬기는 자는 하늘을 두려워하는 자이니 하늘을 즐거워하는 자는 천하를 보전하고 하늘을 두려워하는 자는 자기 나라를 보전합니다. 시경에 이르기를 하늘의 위엄을 두려워하여 이에 보전한다 하였습니다.”

그러나 제나라의 선왕은 부국강병을 이뤄 강대국이 되기를 원했으므로 “그런데 과인에게는 한 가지 병이 있으니, 과인은 용기를 좋아합니다.” 그러자 맹자는 “왕께서는 작은 용기을 좋아해서는 안됩니다. 검을 어루만지며 눈을 부릅뜨고 너 같은 자는 나의 적수가 아니라고 협박하는 것은 한낱 필부의 용기로 기껏해야 한 사람을 상대하는 것밖에 안됩니다. 청컨대 부디 좀 더 큰 용기를 가지십시오(王請無好小勇夫撫劍疾視曰 彼惡敢當我哉 此匹夫之勇 敵一人者也 王請大之).” 했다.

허탈

사기(史記) 〈淮陰侯列傳〉에 한신이 항우를 평하는 글에 “항왕(項王)의 대성질타(大聲叱咤)는 모든 사람이 다 겁을 먹고 주저앉아 버리나 그는 능력 있는 장수를 쓰지 못하였기 때문에 결국 항우의 용맹은 필부의 용맹에 지나지 않았다(項王大聲叱咤 千人皆發 然不能任屬賢將 此特匹夫之勇耳)”고 하였다.

【출전】 맹자의 양혜왕하(梁惠王下)

匹	夫	之	勇
짝 필	지아비 부	갈 지	날랠 용

273

129

狡兔死良狗烹

교 토 사 양 구 팽

|뜻풀이| 교활한 토끼가 잡히면 사냥개는 잡아먹힌다는 뜻
유용할때는 쓰고 목적을 달성하면 버림

【고사】 천하를 차지하여 한나라를 세운 유방은 정권 유지에 장애가
될 인물과 항우와 싸울 때 자기를 지나치게 괴롭힌 자들을 색출하고
있었다. 전자로는 한신이 첫째며, 후자로는 항우의 용장이었던 종리
매(鍾離昧)가 있었다. 한신에게 종리매를 체포하도록 명령했으나 종
리매와 친교가 두터웠던 한신은 도리어 숨겨주고 있었다. 어떤 자가
이를 알고 한신이 역심을 품고 있다고 모함을 하자 진평이 계책을 내
서 고조가 제후들에게 초(楚)나라 서쪽 경계인 진(陣)에 모이라는 교

서를 내렸다. 이 교서를 받은 한신은 '나는 아무런 잘못이 없다'고 생각하고 고조를 배알하려고 하자 평소 술수가 남다른 가신이 한신에게 속삭였다. "종리매의 목을 가지고 배알하시면 천자도 기뻐하시고 주군께서도 별일 없을 것입니다." 그 말을 옳다고 생각한 한신은 종리매에게 그 사실을 알렸다. 그러자 종리매는, "고조가 초나라를 침범하지 못하는 이유는 자네의 병법과 모사인 내가 자네집에 있기 때문이다. 그런데 나를 고조에게 바치고 나면 자네 운명도 얼마 못 가네. 자네의 생각이 그 정도라니 내가 자네를 잘못 보았네."하고 스스로 목을 쳤다. 한신은 종리매의 목을 가지고 진(陳)으로 갔으나 종리매의 예측대로 체포되고 말았다. 한신은 분에 못이겨 "교활한 토끼가 죽으면 사냥개가 죽음을 당하고, 나는 새가 없어지면 활은 감추어지고, 적국을 파멸시키면 모신은 망한다(狡兎死良狗烹 飛鳥盡良弓藏 敵國破謨臣亡)고 하더니 온갖 충성을 다한 내가 이번에는 고조의 손에 죽는구나." 그러나 고조는 한신을 죽이지는 않고 초왕의 자리에서 회음후(淮陰候)로 좌천시켰다.

범려는 월왕 구천을 도와 오나라를 멸한 다음 구천을 남방의 패자로 만들고 즉시 사표를 내고 제(齊)나라로 떠났다. 그리고 같이 일한 대부(大夫) 종(鍾)에게 빨리 월왕의 곁을 떠나라고 편지를 보냈다. 이유는 구천과는 고난을 같이 할 수는 있어도 영광은 함께 누릴 수 없는 인물이기 때문이라는 것이다. 대부 종은 그말을 듣지 않고 벼슬만 그만 두면 되겠지 했으나 결국 월왕 구천에 의해 억울한 죽음을 당하고 말았다.

【출전】사기의 회음후열전(淮陰候列傳)

狡	兎	死	良	狗	烹
교활할 교	토끼 토	죽을 사	어질 양	개 구	삶을 팽

275

130

巧言令色

|뜻풀이| 남의 비위를 맞추는 교묘한 말과 아첨하는
얼굴색을 하는 소인배

【고사】 논어의 학이편에 공자(孔子)가 말하길 "교묘한 말과 아첨하는
얼굴을 하는 사람 중 마음씨가 어질고 진실한 사람은 적다(巧言令色
鮮矣仁)."라고 했다. 이 말은 그럴듯하게 꾸며 남의 비위를 맞추며 생
글생글 웃는 것은 자기의 사리사욕을 채우기 위해서이기 때문에 마음
씨가 참되고 어질 수 없다는 것이다. 그러므로 그런 사람을 신용하면

반드시 후회하게 되니 아첨을 경계하라는 가르침이다.

또 논어의 자로편(子路篇)에 공자가 제자 자로에게 말하길 "나는 말을 잘한다고 해서 그 사람을 믿을 수 없다. 왜냐하면 진정으로 도를 실천하려는 사람인지 겉으로만 그럴듯하게 위장하고 있는 사람인지 판단할 수 없기 때문이다. 우리는 정면으로 반대할 수 없는 논리로 장식된 악한 행위가 있음을 알아야 한다. 자신의 선을 행하기 위해 남을 망치게 하는 일도 그런 행위의 하나다. 그러한 행위를 하는 자는 언제나 훌륭한 논리를 구사한다. 그러므로 나는 그러한 논리를 교묘히 구사하는 혀를 갖고 있는 자를 마음으로부터 증오한다."

공자가 말하길 "강직 의연하고 질박 어눌한 사람은 인에 가깝다(剛毅木訥 近仁)." 이 말은 의지가 굳고 용기가 있으며 꾸밈이 없고 말수가 적은 사람은 인(덕을 갖춘 군자)에 가깝다는 뜻이다.

계략

공자는 군자의 모습으로 내면적 덕과 외적 교양을 모두 갖춰야 한다고 생각했는데 "형식과 실질이 잘 어울려 조화를 이루어야 군자라 할 수 있다(文質彬彬 然後君子)." 라 했다. 이 말은 곧 겉모양의 아름다움과 속내의 미가 서로 잘 어울린 모양을 뜻하는 것으로 중용의 도리를 주장한 것이다.

[출전] 논어의 학이편(學而篇), 자로편(子路篇)

巧	言	令	色
공교할 교	말씀 언	하여금 영	빛 색

277

131

고 침 안 면

高枕安眠

|뜻풀이| 근심 걱정 없이 베개를 높이 하고 편안히 잠자는 것

【고사】 소진은 합종책으로 여섯 나라를 합쳐 진(秦)나라에 대항하려
고 힘썼다. 그러나 동문수학한 장의는 진에 복종하는 연횡책을 펼쳤
다. 장의는 진혜왕 10년에 진나라 군사를 이끌고 위나라를 침략하여
위나라 재상이 된 후 위애왕(魏哀王)에게 합종을 탈퇴하고 연횡에 가
담할 것을 권했다. 우선 위는 천리사방도 없고 병졸도 30만이 안 되는

약국이며 열국의 통로가 될 가능성이 많습니다. 남은 초, 서는 한, 북은 조, 동은 제와 국경을 이웃해서 그 어떤 나라와 동맹을 맺어도 다른 나라와 원한을 삽니다. 또 형제의 맹방을 맺어도 이익 앞에서는 합종은 허울 좋은 사기라고 말하며 '진을 섬기지 않으면 어떻게 될지 아느냐?'고 위협했다.

"진이 위와 조의 길을 끊고 한나라를 설득해 위를 공격한다면 위는 어떻게 되겠는가? 그러나 진을 섬기면 초와 한은 감히 움직이지 못할 것이다. 초와 한에 대한 근심이 없어지면 대왕은 베개를 높이 베고 잠을 잘 수 있으니(高枕安眠) 얼마나 좋은가? 또 진의 목적이 초에 있으므로 위와 함께 초를 공격하여 초를 나누어 갖자."고 설득했다. 고침안면은 여기서 나온 것이다.

【출전】 사기의 전국책(戰國策)

계략

高	枕	安	眠
높을 고	베개 침	편안 안	잘 면

132

焚書坑儒

분 서 갱 유

|뜻풀이| 책을 불사르고 선비들을 생매장시키는 독재

【고사】 진시황 34년 함양궁에서 술자리가 베풀어졌다. 이때 군현제도(郡縣制度)를 주장하는 복사(僕射) 주청신(周靑臣)과 봉건제도의 부활을 주장하는 박사(博士) 순우월(淳于越)이 시황 앞에서 대립된 의견을 놓고 다퉜다. 승상 이사(李斯)는 순우월의 의견을 못마땅하게 생각했다. 그는 봉건제도는 임금의 권위를 떨어뜨리고 당파를 조성하는 결과를 가져오게 되므로 이를 일체 금해야 한다고 말하였다. 또한 사관(史官)이 맡고 있는 진나라 기록 이외의 것은 태워 없애야 하며 의약, 복술, 농경 등에 관한

서적을 제외하고 30일 이내에 책을 태워 없애지 않는 사람은 묵형에 징역형을 처하라고 하면서, 만일 법령이나 학문을 배우고자 하는 사람은 관리에게 배우게 하자고 했다. 시황은 이사의 말을 채택하여 실시케 했는데 이것이 분서(焚書)다. 이듬해인 35년에 진시황이 불로장생을 원한 나머지 신선술을 가진 방사(方士)들을 불러 모았는데 그 중에서도 후생(侯生)과 노생(盧生)을 우대했다. 후한 대접을 받은 이 사람들이 시황제를 비난하면서 도망쳐 버리자 화가 머리끝까지 치민 시황제에게 정부를 비난하는 수상한 학자가 있다는 보고가 들어 왔다. 시황은 어사(御史)를 시켜 학자들을 모조리 잡아다가 심문하게 했다. 사실상 학자들은 시황제를 비난한 일이 없지도 않은지라 서로 책임전가를 하며 자기만 빠지려 했다. 그 결과 법에 저촉된 사람이 460여 명이나 되었으며 이들을 모두 함양성 안에 구덩이를 파고 묻게 했다. 이것이 바로 갱유(坑儒)라고 불리는데 두 사건을 합쳐 분서갱유(焚書坑儒)라고 한다.

계략

책을 태워 무식하게 만들어 관리의 지시만 무조건 따르게 하고 선비들을 묻어 죽임으로 입을 봉하고 독재만 하려는 진나라가 오래 못간 것은 독일의 히틀러와 비슷하다. 하지만 분서갱유를 대단치 않은 사건으로 보는 학자도 있다. 죽은 사람은 460명뿐이고 책들은 참고를 위해 몇 벌씩 정부 서고에 보관했다. 이 책마저 불사른 것은 항우였다. 권좌에 앉으면 분서갱유를 하고 싶은 욕망을 가지는 사람이 많다고 한다. 우리의 짧은 헌정사에서 언론을 통제하고 길들이며 자신들의 뜻대로 조종하려고 애쓰지 않은 정권이 없었다.

[출전] 사기의 진시황본기(秦始皇本紀)

焚	書	坑	儒
불사를 **분**	글 **서**	구덩이 **갱**	선비 **유**

133

首鼠兩端
수 서 양 단

|뜻풀이| 진퇴와 거취를 결단하지 못하고 관망하는 상태를 이름

【고사】 전한 제4대 경제(景帝)부터 제5대 무제(武帝)에 걸쳐 위기후 두영(竇嬰)과 무안후 전분(田分)은 계속 세력다툼을 하고 있었다. 위기후는 제3대 문제(文帝)의 오촌이고, 무안후는 경제의 황후 동생으로 한실(漢室)로서는 관계가 깊은 사이였다. 그런데 두영의 배경이던 두태후가 죽고, 전분의 배경인 왕태후(王太后)가 오르자 위기후는 몰

282

락할 수밖에 없었다. 어느 날 무안후가 새장가를 들고 축하연을 베풀었다. 그 자리에서 무안후는 위기후 쪽의 사람들에 대해 차별 대우를 하였다. 그것을 보다 못해 위기후의 친구인 용장 관부(灌夫)가 술김에 행패를 부리게 되었다. 무안후는 관부를 옥에 가두고 불경죄(不敬罪)를 씌워 사형에 처하고 가족까지 몰살시키려 했다. 그러자 위기후는 관부를 두둔하여 무제에게 상소를 올림으로써 이 문제가 조정의 공론에 붙이게 되었다. 무제(武帝)가 신하들에게 옳은 의견을 묻자, 어사대부 한안국(韓安國)은 "양쪽 모두가 일리가 있으므로 판단하기가 어렵습니다." 그 자리에 있던 내사(內使) 정당시(鄭當時)도 어물쩍 애매한 대답을 했다. 무제는 신하들의 애매모호한 태도에 화가 나서 공론을 중지시켰다. 자리에 물러나와 무안후는 어사대부를 불러 "너는 어찌하여 쥐가 구멍을 머리만 내밀고 나갈까 말까 망설이는 것처럼(首鼠兩端) 애매한 태도를 취하느냐?"고 책망을 했다. 어사 대부는 그때야 "제게 좋은 방안이 있습니다. 무안후께서 재상자리를 물러나 폐하에게 겸손함과 죄송한 태도를 보이며 처분만을 기다린다고 말씀하시면 무제께서 당신이 덕이 있다고 칭찬하실 것이며 위기후는 부끄러움에 자살까지 하지 않을까 합니다." 과연 어사대부의 말을 따른 결과 무안후는 더욱 신임을 얻고 위기후 일파는 모조리 처벌을 받는 결과가 되었다. 그러나 그 후 무안후도 병을 얻어 위기후와 관부에게 용서를 비는 헛소리를 하다가 죽고 말았다.

[출전] 사기의 위기무안열전(魏基武安列傳)

首	鼠	兩	端
머리 수	쥐 서	두 양	끝 단

계략

283

134

^식 ^언

食言

|뜻풀이| 말을 반복하거나 약속을 지키지 않고 거짓말하는 것

나는 거짓말을 하지 않는다.

【고사】 은나라 탕왕이 하나라 걸왕의 포악무도함을 보다 못하여 정벌할 군대를 일으켰을 때 영지에 있는 백성들에게 "그대들은 바라건대 나 한사람을 도와 하늘의 벌을 이루도록 하라. 나는 그대들에게 큰상을 주리라. 나는 거짓말을 하지 않는다(朕不食言)."라고 하였다. 또 식언이란 말은 춘추좌씨전(春秋左氏傳)에도 몇 군데 나온다. 그중에서

도 특히 재미있는 것은 노나라 애공(哀公)이 월나라로부터 들어왔을 때(BC 470) 계강자(季康子)와 맹무백(孟武伯)이란 두 대신이 오오(吾梧)란 곳까지 마중을 나와 그곳에서 축하연을 베풀었다. 술좌석에서 맹무백이 애공의 어자(御者)인 곽중(郭重)을 놀리며 "몸이 꽤 뚱뚱하다."고 하자 애공은 맹무백의 말을 받아 "이 사람(곽중)은 그대들이 한 험담을 많이 주워 먹었으니 살이 찔 수밖에 없지." 하고 뼈 있는 농담을 던졌다. 앞서 곽중은 두 대신이 임금의 험담을 하고 있다고 귀띔해 준 일이 있었다. 그래서 애공이 두 대신을 꼬집어서 그런 말을 한 것이다.

> 요즘 세상도 공돈을 벌고 일확천금하여 뚱뚱하게 된 자들이 식언을 잘하는 경향이 있다. 어쩌면 그들은 식언(食言)을 배짱이 두둑한 때문이라고 자부하고 있는지도 모른다.

계략

[출전] 서경의 탕서(湯誓), 춘추좌씨전(春秋左氏傳)

食	言
먹을 식	말씀 언

135

일 망 타 진

一網打盡

|뜻풀이| 죄지은 자들을 하나 남김없이 잡음

【고사】 송나라 제 4대 인종 황제(仁宗皇帝) 때 청렴하고 강직하기로 이름 높은 두연이 재상이 되었다. 당시 관습으로 황제가 신하들과 의논하지 않고 마음대로 은조(恩詔, 임금의 은혜로운 조칙)를 내리는 일이 있었는데 이것을 내강(內降)이라고 했다. 두연은 이 관습이 조정의 기강을 어지럽힌다고 하여 내강이 있어도 자기가 가지고 있다가

쌓이면 황제께 되돌려 보냈다. 황제는 간신(諫臣, 옳은 말로 간하는 신하)구양수와 의논을 했다. "짐의 내강을 두연이 무시하여 은조를 내려달라는 사람은 많고 짐의 처신이 어렵네." 구양수는 두연을 두둔했다. 그러나 조정에서는 비난의 소리가 높았고, 특히 두연 때문에 성지(聖旨)가 무시된 자들은 두연을 원망하고 그를 실각시킬 기회만 노리고 있었다. 마침 그때 두연의 사위인 소순흠이 반고지(反故紙)를 판 돈(국고금)으로 신을 제사하고 관청의 손님을 초대하고 기녀를 불러 성대한 주연을 베풀었다. 두연 때문에 파면된 하송의 일파인 어사 왕공진이 곧 소순흠을 탄핵하여, 그 일당을 모조리 하옥시키고 "나는 한 그물로 한 사람도 남기지 않고 모두 제거했다(吾一網打盡矣)."라고 하며 기뻐했다고 한다. 결국 이사건 때문에 청렴결백하고 조정의 기강을 세우려던 두연도 겨우 70일로 재상의 자리를 물러나게 되었다.

[출전] 송사(宋史)의 인송기(仁宋紀)

一	網	打	盡
한 **일**	그물 **망**	칠 **타**	다할 **진**

136

内憂外患

_내 _우 _외 _환

|뜻풀이| 안의 근심 밖의 걱정, 사람은 걱정 속에서 산다는 것

【고사】 춘추 시대 중엽에 세력이 강대한 초나라와 진(晋)나라가 대립한 시대가 있었다. BC 575년에 진나라와 초나라의 두 군대는 언릉(鄢陵)에서 마주쳤다. 당시에 진(晋)나라의 내부에서는 극씨, 낙서, 범문자 등의 대부(大夫)들이 정치를 좌우할 만큼 세력을 가지고 있었다. 이보다 앞서 낙서(樂書)는 진나라에 항거한 정(鄭)나라를 치기 위하여

동원령을 내리고 스스로 중군(中軍)의 장군이 되고 범문자(范文子)는 부장군이 되었지만, 막상 진(晋)나라와 초(楚)나라의 두 군대가 충돌하자 낙서는 초(楚)나라와 싸울 것을 주장했다. 범문자는 이에 반대하여 제후로 있는 사람이 반란하면 이것을 토벌하고 공격을 당하면 이를 구원하여 나라는 혼란해지는 것처럼 제후는 어려움의 근본이라고 지적하여 말했다. "오직 성인이라면 안으로부터의 근심도, 밖으로부터의 재난도 능히 견디지만(唯聖人耳 能無外患 又無內憂) 우리들에게는 밖으로부터의 재난이 없으면, 반드시 안으로부터 일어나는 근심이 있다. 초(楚)나라와 정(鄭)나라는 잠시 놓아두워 밖으로부터의 근심을 내버려 두지 않겠는가?" 하고 말한 것이다. 내우외환은 여기서 유래했다.

【출전】 국어(國語)의 진어(晋語)

경계

内	憂	外	患
안 내	근심 우	바깥 외	근심 환

137

馬耳東風

마 이 동 풍

|뜻풀이| 봄바람이 말의 귀를 지나간다는 뜻으로
다른 사람의 말을 귀담아 듣지 않는다는 것

【고사】 왕십이(王十二)란 사람이 당시의 정치 현실에 대하여 심각한
비판을 제시하며 자신의 불우(不遇)함을 '추운 밤에 홀로 술잔을 기울
이며 느낀 바 있어서(寒夜獨酌有懷)'라는 시(時)를 보내온 것에 대해
이백(李白)이 '왕십이의 추운 밤에 홀로 앉아 술잔을 기울이며 품은
생각에 답하다(答王十二寒夜獨酌有懷).'라는 시를 보냈다. 내용인

즉, "술을 마셔 만고의 쓸쓸함을 씻어 버리게. 그대처럼 고결하고 뛰어난 인물은 지금 세상에서는 쓰이지 못함이 당연하네. 지금 세상은 투계(鬪鷄, 당시 왕후 귀족 사이에서 즐겨 유행되었다)의 기술이 뛰어난 인간이 천자의 사랑을 얻을 수 있고, 그렇지 않으면 만적(蠻賊)의 침입을 막아 공을 세운 인간이 권력을 잡고 거드름을 피우는 세상이다. 물론 자네나 나는 그런 인간들의 흉내를 낼 수 없다. 우리는 시(時)를 읊거나 부(賦)를 짓는다. 그것이 아무리 걸작이라도 지금 세상에서는 한 잔의 물만한 가치도 인정하려 하지 않는다. 세상 사람들이 시나 부를 들으면 다 머리를 흔드네. 한가한 동풍이 말의 귀를 쏘는 것 같아서 아프지도 가렵지도 않는 모양과 같네(如東風射馬耳)." 이처럼 이백은 보답 받는 일에 박했던 옛사람들의 예를 열거하며 억지로 영화 따위는 바라지 않는 것이 좋지 않으냐고 끝맺고 있다. 여기에 나온 마이동풍은 무슨 말을 해도 느끼지 못하거나 남이 하는 일에 상관하지 않을 때 쓰인다.

【출전】 이백의 답왕십이한야독작유회(答王十二寒夜獨酌有懷)

경계

馬	耳	東	風
말 마	귀 이	동녘 동	바람 풍

291

138

暗中摸索

|뜻풀이| 어둠 속에서 손을 더듬어 찾는다는 뜻으로 확실한
방법을 모른 채 어림으로 맞히는 것

【고사】 당나라 3대 고종이 황후인 왕씨를 폐하고 무씨(則天武氏)를 왕
후로 맞이하려 할 때 왕씨를 지지하는 장손무기(長孫無忌) 등의 중신
들을 압도한 무씨 옹립파의 중심인물로 후에 재상이 된 허경종이라는
사람이 있었다. 그는 대대로 남조(南朝)의 벼슬을 한 집안 사람으로

문장의 명수이기도 했으나 성격이 경솔하여 사람을 만나도 대체로 그 얼굴을 잊어버리는 버릇이 있었다. 어떤 사람이 허경종을 만나서 "당신은 학문은 깊은 사람이 사람의 얼굴을 잘 기억하지 못하는데 일부러 모르는 체 하는 것이 아니냐."고 물었다. 허경종은 "평범한 사람들의 얼굴이야 기억하는 것이 어렵지만 하손, 유효작, 심약 같은 문단의 대가들이야 어둠속에서 손으로 더듬어 찾듯(暗中摸索) 기억할 수 있소."라고 말했다. 하손과 유효작은 문장으로써 하(河), 유(劉)라고 불리우고 심약과 사조는 무제가 즉위와 동시에 재상으로 발탁되어 문화국가 건설에 참여한 교양 있는 문인들이었다.

암중모색은 '어둠속에서 손으로 더듬어 물건을 찾는다'에서 '손 붙일 곳이 없는 사물을 찾아 구한다'로 지금은 '상대가 눈치 채지 않게 조사하는 것'으로 변했다.

【출전】 수당가화(隨唐佳話)

경계

暗	中	摸	索
어두울 **암**	가운데 **중**	본뜰 **모**	찾을 **색**

139

^은 ^감 ^불 ^원

殷鑑不遠

|뜻풀이| 은나라 왕이 거울삼을 만한 것은 먼 데 있지 않다는 뜻
본받을 만한 전례는 가까이 있다는 것을 말함

【고사】 하나라가 마지막 왕 걸왕의 포학과 방탕으로 망하고 탕왕이
은나라를 세워 600년을 내려오다 28대 주왕(紂王)때 망한다. 주왕은
육체적인 조건은 좋았으나 정신적으로 병이 들어 달기라는 여인에게
빠져 음탕하고 포악한 정치를 하여 멸망을 자초한 것이다. 당시 은나

라에는 삼공(三公) 중에 뒤에 주 문왕이 되는 서백(西伯)이 주왕에게 간하는 내용의 시경(詩經)은 다음과 같다. 문왕이 탄식하며 말하기를, (탕편 제8장에 보면)

슬프다. 너, 은상(殷商)아! 사람이 또한 말이 있다
넘어지고 쓰러진 것을 일으켜보니
가지와 잎은 피해가 없어도 뿌리는 먼저 쓰러진다고
은나라의 거울은 멀지 않았다(不殷鑒遠)
하우의 세상에 그것은 있다(在夏后之世)

풀이해 보면 은의 왕이 거울 삼을 만한 것은 먼데 있지 않고, 하나라 걸왕 때 있다라는 뜻이다. 그러나 이러한 충언도 무시하며 음락에 빠져 헤나오지 못하던 주왕은 주나라 무왕에게 천하를 내주고 만다.

【출전】 시경의 대아탕편 (大雅蕩篇)

경계

殷	鑑	不	遠
은나라 **은**	거울 **감**	아닐 **불**	멀 **원**

140

청 천 벽 력

青天霹靂

|뜻풀이| 맑게 개인 하늘에서 벼락치듯 뜻밖의 재난이나 변고

【고사】 남송의 시인 육유는 자신의 뛰어난 필치(筆致)를 가리켜, "푸른 하늘에 벽력을 날린 듯하다."고 했다. 그 시를 보면,

"방옹(放翁)이 병든 채 가을을 지나려다가
홀연히 일어나 취한 듯이 붓을 놀린다

정말로 오랫동안 웅크렸던 용처럼

푸른 하늘에서 벽력이 휘몰아치듯하다(靑天飛霹靂)

비록 이 글이 괴이하게 기이한 듯하나

가엾게 여겨준다면 볼만도 하리라

하루 아침에 이 늙은이가 죽기라도 하면

천금으로 구해도 얻지 못한다”

여기서 방옹은 육유가 만년에 즐겨 쓰던 호이며 이 시의 제목을 참조할 때 닭도 안우는 늦가을의 어느 새벽에 병상을 박차고 일어나 흥이 나는 대로 붓을 놀려 썼던 모양이다. 이 시에서의 청천벽력은 붓놀림의 웅혼(雄渾)함을 비유하기도 했지만, 병자의 돌연한 행동도 암시하는 듯하다.

[출전] 육유(陸游)의 구월사일 계미명기작(九月四日 鷄未鳴起作)

경계

靑	天	霹	靂
푸를 **청**	하늘 **천**	벼락 **벽**	벼락 **력**

141

초 미 지 급

焦眉之急

|뜻풀이| 눈썹이 타게 될 만큼 위급하고 다급한 일의 경우

【고사】 금릉(金陵, 南京) 장산(莊山)의 법천불해선사(法泉佛海禪師)
는 만년에 나라의 어명으로 대상국지해선사(大相國智海禪寺)의 주
지로 임명되자 중들을 보고 물었다. "주지로 가는 것이 옳겠는가 이곳
장산에 그냥 있는 것이 옳겠는가?" 도를 닦아야 하느냐 출세를 해야

298

하느냐고 물은 것이다. 아무도 대답하는 사람이 없었다. 그러자 선사는 붓을 들어 명리(名利)를 초탈한 경지를 게(偈)로 쓴 다음 좌화(座化-앉은 채 세상을 떠남)했다. 선사가 살아계실 때 중들로부터 받은 여러가지 질문 가운데 "어느 것이 가장 급박한 글귀가 되겠습니까(如何是急切一句)?"의 대답으로 "불이 눈썹을 태우는 것이다(火燒眉毛)." 이 화소미모가 소미지급(燒眉之急)이 되고 소미지급이 변해서 초미지급(焦眉之急)이 되었다고 한다. 같은 뜻의 연미지급(然眉之急)이 있으며 초미(焦眉)만으로도 같은 의미로 사용된다.

【출전】 오등회원(五燈會元)

● 오등회원은 경덕전등록(景德傳燈錄) 등 송대에 발간된 다섯 가지의 불법을 해석하여 하나로 엮은 것이다. 저자는 혜명으로 되어 있으나 영은사의 대천보제(大川普濟)가 혜명 등 여러 제자에게 명하여 만들었다고 한다. 오가칠종(五家七宗 - 당·송대에 형성된 선종의 일곱 종파)을 중심으로 각 종파별 선사들을 소개하고 그들의 법어와 게송(부처의 공덕이나 가르침을 찬하는 노래)을 서술한 것이 주를 이룬다.

경계

焦	眉	之	急
탈 초	눈썹 미	갈 지	급할 급

142

漁夫之利
어 부 지 리

|뜻풀이| 둘이 다투는 사이에 제삼자가 이익을 보다

【고사】 전국시대 연(燕)나라는 서쪽으로는 조(趙)나라에, 남쪽으로는 제(齊)나라로부터 계속적인 위협을 받고 있었다. 조나라가 또 연나라를 공격하려고 하자 연나라에서는 합종책(合從策)으로 유명한 소진의 동생 소대를 조나라 혜왕(惠王)에게 보내 설득을 하게 했다.

"제가 조나라로 오는 도중 역수(易水)를 지나다 강변에서 큰 조개가 살을 드러내고 햇볕을 쬐고 있는 것을 보았습니다. 그때 도요새가 나타나 조갯살을 쪼아대자 조개는 껍질을 닫아 도요새의 부리를 꽉 물었습니다. 도요새가 말하기를 '오늘도 비가 오지 않고 내일도 비가 오지 않는다면 너는 말라 죽고 말것이다.'라고 하자 큰 조개도 '내가 오늘도 놓지 않고 내일도 널 놓지 않으면 너야말로 죽고 말것이다.'라고 말하며 어느 쪽도 지려고 하지 않았습니다. 이때 그곳을 지나가던 어부는 '얼씨구 횡재다' 하고 그들을 간단히 잡아가 버렸습니다. 연과 조가 헛된 싸움을 하면 저 진(秦)나라가 힘도 들이지 않고 연과 조를 집어 삼킬 것입니다." 조왕은 이 말을 듣고 연나라 공격 계획을 취소했다.

【출전】 전국책(戰國策)

경계

漁	夫	之	利
고기잡을 **어**	지아비 **부**	갈 **지**	이로울 **리**

老馬之智

노 마 지 지

143

|뜻풀이| 늙은 말의 지혜처럼 인간도 연륜이 깊으면
나름의 장점과 특징이 있음을 의미함

【고사】 춘추 시대 제 환공이 관중(管仲)과 습붕(隰朋)을 대동하고 고죽
국(孤竹國)을 정벌하였다. 봄에 가서 겨울에 돌아오게 되었으므로 아
득하여 길을 잃었다. 관중이 말하기를 "늙은 말의 지혜를 이용하는
것이 좋겠다(老馬之智可用也)."하고 곧 늙은 말을 풀어 놓았다. 그리

고 그 뒤를 따라가서 길을 찾았다. 그 다음에 물이 없었다. 습붕이 말하기를 "개미는 겨울엔 양지, 여름엔 산의 음지 쪽에 사는데 개미 둑이 한 치만 되면 그곳에는 물이 있는 법입니다." 그 말대로 땅을 파서 물을 얻었다. 관중 같은 현인과 습붕과 같은 지혜 있는 사람도 늙은 말의 지혜나 개미의 환경을 본받는 것을 부끄럽게 여기지 않았다. '지금 사람들은 자기의 어리석은 마음을 가지고도 성인의 지혜를 본받으려 하지 않으니 이 얼마나 어리석은 행동인가?' 하고 한비자는 쓰고 있다. 이처럼 노마지지(老馬之智)는 아무리 하찮은 것일지라도 저마다 장점이 있음을 이르는 말이다.

【출전】 한비자의 설림편(設林篇)

● 한비자는 전국시대 한(韓)나라의 왕족으로 태어났으며 중국 고대의 이름난 사상가이자 법가학파를 대표하는 인물이다. 한비자는 한나라가 다른 나라의 침략으로 멸망의 위기에 처하자 왕에게 변법 개혁과 부국강병의 계책을 상소한 내용들이다.

선견

老	馬	之	智
늙을 노	말 마	갈 지	지혜 지

| 144 |

登泰小天

등 태 소 천

|뜻풀이| 태산에 오르면 천하가 작게 보인다

【고사】 공자께서 노나라 동산(東山)에 올라가서 노나라를 작게 여기
시고 태산에 올라가서는 천하를 작게 여기셨다. 그렇기 때문에 바다
를 구경한 사람에게는 어지간한 큰 강물 따위는 물같이 보이지가 않
고 성인(聖人)의 물에서 배운 사람에게는 어지간한 말들은 말같이 들
리지가 않는 법이다. 노나라 안에서는 노나라의 크고 작음을 느낄 수

없으나 동산에 올라가 노나라 전체를 보면 별 것 아님을 안다. 그러나 높이 솟아 있는 태산 위에 오르게 되면 노나라는 작은 점으로 천하마저 조그맣게 보이는 것이다. 이와 마찬가지로 바다를 구경한 사람은 강물이 너무나도 작게 생각되고 성인과 같은 위대한 분에게 조석으로 가르침을 받은 사람은 다른 사람에게는 좋게 들리고 훌륭하게 느껴졌던 말들이 한갓 말재주나 부린 알맹이 없는 것으로 느껴질 뿐이라는 것이다. 맹자의 뜻하는 바는 노나라나 중국 천하의 지형의 크고 작음에 대한 시각적 대소를 통해 성인의 교훈의 실천을 말하려 한 것이다. 맹자 자신도 공자 문하에 못 있어 보고 사숙(私淑)한 것을 아쉬워했다. 그러나 공자의 제자라 해서 공자의 학문과 교훈을 다 이해한 것이 아니다. 자로는 집에는 들어왔으나 방에까지는 들어가지 못했다고 논어(論語)에 있다. 누가 자공에게 "당신이 공자만 못한게 무어냐?"고 했을 때 "공자와 같아진다는 것은 사다리로 하늘을 오르는 것과 같다."고 했다.

공자같은 인물도 세상에서 자신의 뜻을 펼 수 없어 반생애를 주류천하로 보냈지만 그가 태산에 올랐을 때 그토록 애타게 돌아다닌 천하가 매우 작은 것으로 보였던 것이다. 사회적 동물인 인간이 세상을 떠나 살수는 없지만 너무 인간적인 것에만 매여 허덕이는 것은 바람직한 것이 아니다. 태산같은 사람, 큰 바다 같은 사람이 되기를 희망하는 사람이 많을 때 그 사회는 인의의 사회가 될 수 있을 것이다.

선견

[출전] 맹자의 진심상(眞心上)

登	泰	小	天
오를 **등**	클 **태**	작을 **소**	하늘 **천**

145

塞翁之馬

새 옹 지 마

|뜻풀이| 인간의 길흉화복은 변화무쌍하여 예측할 수 없다는 뜻

【고사】 북방 근처 가까이에 점을 잘 치는 사람이 살고 있었다. 하루는 그 노인의 말이 국경을 넘어 오랑캐 땅으로 도망을 쳤다. 마을 사람들이 찾아와 위로하자 그는 "이것이 복이 되어 돌아올지 어찌 알겠소." 하고 조금도 걱정하는 기색이 없었다. 몇 달이 지나자 도망갔던 그 말이 오랑캐의 좋은 말을 한 필 끌고 돌아왔다. 마을 사람들이 찾아와

횡재를 했다고 축하를 했다. 그러자 그 노인은 "이것이 또 화가 될지 누가 알겠소." 하였다. 어느 날 그의 아들이 말 타기를 하다가 떨어져 다리가 부러졌다. 사람들이 안되었다고 위로하자 "이것이 복이 될지 누가 알겠소."하며 슬픈 기색이 없었다. 그 후 1년, 오랑캐가 쳐들어와 마을 젊은이들이 다 전쟁터로 끌려 나가 전사자가 많았으나 노인의 아들은 불구자이기 때문에 전쟁터에 나가지 않고 목숨을 보전 할 수 있었다. 새옹지마(塞翁之馬)라는 말은 여기서 유래된 말로 인간의 길흉화복, 영고성쇠는 그 변화를 예측할 수 없다는 뜻으로 쓰인다. 새옹지마의 고사성어는 새옹득실(塞翁得失), 새옹화복(塞翁禍福), 인간만사 새옹지마(人間萬事 塞翁之馬)라고도 쓰인다. '인간만사 새옹지마'라는 말은 원(元)나라의 중 희회기(熙晦機)의 다음과 같은 시에서 유래한 것이다.

"인간만사는 새옹지마이니(人間萬事 塞翁之馬) 베개를 밀치고 집 가운데서 빗소리를 들으며 자네(推枕軒中聽雨眠)."

'인간만사 새옹지마' 라고 하여 이런들 어떠하며 저런들 어떠하리로 살라는 것은 아니다. 불행이 왔는가? 불행이 마지막이라고 절망하지 말라는 것이다. 행복이 왔는가? 행복이 영원하리라고 자만하지 말라는 것이다. 세상사는 행복과 불행, 화와 복이 도는 것이기 때문에 불행할 때는 행복이 찾아오도록 겸손하고 성실하게 살아야 할 것이고 부귀영화가 영원하리라고 향락하며 오만하지 말고 부귀영화가 오래 갈 수 있는 삶을 살아가라고 새옹지마는 가르쳐 주고 있다.

【출전】 회남자의 인간훈(人間訓)

塞	翁	之	馬
변방 새	늙은이 옹	갈 지	말 마

146

孤城落日

<ruby>孤<rt>고</rt></ruby> <ruby>城<rt>성</rt></ruby> <ruby>落<rt>낙</rt></ruby> <ruby>日<rt>일</rt></ruby>

|뜻풀이| 세력이 쇠퇴하여 고립무원의 상태를 말함

【고사】 "장군을 따라서 우현(右賢)을 취하고자 하니

모래밭으로 말을 달려 거연(居延)으로 향하네

멀리 한나라 사자가 소관(簫關)밖에 오는 것을 아노니

근심스러워 보이는구나 외로운 성에 해가 지니(孤城落日)"

이 시는 왕유(王維)가 평사(법에 따라 죄인을 다스리는 관직)를 맡아 서북 국경 밖으로 떠나야하는 친구를 위해 지은 송별시다. 여기서의 고성낙일은 멀리 외따로 떨어져 있는 성에 해마저 기울 때에 드는 쓸쓸함과 외로운 심정을 비유한 말로 그 안타까움을 위로하며 읊은 것이다. 그러나 보통 '고성낙일(孤城落日)'은 멸망의 그날을 초조히 기다리는 심정을 나타낸다.

【출전】 당(唐)나라 왕유(王維)의 시

● 중국 당(唐)나라의 시인이자 화가로서 당의 문화가 화려하게 꽃피우던 시기에 시인이자 화가로 이름을 떨쳤다. 자연을 소재로 한 서정시에 뛰어났고 요새 밖의 전쟁터를 묘사한 시가 많다. 그 내용은 주로 전쟁 중 원군을 기다리는 군사들의 절박한 심정과 석양을 바라보는 병사들의 외로운 심정 등을 은유적으로 읊은 시와 자연을 소재로 한 전원생활과 자연의 정취를 담은 작품들이 주를 이룬다.

신세

孤	城	落	日
외로울 고	재 성	떨어질 낙	날 일

147

四海兄弟

사　　해　　형　　제

|뜻풀이| 천하의 뭇 사람들은 모두 동포요, 형제라는 것

【고사】 공자의 제자에 사마우(司馬牛)가 있었다. 일설에는 사마우의
형인 환퇴(桓魋)는 악한 사람으로 송(宋)나라에서 반란을 꾀하다가 실
패하여 국외로 도망하였다고 한다. 사마우는 형이 언젠가는 죽을 것
이라고 괴로워하며, "사람들은 다 형제가 있는데 나만 없다."고 탄식

하자 자하(子夏)가 위로하기를 "내가 듣기로 사람의 생사는 명에 있고, 부귀는 하늘에 있으며, 군자가 공경하여 실수가 없고 사람들과 사귐에 공손하여 예절이 있으면, 천하 사람이 다 형제(四海兄弟 皆兄弟也)라고 하거니와 군자가 어찌 형제가 없음을 근심하겠소." 하였다. 사마우가 환퇴의 동생인지는 확실하지 않지만 사해형제는 여기서 유래되었다고 한다.

[출전] 논어의 안연편(顔淵篇)

● 논어는 중복된 구절과 통일된 편제를 갖고 있지는 않지만 현존하는 20편을 살펴보면 공자의 중심 사상과 철학적 개념들이 일관된 구조를 이루고 있어 공자의 유가 사상을 이해하는데 큰 도움을 준다. 20편은 안연(顔淵), 학이(學而), 위정(爲政), 팔일(八佾), 이인(里仁), 공야장(公冶長), 옹야(雍也), 술이(述而), 태백(泰伯), 자한(子罕), 향당(鄕黨), 선진(先進), 자로(子路), 헌문(憲問), 위영공(衛靈公), 계씨(季氏), 양화(陽貨), 미자(微子), 자장(子張), 요왈(堯曰)이다.

[고사성어 더 알아보기]

• 由我之歎 (유아지탄) : 나로 말미암아 남에게 해가 미치게 되는 것을 걱정함.
• 韋弦之佩 (위현지패) : 자기의 성질을 고치는 경계의 표지로 삼음.

신세

四	海	兄	弟
넉 사	바다 해	형 형	아우 제

春來不似春

춘	래	불	사	춘

148

|뜻풀이| 봄이 왔지만 봄 같지가 않다라는 뜻으로
자신의 처지를 비관함

【고사】 왕소군은 한의 원제(元帝)때 후궁(後宮)으로 양가(良家)의 출
신이며 이름은 장(嬙)이요, 자(字)가 소군(昭君)이었다. 그녀는 절세미
녀였으나 흉노(匈奴, 單于)와의 화친 정책에 의해 흉노로 시집을 가
게 된 불운한 여자였다. 그러한 그녀의 불운을 안타까이 여겨 읊은 시

가 많은데 이태백의 '왕소군'이란 시에,

소군 백옥안장을 떨쳤다 昭君拂玉鞍
말 위에 올라 홍안에서 눈물이 上馬啼紅顔
오늘은 한의 궁실 사람 今日漢宮人
내일이면 되땅의 첩이 될 몸 明朝胡地妾

또 다른 시인의 시에,

되땅에 꽃과 풀이 없으니 胡地無花草
봄이 와도 봄 같지 않으리 春來不似春
살풍경한 북녘 땅에 화초가 없다면 어찌 봄이라 하랴

【출전】 고시(古時)

春	來	不	似	春
봄 춘	올 래	아닐 불	닮을 사	봄 춘

149

후 생 가 외

後生可畏

|뜻풀이| 공부하면서 자라나는 젊은 사람이 두렵다는 것

【고사】 "뒤에 난 사람이 두렵다. 어떻게 앞으로 오는 사람들이 지금만 못할 줄을 알 수 있겠는가? 나이 4, 50이 되었는데도 이렇다 할 이름이 알려져 있지 않은 사람은 두려워할 것이 못된다(後生可畏 焉知來者之不如今也 四十五十而無聞焉 斯亦不足畏也已)." 논어(論語)에 있

314

는 공자의 말씀이다. 두려운 것은 무서운 것과 달라서 뒤에 태어난 사람, 후배들의 장래가 어디까지 뻗어 나갈지 헤아릴 수 없다는 기대 섞인 두려움이다. 대기만성(大器晩成)이 없는 것은 아니지만 그 사람의 성공이나 성취 척도는 40~50세면 대부분 판정이 난다. 독일의 비스마르크는 자기 또래를 대할 때는 고개 숙여 인사하는 법이 없었으나 젊은이들에게는 고개 숙여 인사했다고 한다. 자기 또래에서는 자기만 한 사람이 나올 수 없다는 것이다.

공자의 후생가외는 재주와 덕을 갖추었던 수제자 안회(顏回)를 두고 한 말로 안회의 인내심과 수양과 문일지십하는 재주에 스승인 공자도 두려움을 느꼈다고 할 수 있다. 후생을 두려워하고 그들이 재주를 마음껏 발휘 할 수 있도록 여건을 조성해 주는 것이 기성세대의 의무라고 생각한다.

【출전】 논어의 자한편 (子罕篇)

신세

後	生	可	畏
뒤 후	날 생	옳을 가	두려워할 외

<ruby>九<rt>구</rt></ruby> <ruby>死<rt>사</rt></ruby> <ruby>一<rt>일</rt></ruby> <ruby>生<rt>생</rt></ruby>

九死一生

|뜻풀이| 여러 번 죽을 고비를 간신히 넘김

【고사】 굴원은 전국 시대 초(楚)나라의 시인·정치가로 박학다식하고 변론에 뛰어났기 때문에 많은 활약을 하였으나 모략을 받아 두 번째 쫓겨나서는 멱나수에 빠져 죽었다. 그의 작품은 모두가 몽환적(夢幻的)인 세계를 묘사하여 고대 문학 가운데 드물게 서정성을 띠고 있으며 당시 조정 간신들의 발호, 임금에 대한 헌신을 알아보지 못하는 것

을 원망하는 내용이 들어 있다. 굴원의 사부와 그의 문하생 및 후인의 작품을 모은 책인 초사(楚辭)에 수록된 작품 25편 가운데 이소(離騷), 천문(天門), 구장(九章) 등이 남아 있는데 〈이소〉에는 '길게 한숨 쉬며 눈물을 닦으며 인생의 어려움이 많음을 슬퍼한다……. 그러나 자기 마음이 선하다고 믿고 있기 때문에 비록 아홉 번 죽을지라도 오히려 후회하는 일은 하지 않으리라(九死 猶未其悔).' 하는 구절이 있다.

구사일생(九死一生)은 여기서 유래된 말로 '아홉 번 죽어서 한 번을 살아나지 못한다 할지라도 아직 후회하고 원한을 품기에는 족하지 못하다' 라는 뜻에서 죽을 고비를 여러 차례 넘기고 간신히 살아난다는 말로 변했다.

【출전】 사기의 굴원 가생열전(屈原 賈生列傳)

九	死	一	生
아홉 구	죽을 사	한 일	날 생

생사

151

九牛一毛

구 우 일 모

|뜻풀이| 9마리 소털 중에 1개의 소털처럼 많은 것들 중에
극히 적은 것

【고사】 사기(史記)의 저자인 사마천(司馬遷)은 보임안서(報任安書)
의 전반에서, 자기가 이능(李陵, 전한 무제 때의 무장. 흉노와 싸우다
가 패하고 말았다. 그런데 전사한 줄 알았던 이능은 흉노에 투항하여
후대를 받고 있다는 것이다. 이에 무제는 화가 나서 그의 가족을 죽였

다.)을 변호했기 때문에 거세의 형벌을 받아 천하의 웃음거리가 되었지만 이것은 정말로 슬픈 일이며 투옥된 자의 하소연 할 수 없는 괴로움을 세상의 속인들에게는 말로 들려줄 수 없는 것이라고 쓰고 있다. 그 끝부분은 몹시 자조적(自嘲的)이다. "나의 아버님은 부부단서(剖符丹書)를 받을만한 공적도 없는 문사성력(文史星曆)의 계원으로 점장이의 부류였으며 원래 천자가 희롱하여 노니는 것을 상대하여 천한 배우와 같이 양상되어 세상 사람들이 가볍게 여기는 사람이었다. 설사 내가 법에 복종하여 죽임을 받을지라도 아홉 마리 소에서 한 개의 터럭(九牛一毛)을 잃는 것과 같아 벌레가 죽는 것과 무엇이 다르겠는가?" 괴로움이 충만된 이 자조적인 사건에는 가슴을 울려오는 뭉클함이 있고, 당대 사회의 비민주성에 대한 불만과 봉건 사회의 보통 백성들의 분노가 깃들어 있다.

사마천이 이런 수모를 당하면서도 살아간 것은 아버지 사마담의 제대로 된 역사책을 쓰라는 유언을 지키기 위해서 였다. 유언에 따라 사마천은 이미 〈사기〉를 기록하고 있었기 때문에 죽을 수가 없었다. 그 일이 있은 후 2년 후 세계의 명저로 꼽히는 〈사기〉 130여 권이 완성되어 오늘날까지 전해지고 있다.

【출전】 문선(文選)의 한서(漢書)

九	牛	一	毛
아홉 구	소 우	한 일	터럭 모

생사

319

152

기 사 회 생

起死回生

|뜻풀이| 죽을 고비에서 다시 살아남

【고사】 춘추시대 월(越)나라가 오왕 합려를 패사(敗死, 싸움에 져서 죽음) 했음에도 불구하고, 오왕 합려의 아들 부차가 이것을 용서하고 자기가 승리했을 때 은혜를 베풀자 월왕 구천은 "군왕(君王)이 월나라에 있어서는 이 죽은 사람을 일으켜서(起死人) 백골에 살을 붙인 것

과 같다. 과인은 감히 하늘의 재앙을 잊지 못하고 감히 군왕(君王)의 은혜를 잊을 수 없다."라는 말을 했다. 오왕(吳王) 부차는 월나라에 대하여 죽은 사람을 되살려 백골에 살을 붙인 것과 같은 큰 은혜를 베푼 것이다.

또 여씨춘추(呂氏春秋) 별류편(別類篇)에, 노나라 사람 공손작(公孫綽)이 "나는 죽은 사람을 살릴 수 있다." 사람들이 방법을 물어 보니 "나는 반신불수를 고칠 수 있다(起死回生). 반신불수를 고칠 수 있는 약을 배로 늘리면 죽은 사람도 살릴 것이다." 이 말은 물론 허풍쟁이의 말이지만 기사회생은 지금 '죽음에 임박한 환자를 되살린다' 또는 '위기에 처한 것을 구원하여 사태를 호전시킨다'는 뜻으로 쓰인다.

【출전】 국어(國語)의 오어(吳語)

[고사성어 더 알아보기]

- 丹脣皓齒(단순호치) : 붉은 입술과 하얀 치아라는 뜻. 아름다운 여자의 비유.
- 多事多難(다사다난) : 여러 가지 일과 이유가 서로 뒤얽혀 매우 복잡함.
- 杜門不出(두문불출) : 집에만 박혀 있어 세상밖에 나가지 않음.

起	死	回	生
일어날 기	죽을 사	돌아올 회	날 생

생사

153

수 구 초 심

首丘初心

|뜻풀이| 여우가 죽을 때 자기가 살던 언덕 쪽에 머리를
돌리듯 근본을 잊지 않는 것

【고사】 문왕과 무왕을 도와서 은나라를 멸하고 주(周)나라를 일으킨
여상(呂尙) 태공망(太公望)은 제(齊)나라에 있는 영구(營丘)에 봉해졌
지만 계속해서 5대에 이르기까지 주(周)의 호경(鎬京)에서 장례를 치
렀다. 군자께서 이르시기를 음악은 그 자연적으로 발생하는 바를 즐
기며 예(禮)란 그 근본을 잊어서는 안되는 것이다. 옛사람의 말에 이

르되, 여우가 죽을 때에 머리를 자기가 살던 굴 쪽으로 바르게 향하는 것을 인이라고 하였다(太公封於營丘 此及五世 皆反葬於周 君子曰 樂樂其所自生 禮不忘其本 古之人有言曰 狐死正 丘首仁也). 태어난 자리로 돌아가려고 하는 본능은 짐승이나 조류나 어류에도 있고, 인간도 수구초심적 행동이 강한 동물이다.

연어가 돌아오고 철새가 이동하며 나비가 몇 만리를 날아가는 것 등 조류나 어류의 고향 찾기는 유사 이래 계속되어 왔다. 1800년 가까이 나라 없이 유랑한 유태인이기에 그들의 고향 찾기, 언어, 종교, 민족 유지는 어느 나라보다 강하고 이스라엘 320만이 1억 아랍을 대적하고 있다.

[출전] 예기의 단궁상편(檀弓上篇)

● 예기는 오경(五經)의 하나로 일컬어지는 중국 고대 유가의 경전으로 예(禮)에 대한 기록 또는 주석의 뜻을 나타내고 있어 예기라 한 것이다. 대덕(戴德)과 대성(戴聖)은 흩어져 있는 예설들을 수집 편찬했는데 공자와 그의 제자들이 전파한 예에 대한 기록 등이 그것이다.

首	丘	初	心
머리 수	언덕 구	처음 초	마음 심

생사

轍鮒之急

|뜻풀이| 수레바퀴 자국 속의 붕어처럼 다급한 위기나 처지를
말하며 급히 구해주어야 할 형태를 말함

【고사】 장주(莊周, 莊子)가 어느 때 가세가 매우 어려워 감하후(監河侯)란 사람에게 양식을 빌리러 갔다. 감하후는 "좋소, 내 영지(領地)에서 세금이 들어오는 대로 삼백금을 빌려드리겠소." 장주는 화가 치밀어 정색을 하고 말했다. 내가 어제 이리로 오는데 부르는 소리가 들려

뒤돌아 보았더니 수레바퀴가 지나간 자리에 붕어가 있었소. 왜 불렀느냐고 물었더니 "나는 동해의 파신(波臣, 고기라는 뜻)인데 어떻게 한 두 바가지 물로 나를 살려 줄 수 없겠소." 하는 것이었소. 내가 "알았네. 내가 곧 오나라, 월나라 임금을 만나게 될테니 그때 서강의 물을 끌어다가 그대를 살려주겠네." 붕어가 화를 내며 이렇게 말했소. "나는 지금 죽느냐 사느냐의 고비에 있소. 한 두 바가지 물만 있으면 살 수 있소. 그런데 당신은 태평스럽게 당신 볼일을 끝내고 물을 따라 주겠다니 차라리 일찌감치 건어물 가게로 가서 나를 찾으시오."
장주의 뜻은 크고 작은 거라든가 많고 적은 것이 문제가 되지 않고 그 것을 어떻게 적절하게 쓰느냐 하는 것이 더욱 중요하다는 것이다.

【출전】 장자의 외물편(外物篇)

轍	鮒	之	急
바퀴자국 철	붕어 부	갈 지	급할 급

생사

표　사　유　피　인　사　유　명
豹死留皮人死留名

|뜻풀이| 표범은 죽어 가죽을 남기고 사람은 죽어 이름을 남긴다

【고사】 왕안장은 한갓 병졸에서 시작하여 후량(後梁, 太祖) 주전충(朱全忠)의 장군이 되었다. 그는 뛰어난 용기와 힘으로 쇠창을 옆에 끼고 삼국지 조자룡처럼 적진을 누벼 군사들은 그를 왕철창(王鐵槍)이라 불렀다. 그는 후량이 멸망할 때 겨우 500명의 기병을 거느리고 수도를 지키다 상처를 입고 포로가 되었다. 후당(後唐)의 장종(莊宗)

이존욱은 그의 무용을 아껴 부하가 되어 달라했다. 그러나 그는 "신은 패하와 10여 년이나 싸워 이제 패군지장이 되었습니다. 죽음 외에 또 무엇을 바라겠습니까? 또 아침에 양(梁)나라 저녁에 진(晉, 後唐)나라를 섬긴다면 살아서 무슨 면목으로 세상 사람들을 대하겠습니까?" 하고 죽음의 길을 택했다. 그는 글을 배우지 못해 무식했다. 그러나 "표범이 죽으면 가죽을 남기고 사람이 죽으면 이름을 남긴다(豹死留皮人死留名)."는 속담을 언제나 말하고 지키겠다고 하였다.

[출전] 신오대사 사절전(新五代史 死節傳)의 왕언장(王彦章)

● 신오대사(新五代史)는 북송의 구양수가 지은 중국의 오대십국(五代十國)시대를 다룬 역사서로 원래 이름은 오대사기(五代史紀)지만 설거정의 구오대사와 구별하기 위해 신오대사로 칭한다. 구오대사는 역대의 사료를 바탕으로 충실히 사실주의를 따르는데 비해 신오대사는 유교적가치관에 따라 군신관계와 부자관계 등의 봉건적 질서를 강조하고 있어 사료적 가치는 떨어지지만 글이 간결하고 호방할 뿐 아니라 서술의 일관성과 독창적 편집 등이 높게 평가 받고 있다.

생사

豹	死	留	皮	人	死	留	名
표범 표	죽을 사	머무를 유	가죽 피	사람 인	죽을 사	머무를 유	이름 명

난　형　난　제

難兄難弟

|뜻풀이| 서로 비슷하여 형과 아우를 분간하기 어렵다는 뜻

【고사】 후한(後漢)의 진식은 학식이 뛰어나고 청렴결백하여 모든 사람의 존경을 받았는데 그는 아들 진기(陳紀), 진심(陳諶)과 함께 명성을 얻어 삼군(三君)으로 불렸다. 진기에게는 아들 장문(長文)이 있었고 진심에게는 아들 효선(孝先)이 있었는데 어느날 장문과 효선이 누구의 아버지가 더 훌륭한지를 두고 논쟁을 벌이다가 할아버지 진식에

게 도움을 청하기로 했다. 난처해진 진식은 이렇게 말했다.

"너희들의 아버지는 나이를 따진다면 분명 형제간이지만, 품성이나 학문에서는 형을 형이라 하기도 어렵고 아우를 아우라 하기도 어렵다 (元方難爲兄 季方難爲弟)."고 말했다. 이 뜻은 형이라 하기도 어렵고 아우라 하기도 어렵게 재능이 비슷해서 우열을 가리기 곤란함을 비유한 말이다.

[출전] 세설신어의 덕행편(德行篇)

● 송나라 문인 유의경(劉義慶)의 작품이다. 후한(後漢) 말부터 동진(東晉)까지 정치가, 문인, 사대부, 승려, 서인 등 600명에 이르는 인물의 이야기를 담고 있는 일화집으로 그 시대의 사상과 풍조를 콩트식으로 묘사하였다.

難	兄	難	弟
어려울 **난**	형 **형**	어려울 **난**	아우 **제**

막상
막하

329

157

大同小異

<ruby>대<rt>대</rt></ruby> <ruby>동<rt>동</rt></ruby> <ruby>소<rt>소</rt></ruby> <ruby>이<rt>이</rt></ruby>

|뜻풀이| 크게는 같고 작게는 다르다. 그만그만하다는 것

【고사】 장자는 천하편(天下篇)에서 묵가(墨家)와 법가(法家)의 논점을 비판하고 도가(道家)사상을 설파한 다음 친구 혜시(惠施)의 말을 인용하여 자신의 의견을 덧붙였다. 장자는 혜시의 저술은 다방면에 걸쳐 다섯 수레나 되는데 그의 도는 복잡하고, 그가 말하는 바는 정곡을 잃었으며 그의 생각은 만물에 걸쳐 있다고 평했다. 혜시가 말하길 "지극

히 커서 밖이 없는 것을 대일(大一)이라 하고, 지극히 작아서 속이 없는 것을 소일(小一)이라 한다. 두께가 없는 것은 쌓아올릴 수가 없지만 그 크기는 천리나 된다. 하늘은 땅과 더불어 낮고, 산은 연못보다 평평하다. 해는 장차 중천에 뜨지만 장차 기울어지고 만물은 장차 태어나지만 장차 죽는다. 크게 보면 같다가도 작게 보면 각각 다르니(大同小異) 이것을 소동이(小同異)라고 말한다. 만물은 모두 같기도 하고 다르기도 하니 이것을 대동이(大同異)라 한다. 남쪽은 끝이 없음과 동시에 끝이 있고, 오늘 남쪽의 월나라로 간 것은 어제 월나라에서 온 것이다. 꿰어있는 고리는 풀 수 있고 나는 천하의 중심을 알고 있다. 연나라의 북쪽이며 월나라의 남쪽이 그곳이다. 만물을 넓게 차별 없이 사랑하면 천지도 하나가 된다."고 했다. 이것은 시간과 공간의 무한성, 만물이 필연적으로 가지고 있는 상대성을 논한 것으로 여기서의 대동소이란 상대적 관점에서 보이는 차이는 차이가 아니라는 말이다. 즉 전체적으로는 같으면서 사소한 차이가 있음을 나타낸 말로 서로 같다는 것을 강조한 것이다.

[출전] 장자의 천하편(天下篇)

大	同	小	異
클 대	한가지 동	작을 소	다를 이

158

백 중 지 세

伯仲之勢

|뜻풀이| 힘이 비슷하여 우열을 가릴 수 없는 형세를 말함

【고사】 백중이란 말을 최초로 쓴 사람은 위나라 초대 황제 조비(曹丕)
다. 그는 문인으로서도 이름이 높았는데 문학평론집인 전론(典論)에
서 '글쓰는 사람끼리 서로 상대를 업신여기는 것은 예부터 그러했다.
예를 들면 부의(傅毅)와 반고(班固)는 그 역량에 있어서 백중지간(伯

仲之間)이었다.'고 평했다. 이것은 한나라의 대문장가인 부의와 반고 두 사람의 문장 실력은 우열을 가릴 수 없다는 뜻이다. 조비가 백중지 간이라는 말을 처음 사용하였지만 본디 중국의 관습에는 맏이를 백씨 (伯氏), 둘째를 중씨(仲氏), 셋째를 숙씨(叔氏), 막내를 계씨(季氏)라 부른다. 따라서 백중은 형과 아우 또는 맏이와 둘째라는 뜻으로 외모나 품성이 매우 비슷하여 우열을 가릴 수 없음을 말하는 것으로 백중지 간이라 하였다. 원래 백중지간에서 동의어인 백중지세라는 말이 더 많이 사용되어 보통 백중지세로 쓰이게 되었다.

[출전] 위나라 문제(文帝)의 전론(典論)

● 문제(조비)는 조조의 셋째 아들로 태어나 후한 헌제의 양위를 받아 황제가 되어 위나라를 세웠다. 그는 문학을 장려하였으며 시(詩)와 부(賦)에 능하여 후대의 칠언시 창작에 큰 영향을 끼쳤다. 전론은 중국에서 가장 오래된 문학이론 비평론집으로 가치가 높다.

伯	仲	之	勢
맏 **백**	버금 **중**	갈 **지**	형세 **세**

159

同病相憐
동 병 상 련

|뜻풀이| 같은 처지에 있는 사람끼리 서로 동정하는 것을 말함

【고사】 춘추시대 초(楚)나라 오자서(伍子胥)는 아버지와 형이 모함으로 죽임을 당하자 오나라로 망명하였다. 오자서는 관상가 피리(被離)의 추천으로 오나라의 공자 광(光)에게 추천되어 그를 도와 왕위를 찬탈하였다. 그가 바로 오나라의 24대 왕 합려(闔閭)이다. 합려가 왕위에 오르자 오자서가 오나라의 실권자가 되었는데 이때 초나라에서 아

버지를 억울하게 잃고 망명한 백비(伯嚭)가 오자서에게 몸을 의탁하러 찾아왔다. 관상가 피리는 오자서에게 "백비는 믿을 만한 인물이 아닙니다. 그의 관상을 보건대 공은 자신이 독차지하면서 상대방에 대해서는 잔인하기 그지없는 인물입니다. 가까이 하지 않는 게 좋겠습니다." 그러나 오자서는 "같은 병은 서로 불쌍히 여기고(同病相憐), 같은 근심은 서로 구원한다(同憂相救), 놀라 나는 새는 서로 따라서 날고, 여울 아래 물은 따라 함께 흐른다." 하며 피리의 충고를 듣지 않고 백비를 합려에게 천거하였다. 오자서는 합려를 보좌하여 오나라를 강국으로 키웠을 뿐 아니라 백비와 함께 초나라를 함락시키고 평왕의 묘를 찾아 복수하였다. 그러나 곧은 품성의 오자서는 감언이설과 아첨을 일삼는 백비와 대립하게 되었다. 백비는 월나라와 전투에서 대승을 거둔 합려의 아들 부차를 부추겨 안일과 환락에 빠지게 한 다음 오자서를 모함하여 자결하게 만들었다. 그 결과 오나라는 국력이 현저히 약화되고 월나라의 공격을 받아 멸망하였는데 월나라에 매수된 백비 역시 월왕 구천에게 처형당했다.

[출전] 오월춘추(吳越春秋)

● 중원 사람들에게 오랑캐에 지나지 않았던 오나라는 합려와 부차가, 월나라는 구천이 통치하면서 부국강병에 힘쓴 결과 중원에 영향력을 행사하기 시작했다. 오월춘추는 오나라와 월나라 양국의 역사를 기본으로 문학적인 묘사와 상상력을 동원한 역사서로 정통적인 사서는 아니다.

同	病	相	憐
한가지 동	병 병	서로 상	불쌍히 여길 련

160

群盲評象

|뜻풀이| 맹인들이 코끼리 일부분만 평하듯이 자신의
주관과 좁은 소견으로 그릇되게 판단함

【고사】 불교 설화에 어느 날 왕이 맹인들을 데려와 코끼리를 만져 보
게 하고 그것이 무엇인지 답하게 하였다. 코끼리인 줄 모르는 맹인들
은 상아를 만져 보고 무와 같다 하였고 코끼리의 머리를 만져 본 맹인
은 바위라 하였다. 귀를 만져 본 사람은 키와 같다 하였고, 다리를 만

져 본 맹인은 절구와 같다 하였다. 또 등을 만져본 맹인은 널빤지라 답하였고 배를 만져본 사람은 독과 같다 하였다. 왕이 말하길 "이 맹인들은 코끼리의 몸뚱이를 제대로 말하고 있지 않지만 그렇다고 틀린 것도 아니다. 그들이 말하고 있는 것은 코끼리는 아니지만 이것을 떠나 달리 코끼리가 있는 것도 아니다." 여기서 말하고 있는 코끼리는 부처고 맹인은 어리석은 중생을 비유한 것으로 부처를 부분적으로 이해할 수 있지만 부처는 따로 계시다는 것을 말하고 있다. 오늘날에는 주관적인 자기 생각과 좁은 소견으로 전체를 파악하지 못하는 오류를 비유할 때 쓰인다.

【출전】 북송열반경(北宋涅槃經)의 사자후보살품(獅子吼菩薩品)

群	盲	評	象
무리 **군**	소경 **맹**	평할 **평**	코끼리 **상**

337

161

勝敗兵家常事

승 패 병 가 상 사

|뜻풀이| 싸움에서 이기기도 하고 지기도 하는 것처럼 일에도 성공과 실패가 있다는 뜻

【고사】 당(唐)의 11대 황제 헌종은 황실의 권위를 세우기 위해 노력하였는데 반군 오원제를 누차 정벌하려 했으나 한 번도 성공하지 못했다. 대신들은 오원제와의 싸움에 부담을 느끼고 토벌을 중지할 것을 청했는데 헌종은 "싸움을 여러 번 하다보면 이길 수도 있고 질 수도

있는데 한번 졌다고 포기해 버린다면 큰 대의를 이룰 수 없다(一勝一敗 兵家常事)." 하였다. 승패에 집착하지 말아야 한다는 헌종의 뜻을 받들어 재상 배도(裵度)가 오원제를 생포하여 반란을 평정하였고 지방에 세력화 한 번진들을 차례로 소멸시켰다. 승패병가상사(勝敗兵家常事)는 전쟁의 승패에 기뻐하지도 낙담하지도 말고 태연하게 앞으로의 대책에 보다 신중을 기하라는 뜻으로 전쟁에 패하여 낙심하고 있는 임금이나 장군을 위로하기 위해 자주 인용되는 말이다.

중국 당나라의 제 11대 황제 헌종은 순종의 장자로 당(唐)나라를 다시 일으킨 황제라고 불려진다. 성격이 곧고 과감하여 절도사의 횡포를 누르고 유능한 인재를 등용하는 등 고대 사회에서 봉건 사회로 옮아가는 과도기에 출현한 명군으로 알려져 있다.

【출전】 당서의 배도전(裵度傳)

勝	敗	兵	家	常	事
이길 **승**	패할 **패**	병사 **병**	집 **가**	떳떳할 **상**	일 **사**

162

오 십 보 백 보
五十步百步

|뜻풀이| 오십보를 도망친 자나 백보를 도망친 자나
도망친 것은 같다는 것

【고사】 위나라의 혜왕(惠王)은 3대 군주로 당시 최대 세력을 자랑하
고 있었지만 중원의 중앙에 위치한 관계로 강대국에 둘러싸여 전쟁이
끊이지 않았다. 혜왕은 맹자를 초청해서 부국강병책을 물어보았는데
눈앞의 이득에만 관심을 보이는 혜왕에게 맹자가 말했다. "나라가 강
해지느냐 않느냐는 둘째 문제이고 나는 우선, 인(仁)과 의(義)에 대해

서 말씀드리고자 합니다. 전하께서는 전쟁을 좋아하시니 한 가지 비유를 들겠습니다. 가령 전장에서 격전이 벌어지려 하는데 겁이 난 두 병사가 무기를 버리고 도망쳤습니다. 한 병사는 오십 걸음을 또 한 병사는 백 걸음을 달아났습니다. 이때 오십 걸음 도망친 병사가 백 걸음 도망친 병사를 보고 비겁한 겁쟁이라고 비웃었다면 전하께서는 어찌 생각하시겠습니까?" "오십보나 백보나 도망친 것은 마찬가지니 조금 도망쳤다고 비웃을 자격이 어디 있겠소." 하자 맹자는 "그렇습니다. 진정으로 백성을 위해 베푸는 정치가 아니라면 백성에게 자비를 더 베푸느냐 덜 베푸느냐는 중요한 것이 아닙니다." 하였다. 오십보백보는 정도의 차이는 있지만 근본적인 차이는 없다는 뜻으로 쓰인다.

【출전】맹자의 양혜왕편(梁惠王篇)

● 맹자가 제후국을 돌아다니며 자신의 뜻을 피력하는 내용으로 양혜왕에게 왕도정치를 실시하라고 조언하며 왕은 백성과 함께 즐거움을 누려야 하며 왕이라도 잘못하면 왕위에서 물러나야 한다고 주장했다

五	十	步	百	步
다섯 오	열 십	걸음 보	일백 백	걸음 보

163

季布一諾

계　포　일　락

|뜻풀이| 한 번 약속을 하면 반드시 지킨 계포

【고사】 초(草)나라 사람 계포(季布)는 의협심이 강하고 장중한 사람으로 한 번 "좋다"라고 약속을 하면 반드시 지키는 사람이었다. 항우와 유방의 싸움에서 계포는 초나라 장수로서 이름을 날렸는데 항우가 패하고 유방이 천하를 통일하게 되자 쫓기는 몸이 되었다. 그러나 그를 아는 사람들은 고발하기는커녕 한고조에게 그를 쓰도록 천거까지 하였다. 그 결과 계포는 사면이 되어 벼슬길에 오르고 혜제(惠帝) 때는

중랑장(中郞將)이 되었다. 그가 조정에 있을 때 흉노의 선우(單于)가 당시 최고 권력자 여태후를 깔보는 편지를 보낸 일이 있었다. 진노한 여태후가 제신들과 흉노정벌을 논의 했는데 상장군 번쾌가 말했다. "제게 10만 병력만 주시면 흉노족을 혼내주고 오겠습니다." 여태후의 눈치만 보는 신하들은 그렇게 하자고 맞장구를 쳤다. 이때, "번쾌의 목을 자르십시오."라고 계포가 소리치며 "한고조께서도 40만 대군을 이끌고 가셨지만 오히려 포위를 당한 적이 있는데 10만 군대로 흉노를 응징하겠다는 것은 망발입니다. 번쾌는 아첨으로 나라를 시끄럽게 하려하고 있습니다." 이 말을 들은 여태후는 두 번 다시 흉노 토벌 이야기를 하지 않았다. 계포의 명망에 대한 다른 일화로 초나라의 조구(曹丘)는 변설가로 권세와 금전욕이 강한 사람이었는데 경제(景帝)의 외숙벌 되는 두장군(竇長君)에게 계포에게 보낼 소개장을 써 달라고 부탁하였다. 두장군은 계포가 조구를 싫어하니 가지 말라고 만류하였다. 조구는 계포를 찾아가 "초나라 사람들은 황금 백량을 얻는 것보다 계포의 한마디 승낙(季布一諾)을 받는 것이 낫다고 말하는데 어떻게 그렇게 유명해지셨는지 알고 싶습니다. 우리는 초나라 같은 동향인으로 내가 천하를 다니며 그대의 명성을 알린다면 그대 이름은 천하를 떨치게 될 것입니다. 그런데도 어찌하여 나를 그리 멀리 하십니까?" 이 말을 들은 계포는 조구를 극진히 대접했고 계포의 명성은 날로 높아만 갔다.

[출전] 사기의 계포전(季布傳)

季	布	一	諾
계절 **계**	베 **포**	한 **일**	허락할 **락**

164

董狐直筆

|뜻풀이| 죽음을 무릅쓰고 역사를 사실대로 기록한 동호의 곧은 붓

【고사】 춘추시대 진(晉)나라 영공(領空)은 사치스럽고 잔인하며 방탕한 폭군이었다. 영공을 옹립한 조순(趙盾)은 갈수록 오만해지는 영공에게 자주 간하였는데 이에 영공은 조순을 귀찮게 여기고 자객을 보내 죽이려 하였으나 실패하였다. 암살에 실패한 영공은 조순을 술자

리로 부르고 병사들을 숨겨놓고 죽이려 했다. 그러나 병사 중에 조순을 도망치게 도와준 자가 있어 조순은 겨우 목숨을 건져 망명을 위해 국경까지 도착했다. 그러나 그때 조천(趙穿)이 영공을 죽였다는 전갈을 받고 국경을 넘지 않고 돌아왔으나 태사(太史)인 동호(董狐)가 궁정 기록에 "조순이 임금을 죽였다"고 써서 조정에 고시했다. 조순이 억울함을 호소하자 동호는 대답했다. "당신은 재상으로서 도망쳐 국내에 있었고 조정에 돌아와서는 범인을 처벌하려 하지도 않았으니 대감께서 공식적인 시해자가 되는 것입니다." 이 말을 들은 조순은 자기가 직무를 제대로 수행하지 못했음을 인정하고 동호의 뜻에 따랐다. 훗날 공자(孔子)는 "동호는 옛날의 훌륭한 사관(史官)으로 법에 따라 굽힘 없이 썼다. 조순은 옛날의 훌륭한 대부로 법에 따라 부끄러운 이름을 잠자코 받았다. 아깝도다! 국경을 넘었더라면 악명을 면했을 터인데…" 하고 아쉬워했다. 이처럼 동호직필이란 권세에 아부하지 않고 원칙에 따라 사실 그대로 기록하는 것을 가리키는데 줄여서 직필이라고도 쓴다.

【출전】 춘추좌씨전의 선공(宣公) 2년

董	狐	直	筆
감독할 동	여우 호	곧을 직	붓 필

165

門前成市

|뜻풀이| 세도가의 문 앞에 찾아오는 사람이 많아 시장같이
붐비는 것

【고사】 전한(前漢) 말기 애제(哀帝)는 20세에 천자가 되었으나 실권은
외척들의 손에 들어가고 황제는 동현이라는 미소년에 빠져 정치는 돌
보지 않고 있었다. 정숭은 애제의 인척으로 정치를 바로 잡기 위해 애
썼는데 외척들의 횡포와 부패를 막기 위한 대책은 번번히 받아들여지

346

지 않았다. 외척들의 저항이 거세지자 애제는 정숭을 멀리하였는데 이때를 틈타 정숭을 미워하는 상서령 조창(趙昌)이 애제에게 "정숭은 왕실의 여러 사람과 내왕이 빈번하여 음모가 있는 것 같으니 취조해 보시기 바랍니다."라고 모함하였다. 조창의 말을 그대로 믿은 애제는 정숭을 불러 문책하기를 "그대의 집 문전에는 저자와 같다고 하던데 무엇 때문에 나로 하여금 하지 말라며 괴롭히려 하는건가(君門如市人 何以禁切主上)?"라고 하자 정숭은 답했다. "신의 문 앞이 저자와 같을 지라도 신의 마음은 물처럼 맑습니다. 바라옵건데 다시 한 번 조사해 주십시오." 이 말을 들은 애제는 노해서 정숭을 하옥시켰다. 사간(司 諫)인 손보(孫寶)가 상소하고 조창의 중상을 공격하며 정숭을 변호했 으나 황제는 손보마저 서인으로 강등시키고 정숭은 옥에서 죽고 말았 다. 문전성시는 여기서 생긴 말로 출입하는 사람이 많다는 것으로 세 도가나 부잣집 문 앞이 방문객으로 붐비는 것을 말한다.

[출전] 한서의 손보전(孫寶傳), 정숭전(鄭崇傳)

門	前	成	市
문 **문**	앞 **전**	이룰 **성**	저자 **시**

166

증 죄 부 증 인

憎罪不憎人

|뜻풀이| 그 죄는 미워하되 그 사람은 미워하지 않는다는 것

【고사】 공자가 말씀하시기를 "가상한 일이로다! 옛 송사(訟事)를 듣는 자, 그 마음(意)을 미워하나 그 사람은 미워하지 않았으니 참으로 훌륭한 일이다." 이 말은 재판을 맡은 재판관은 죄를 범한 그 마음(저의)은 미워했으나 그 죄를 지은 사람은 미워하지 않았고 오히려 불쌍히 여겼다. 이것은 참으로 훌륭한 일이라고 공자는 칭찬했던 것이다.

'그 죄를 미워하되 그 사람은 미워하지 않는다.' 라는 말은 여기에서 나온 말이다. 논어에도 '과오는 곧 개선하기에 망설이지 말지어다.'라고 했는데 이것은 사람은 자기반성에 의해서 다시 일어서는 것이며, 그것은 착하고 어진 성품에 기대하는 것이라 해도 좋을 것이다. 덕치주의(德治主義)에 의한 공자의 사고방식은 뒤에 맹자(孟子)에게 인계되어 성선설(性善說)을 낳게 하였고, 그것이 중국인의 일반적인 도덕의식의 기조가 되었다.

덕치주의는 유학에서 이상으로 생각하는 정치의 방법으로 통치자의 덕에 의해 이루어지는 정치를 말하는데 공자에 이르러 특히 강조되었다. 유학의 이상적인 정치 형태로 계승되어 맹자에 이르러 왕도정치(王道政治)로 구체화되었는데 도덕적 교화를 통한 순리적인 정치를 뜻한다.

【출전】 공총자(孔叢子)의 형론편(刑論篇)

憎	罪	不	憎	人
미울 증	허물 죄	아닐 부	미울 증	사람 인

167

有備無患

<ruby>有<rt>유</rt></ruby> <ruby>備<rt>비</rt></ruby> <ruby>無<rt>무</rt></ruby> <ruby>患<rt>환</rt></ruby>

|뜻풀이| 사전에 준비를 잘하면 근심할 것이 없다는 것

【고사】 유비무환(有備無患)은 서경(書經)의 열명(說命)에 나오는 말로 은나라 고종이 부열(傳說)이란 어진 재상을 얻게 되는 경위와 그의 어진 정사에 대한 의견과 그 의견을 실천하게 하는 내용을 기록한 글인데 부열이 고종임금에게 한 말 가운데 들어있다. 부열이 "생각이 옳으면 이를 행동으로 옮기되 그 옮기는 것을 시기에 맞게 하십시오(處

善以動 動惟厥時). 스스로 그것이 옳다는 생각을 가지고 있으면 그 옳은 것을 잃게 되고, 스스로 그 능한 것을 자랑하게 되면 그 공을 잃게 됩니다(矜其能 喪厥功). 오직 모든 일을 다 갖춘 것이 있는 법이니 갖춘 것이 있어야만 근심이 없게 될 것입니다(居安思危 思則有備 有備則無患)." 하였는데 이는 여러 가지 조건이 다 구비되어 있어야만 다른 염려가 없다는 뜻이다.

서경(書經)의 좌씨전(左氏傳)에는 중국 진(晉)나라 왕 도공(悼公)이 여러 번의 전쟁으로 지쳐 있을 신하 사마위강(司馬魏絳)에게 보물과 궁녀를 하사하려고 했다. 사마위강은 이를 거절하면서 이렇게 말했다. "편안히 지낼 때에도 위기를 생각해야 하고, 위태로울 때를 생각한다면 항상 준비가 있어야 하며 충분한 준비가 되어 있다면 근심이 없을 것입니다(居安思危 思危 則有備 有備則無患)." 도공은 이러한 사마위강의 도움으로 천하통일을 이루었다.

【출전】 서경의 열명(說命), 좌씨전(左氏傳)

有	備	無	患
있을 유	갖출 비	없을 무	근심 환

168

刻舟求劍

각 주 구 검

|뜻풀이| 세상의 형편에 융통성이 모자라는 사람

【고사】 춘추전국시대 초(楚)나라 사람이 매우 소중히 여기는 보검을 안고 양자강을 건너기 위해 나룻배를 탔다. 그런데 그가 강 가운데쯤 왔을 때 실수로 보검을 물에 빠뜨리고 말았다. 그는 그 즉시 주머니에서 단검을 뽑아 자기가 앉은 뱃전에 흠집을 냈다. 사람들이 의아하여

그 까닭을 묻자 그는 "보검이 떨어진 자리에 표시를 해 놓았으니 보검을 찾을 수 있겠지요." 하였다. 사람들은 그의 엉뚱한 대답에 벌어진 입을 다물지 못했다. 드디어 배가 강기슭에 도착하자 그는 물에 뛰어들어 표시해 놓은 뱃전 옆에 엎드려 보검을 찾기 시작했는데 아무리 찾아도 보이지 않았다. 그의 둔하고 어리석은 행동을 모두 비웃었지만 아랑곳하지 않았는데 각주구검은 이처럼 눈앞에 보이는 하나만을 고집하는 처사를 비유한 말로 엉뚱하고 미련해서 현실에 어둡다는 뜻이다. 또 변화를 헤아릴 줄 모르는 고지식한 사람의 어리석은 행동을 가리킬 때도 쓰인다.

고집
불통

【출전】 여씨춘추(呂氏春秋)의 찰금편(察今編)

● 고대 중국의 거상이자 진나라의 재상인 여불위(呂不韋)가 전국의 논객들과 식객 3,000여 명을 모아 춘추전국시대의 모든 사상을 통합, 분석하여 편찬했다. 내용이 대부분 도가 사상으로 되어 있으나 유가(儒家), 병가(兵家), 법가(法家)의 주장과 이론도 섞여 있어 좋은 자료로 평가되고 있다.

刻	舟	求	劍
새길 **각**	배 **주**	구할 **구**	칼 **검**

169

尾生之信

미 생 지 신

|뜻풀이| 미련하고 우직하게 지키는 약속을 일컫는 말

【고사】 노(魯)나라에 미생(尾生)이란 사람은 한 번 한 약속은 어떤 일
이 있어도 꼭 지키고야 마는 사람이었다. 어느 날 그는 사랑하는 여인
과 다리 밑에서 만나기로 약속했으나 아무리 기다려도 여자는 나타나
지 않았다. 그런데 갑자기 장대비가 쏟아지기 시작하더니 비는 계속
해서 내렸고 개울물은 점점 불기 시작했다. 처음에는 종아리가 잠기

더니 물은 금새 무릎까지 차올랐고 곧 허리까지 잠기자 빠져나가기도 어려운 형편이 되었다. 그러나 미생은 끝내 자리를 떠나지 않고 교각을 끌어안은 채 죽고 말았다. 장자(莊子)의 도척편(盜跖篇)에는 미생의 어리석음을 비평하여 '이런 인간들은 책형(磔刑)을 당한 개나 물에 떠내려가는 돼지, 깡통을 손에 든 비렁뱅이와 같이 쓸데없는 명분에 빠져 소중한 목숨을 아끼지 않는 자들로 진정한 삶의 길을 모르는 놈이다.'고 하였다. 또 전국책(戰國策)의 연책(燕策)에서는 미생과 같은 신의는 단지 사람을 속이지 않는 데 불과하다 하였고, 회남자(淮南子)의 설림훈편(說林訓篇)에는 미생의 신의는 차라리 상대방을 속여 순간의 위험을 피하고 후일을 기약하는 것만 못하다고 하였다. 이는 모두 미련하도록 고지식하여 융통성이 없음을 비판한 것이다.

고집
불통

【출전】 장자의 도척편(盜跖篇)

尾	生	之	信
꼬리 미	날 생	갈 지	믿을 신

170

楊布之狗

|뜻풀이| 겉모습이 변한 것을 보고 속까지 변한 것으로 잘못 아는 것을 비유한 말

【고사】 겉이 달라졌다고 속까지 달라진 것으로 알고 있는 사람을 가리켜 '양포라는 사람의 집 개'라고 한다. 이 말은 한비(韓非)가 자기 학설을 주장하기 위해 만들어 낸 이야기 중에 나오는 말이다.

전국 시대에 유명한 사상가이자 학자였던 양주에게는 양포(楊布)라는 아우가 있었다. 어느 날 양포가 아침에 나갈 때 흰옷을 입고 나갔다가 도중에 비를 만나 검정옷으로 갈아입고 집으로 돌아왔다. 그러자 집에 기르고 있던 개가 낯선 사람으로 알고 마구 짖어댔다. 양포가 화가 나서 지니고 있던 지팡이로 개를 때리려 하자 형 양주가 그것을 보고 양포를 이렇게 타일렀다. "개를 탓하지 마라. 너도 마찬가지일 것이다. 만일 너의 개가 조금 전에 희게 하고 나갔다가 까맣게 해가지고 들어오면 너는 이상하게 생각지 않겠느냐?"

양주는 전국시대 중엽의 사상가로 극단적인 개인주의를 주장하였는데 지나침을 거부하고 자연주의를 옹호하였고 묵자는 세상을 위해서라면 온 몸을 갈아서라도 세상을 구해야한다는 극단적인 이타주의자였다. 맹자가 사상가들을 두루 평하여 말하기를 "양주는 나만을 위하니 아비가 없고 묵자는 똑같이 사랑하니 임금이 없다. 아비가 없고 임금이 없으면 이는 곧 새, 짐승과 다를 것이 없다."고 했다.

【출전】 한비자의 설림하(設林下)

楊	布	之	狗
버들 양	베 포	갈 지	개 구

171

井中之蛙

정 중 지 와

| 뜻풀이 | 우물 안 개구리처럼 소견이 좁아 아는 것이 적은 사람

【고사】 하백은 황하를 관장하는 신(神)으로 강의 안녕과 범람을 주관하여 천하의 훌륭함이 자기에게 모여 있다고 생각했다. 흐름을 따라 처음으로 북쪽 바다에 이르자 그 끝없음에 놀라 탄식하였다. 그러자 북해의 신(神)인 약(若)이 이렇게 말했다. "우물 안에서 살고 있는 개구

리에게 바다를 얘기해도 알지 못하는 것은(井蛙不可以語海者), 그들이 좁은 장소에서 살고 있기 때문이며(拘於處也), 여름벌레에게 얼음을 말해도 알지 못하는 것은 그들이 여름만을 굳게 믿고 있기 때문이다. 따라서 식견이 좁은 사람에게는 도(道)를 말해도 알지 못하는 것은 그들이 상식의 가르침에 구속되어 있기 때문이다. 당신이 비로소 좁은 개울에서 나와 큰 바다를 바라보며 자기의 추함을 알았으니 이제 더불어 큰 진리에 대하여 말할 수 있을 것이오."라고 하였다.

정중지와란 우물 안의 개구리란 말로 생각이나 식견이 좁은 사람이나 세상물정을 모르는 사람을 일컫는 말이다.

【출전】 장자의 추수편(秋水篇)

井	中	之	蛙
우물 정	가운데 중	갈 지	개구리 와

359

<ruby>白<rt>백</rt></ruby> <ruby>面<rt>면</rt></ruby> <ruby>書<rt>서</rt></ruby> <ruby>生<rt>생</rt></ruby>

|뜻풀이| 글만 읽어 세상 물정에 어둡고 경험이 없는 사람

【고사】 남북조시대(南北朝時代) 남조(南朝) 송(宋)나라의 문제(文帝)
와 북조(北朝) 북위(北緯)의 태무제(太武帝)는 각각 18세와 17세의
젊은 나이로 즉위한 이후 강남(江南)의 사진(四鎭) 쟁탈을 둘러싸고
때로는 싸우고, 때로는 화해하면서 외교적 관계를 유지하였다. 북위

(北魏)의 태무제가 대군을 일으켜 유연(柔然)을 공격하였는데(449년) 송나라의 문제는 북위를 토벌할 절호의 기회라고 생각하여 귀족들의 찬동을 얻어 군대를 일으키려 했다. 이 때 무관인 심경지(沈慶之)가 북벌 출병의 전례를 들어 그 자리에 모인 귀족과 문제에게 출병을 반대하며 말했다.

"밭일은 종들에게 물어야 하고 베 짜는 일은 하녀에게 물어야 하거늘 북위 정벌을 하고자 하는 일을 희고 고운 얼굴에 글 읽는 것 밖에 모르는 백면서생(白面書生)들에게 물어 일을 도모한다면 어찌 성공하시겠습니까?"그러나 문제는 심경지의 말을 듣지 않고 문인들의 말을 따라 출병을 강행했다가 대패하고 말았다. 심경지의 말에서 유래한 백면서생(白面書生)이란 집 안에서 책만 읽어 얼굴이 창백하며 말로만 떠들고 경험이 없는 사람, 또는 세상물정에 어두운 사람을 이르는 말이다.

【출전】 송서의 심경자전(沈慶之傳)

● 송서는 송나라의 역사를 기록한 것인데 무제(武帝)의 명을 받아 심약이 편찬하였다. 유송(劉宋)의 역사와 관련된 많은 사람들이 생존해 있던 시대에 편찬된 것이기 때문에 많은 자료가 수록되어 있다.

白	面	書	生
흰 백	낯 면	글 서	날 생

173

先入見
선 입 견

|뜻풀이| 먼저 들은 말이 사고로 고정되어 새 의견을 거부하는 것

【고사】 전한(前漢)의 애제(哀帝)는 20세에 즉위하여 토지와 노비 소유를 제한하는 한전법을 발포하였으나 거센 반발에 부딪친 후 정치를 등한시하며 방종한 생활을 즐겼다. 황제의 장인과 동향(同鄕) 친구인 식부궁(息夫躬)은 달변가로 애제의 신임을 받게되자 거리낌 없이 자신의 의견을 내뱉었기 때문에 사람들은 그의 발언을 두려워했다. 식

부궁은 애제에게 흉노가 침공해 올 것이므로 곧 대군을 변방에 배치해야 한다고 주장했다. 애제는 승상(丞相) 왕가(王嘉)를 불러 대책을 세우라고 했는데 왕가는 흉노의 침공은 근거 없는 낭설이라는 것을 역설한 다음 "무릇 정치를 하는 사람은 아첨하는 말, 부정하고 음험한 말, 너무 아름다운 변설, 심히 각박한 주장 때문에 괴로움을 당하게 마련입니다. 아첨하는 말은 군왕의 덕을 깨고, 부정하고 음험한 말은 아랫사람들로 하여금 원한을 품게 하며 아름다운 변설은 간간히 정도(正道)를 파괴하고 심히 각박한 주장은 군왕의 은혜를 손상시킵니다. 옛날 진(秦)나라 목공(穆公)은 현신(賢臣)인 백리해(百里奚)와 건숙(蹇叔)의 말을 듣지 않고 정(鄭)나라를 치려다가 오히려 격파되고 말았습니다. 그래서 뉘우친 목공은 남을 그르치기 쉬운 교언(巧言)의 무리를 멀리하고 경험 많은 원로의 말을 존중했기 때문에 좋은 군주가 될 수 있었습니다. 폐하께서도 부디 옛날의 교훈을 명심하시고 먼저 들으신 말이 옳다고 생각하는 일이 없도록 하시옵소서(唯陛下觀籃古戒 反覆參老 無以先人之詰爲主)." 애제는 왕가의 충고를 받아들이지는 않았지만 그 후 식부궁의 말이 거짓이라는 것을 알고 옥사(獄死)시켰다. 선입견은 고정적인 관념이나 견해를 뜻하는 것으로 미리 보거나 들은 것이 자신의 생각과 판단에 기준이 되기 쉬운 것을 말하는데 선입주(先入主), 선입지어(先入之語), 선입관(先入觀)이라고도 쓴다.

[출전] 한서의 식부궁전(息夫躬傳)

先	入	見
먼저 선	들 입	볼 견

174

거 안 제 미

擧案齊眉

|뜻풀이| 아내가 남편을 지극히 공경함을 의미함

【고사】 후한 때 집은 가난하지만 절개가 곧은 양홍(梁鴻)이란 학자가
있었다. 그는 청렴하고 깨끗한 선비로 사람들의 존경을 받고 있었는
데 같은 마을에 몸이 뚱뚱하고 얼굴이 못생긴 맹광(孟光)이라는 처녀
가 서른이 넘은 처지에서도 "양홍같은 훌륭한 분이 아니면 시집을 가

지 않겠다."며 버티고 있다는 소문이 들려왔다. 양홍은 맹광의 뜻이 기특해 그녀에게 청혼을 하고 결혼을 하였다. 그런데 며칠이 지나도 양홍이 자기와 잠자리를 같이하지 않자 맹광이 궁금하여 그 까닭을 물었다. 양홍이 대답하기를 "내가 원했던 부인은 비단옷을 입고 진한 화장을 한 여자가 아니라 누더기 옷을 입고 깊은 산속에서라도 살 수 있는 그런 여자였소." 하자, 맹광은 "이제 당신의 마음을 알았으니 당신의 뜻에 따르겠습니다."라고 대답했다. 그 후로 그녀는 화장도 하지 않고 산골 농부의 차림으로 생활을 하다가 남편의 뜻에 따라 산 속으로 들어가 농사를 짓고 베를 짜면서 살았다. 양홍은 농사짓는 틈틈이 시를 지어 친구들에게 보냈는데 그 시 속에 왕실을 비방하는 내용이 발각되어 나라에서 그에게 체포령이 떨어졌다. 이에 환멸을 느낀 양홍은 오(吳)나라로 건너가 고백통(皐白通)이라는 명문가의 방앗간지기로 하루하루를 보내며 살게 되었다. 양반이었던 양홍의 부인은 신분이 추락된 처지에도 양홍이 일을 마치고 돌아오면 늘 밥상을 차리고 기다렸다가 눈을 아래로 깔고 밥상을 눈썹 위까지 들어올려(擧案齊眉) 남편에게 공손하게 바쳤다고 한다. 고백통은 양홍 내외를 예사롭지 않게 여겨 여러모로 도와주어 양홍은 수십 편의 책을 저술할 수가 있었다고 한다.

[출전] 후한서의 양홍전(梁鴻傳)

擧	案	齊	眉
들 거	책상 안	가지런할 제	눈썹 미

175

内助之功

|뜻풀이| 아내가 집안일을 잘 다스려 남편을 돕는 일

【고사】 조조(曹操)가 위나라 왕이 되고 후계자를 장자인 조비(曹丕)로 정할 것인가, 똑똑하고 문장이 뛰어난 조식(曹植)으로 정할 것인가 고민하다가 장자인 조비를 황태자로 정했다. 조비가 황태자가 된 데에는 조비의 첩인 곽(郭)씨의 도움이 컸다. 그녀는 남군태수(南郡太守) 곽영(郭永)의 딸로 미모가 출중할 뿐 아니라 매우 똑똑하여 곽영

은 "나의 딸은 여자중의 왕이다."라고 말할 정도였다. 조조에 이어 황제가 된 문제(文帝, 조비)는 문소황후 견씨가 죽은 뒤 곽씨를 황후로 삼으려 했는데 중랑(中郎)인 잔잠이 상소하기를, "옛날 제왕은 천하를 다스림에 있어 밖에서 돕는 사람뿐 아니라 내조지공(內助之功)도 있습니다."라고 말하며 경계해야 할 전례로 역경(易經)이나 춘추좌씨전(春秋左氏傳)의 내용을 인용하면서 곽씨를 내조의 공을 세울 수 없는 위인(爲人)으로 보고, 신분이 천한 사람을 귀한 자리에 앉히는 위험을 말했다. 그러나 문제는 그 말을 듣지 않고 곽씨를 황후로 삼았는데 여기서 내조지공(內助之功)이라는 말이 유래되었다.

조비는 원래 조조의 셋째 아들이었으나 조앙과 조삭이 일찍 죽어 장자가 되었다. 자신의 저서 전론(典論)에 따르면 일찍이 검술에 능하고 문학적 소양이 뛰어났다고 하는데 실제로도 문인으로 명성이 높았고 집권 시에 문장을 장려했다. 그러나 조강지처였던 견 황후에게 질투가 심하다는 이유로 자결을 명하거나 황태자 자리를 다투던 아우 조식을 다시는 중앙으로 복귀하지 못하도록 조식의 측근들을 삼족을 멸하였다.

【출전】 삼국지의 위서후비전(僞書后妃傳)

内	助	之	功
안 내	도울 조	갈 지	공 공

176

斷腸

|뜻풀이| 창자가 끊어질 듯한 슬픔을 말함

【고사】 진나라의 환온(桓溫)이 촉나라를 정벌하기 위해 양쯔강 중류
의 협곡인 삼협(三峽)이라는 곳을 지나게 되었다. 이곳은 양쪽 기슭
에 높은 산이 7백 리나 이어져 있어 한낮이 아니면 해와 달을 볼 수 없
는 곳으로 한 병사가 늘어진 덩굴 줄기에 매달려 장난치고 있는 새끼
원숭이 한 마리를 포획했다. 그러자 이 광경을 본 어미 원숭이가 환온

이 탄 배를 쫓아 백여 리를 뒤따라오며 슬피 울었다. 그러다 배가 강어귀가 좁아지는 곳에 이르자 어미 원숭이는 몸을 날려 배 위로 뛰어올랐다. 천신만고 끝에 겨우 배에 오를 수 있었지만 어미 원숭이는 배에 오르자 곧 죽고 말았는데 배에 있던 병사들이 죽은 원숭이의 배를 가르니 창자가 토막토막 끊어져 있었다. 배 안의 사람들은 모두 놀라고 이 말을 전해 들은 환온은 새끼 원숭이를 풀어주고 그 원숭이를 잡아온 병사는 매질하여 쫓아냈다. 단장(斷腸)은 창자가 끊어진다는 뜻으로 슬픔의 가장 깊은 정도를 표현한 말이다.

여성

[출전] 세설신어(世說新語)의 출면편(黜免篇)

● 후한(後漢) 말에서 동진(東晉)말까지 약 200년 동안 실존했던 제왕과 고관 귀족, 현자, 승려 등 700여 명에 달하는 인물들의 일화를 주제별로 수록해 놓은 이야기 모음집이다. 실존 인물에 대한 기록인 만큼 사료적 가치뿐만 아니라 당시의 정치 상황 등도 엿볼 수 있다.

斷	腸
끊을 **단**	창자 **장**

177

미 망 인
未亡人

|뜻풀이| 남편이 죽고 홀몸이 된 여인이 자신을 낮추어 부르는 말

【고사】 초나라 성왕의 숙부인 자원(子元)은 영윤(令尹, 초나라 관직으로 최고의 직위)으로 죽은 문왕의 부인인 식규를 탐하였다. 자원은 식규를 유혹하기 위해 저택을 궁궐 곁에 짓고 그곳에서 은나라 탕왕이 시작했다는 만의춤을 추게 했다. 부인은 그 음악소리를 듣고 울면서

"돌아가신 왕께서는 이 무악을 군대를 훈련하시는데 사용하셨다. 지금 영윤은 이것으로 원수를 치는데는 생각이 없고 미망인(未亡人)의 곁에서 추고 있으니 이상하지 아니한가?"하였다. 이 말을 전해들은 자원은 군사를 동원하여 정나라를 쳤다고 한다.

위나라에서는 위정공(衛定公)이 병이 들어 앓아눕게 되자 첩실인 경사(敬似)의 아들 간(衎)을 태자로 삼고 세상을 하직했다. 그러나 간이 아버지의 죽음에 슬퍼하는 기색이 없자 정공의 정실이었던 강씨(姜氏)는 상만 치르고 음식을 전폐하며 탄식하였다. "저놈이 필시 나라를 망치고 미망인인 나를 학대할 것이다. 아! 하늘이 위나라를 저버리는 것인가? 전야(鱄也, 강부인의 아들)가 어려 제위에 오르지 못하다니!" 이 말을 들은 간은 강씨를 친어머니처럼 잘 모셨다고 한다. 미망인(未亡人)은 아직 죽지 않은 사람이란 뜻으로 순장의 풍습을 따라 남편을 따라 죽어야 마땅할 사람이 죽지 못하고 살아 있다는 뜻으로 스스로를 겸손하게 일컫는 말이다.

【출전】 춘추좌씨전(春秋左氏傳)

未	亡	人
아닐 **미**	망할 **망**	사람 **인**

여성

178

천 의 무 봉

天衣無縫

|뜻풀이| 선녀의 옷은 바느질 자국이 없듯이 시문(詩文) 등이
자연스럽고 흠이 없음을 말함

【고사】 옥황상제의 손녀인 직녀는 은하수를 사이에 두고 남편과 떨어
져서 지내야 했다. 곽한(郭翰)이라는 청년을 사랑하게 된 직녀는 천제
(天帝)의 허락을 받고 지상으로 내려왔다. 마침 잠 못 이루는 여름밤
뜰에 누워있던 곽한은 아름다운 직녀에게 반하여 하룻밤을 지새웠다.

그 후 직녀는 매일 밤 곽한을 찾았는데 칠석이 되자 4, 5일이 지나서야 그를 찾아왔다. 곽한은 "견우님과 회포는 잘 나누셨습니까?" 하자 직녀가 웃으면서 대답했다. "천상의 사랑은 지상의 사랑과 다릅니다. 마음으로 통하는 것이니 질투는 마십시오." 곽한이 조용히 그녀의 옷을 살펴보니 바느질한 곳이 전혀 없어 물어보니, "하늘의 옷은 원래 바늘이나 실로 꿰매는 것이 아닙니다(天衣本非針線爲也)." 하고 대답했다. 일 년쯤 되던 어느 날 직녀는 상제가 허락한 기한이 되었다면서 이별을 고했다. 그 뒤로 곽한은 다른 여자는 사랑할 수 없게 되어 쓸쓸히 생을 마감했다고 한다. 천의무봉은 하늘에서 선녀들이 입는 옷으로 전체가 처음부터 생긴 그대로 만들어졌다는 전설에서 나온 말로 자연 그대로의 극치 또는 타고난 재질의 아름다움을 극찬할 때 쓰이는 말이 되었다.

【출전】 태평광기 : 송宋나라 5백태(百泰) 귀괴신기(鬼怪神寄)

● 태평광기(太平廣記)는 중국의 역대설화집으로 태종(太宗)의 칙명으로 977년에 편집되었다. 종교, 역사, 지리, 민속 등 풍부한 내용을 포함하고 있기 때문에 귀중한 자료로 평가되고 있다.

天	衣	無	縫
하늘 천	옷 의	없을 무	꿰맬 봉

여성

179

識字憂患

식 자 우 환

|뜻풀이| 학식이 있는 것이 오히려 근심이 된다는 뜻

【고사】 서서(徐庶)는 젊어서 무예가 뛰어났고 학문에도 밝았는데 신야(新野)에 주둔하고 있던 유비를 만나 그의 참모가 되었다. 유비에게 친구인 제갈 량을 천거하였고 유비를 잘 보필하면서 훌륭한 계략을 많이 세웠다. 조조는 서서가 효자라는 것을 알고 그의 어머니를 통해

서서를 끌어 들일 계획을 세웠다. 그러나 서서의 어머니인 위부인은 학식이 높고 명필인데다가 의리가 투철한 여장부였기에 아들에게 자기 걱정은 말고 현군(賢君)을 섬기도록 격려하였다. 그러나 조조는 포기하지 않고 위부인의 글씨를 모방해서 서서를 조조의 진영으로 들어오게 했다. 나중에 위부인은 서서가 조조에게 간 것이 서서의 효심과 거짓 편지 때문이라는 것을 알고 "내가 글씨를 안다는 것부터가 걱정을 낳게 한 근본 원인이다(女子識字憂患)."라며 크게 한탄하였다. 식자우환은 아는 것이 탈이라는 말로 학식이 오히려 근심을 사게 됨을 말할 때나 차라리 모르는게 나을 때 쓴다.

【출전】 삼국지

識	字	憂	患
알 **식**	글자 **자**	근심 **우**	근심 **환**

180

<ruby>結<rt>결</rt></ruby><ruby>草<rt>초</rt></ruby><ruby>報<rt>보</rt></ruby><ruby>恩<rt>은</rt></ruby>

|뜻풀이| 풀을 엮어 은혜를 갚다. 즉, 죽어서도 은혜를 잊지 않고 갚는다는 뜻

【고사】 춘추시대 진(晉)나라의 위무자(魏武子)에게는 젊은 첩이 있었다. 어느 날 병석에 눕게 된 위무자는 아들 위과(顆)와 위기(錡)를 불러 자신이 죽으면 서모를 개가(改嫁)시키라고 말했다. 그러나 막상병세가 악화되자 위무자는 아들들에게 자신이 죽으면 애첩을 함께 묻

으라는 유언을 남기고 세상을 떠났다. 돌아가신 아버지가 남기신 유언을 고민하던 위과는 애첩을 순장(殉葬)하는 대신 다른 곳으로 시집보내기로 했는데 동생 위기가 반대하자 "사람이 병이 위중하면 정신이 혼미해지기 마련이니 아버지께서 맑은 정신 때 하신 말씀대로 따르겠다."하였다. 세월이 흐른 후 위과가 두회란 장수와 결전을 벌이게되었는데 위과가 역부족이었다. 그때 한 노인이 나타나 두회의 앞길에 풀을 엮어(結草) 두회의 말이 넘어지는 바람에 위과에게 사로잡히고 말았다. 그날 밤 위과의 꿈에 그 노인이 나타나 이렇게 말했다. "나는 당신 서모의 애비되는 사람으로 그대가 아버지의 유언을 옳은 방향으로 따랐기 때문에 내 딸이 개가하여 잘 살고 있소. 나는 당신의 그 은혜에 보답(報恩)하고자 한 것이오." 이것은 죽은 뒤에도 은혜를 잊지않고 갚음을 이르는 말이다.

은원

【출전】 춘추(春秋) 좌씨전(左氏傳)

結	草	報	恩
맺을 **결**	풀 **초**	갚을 **보**	은혜 **은**

181

吳越同舟

오 월 동 주

|뜻풀이| 어려운 상황에서는 원수라도 협력하게 됨

【고사】 손자병법(孫子兵法)에 이런 문장이 있다. '오나라 사람과 월나라 사람은 원수사이지만 같은 배를 타고 가다가 거센 바람을 만나게 되면 서로 돕기를 좌우의 손이 함께 협력하듯이 한다(吳人與越人 相惡也 當其同舟而濟遇風 其相救也 如左右手也).' 그러므로 용기 있는 사람과 겁이 많은 사람, 그 밖의 가지각색의 병사들을 일치협력해

서 싸우게 하는 것은 그때그때의 상황에 의한다. 대개 이런 내용인데 사이가 좋지 못한 사람들이 같이 있게 된 것을 가리켜 '오월동주'라고 하는 것은 여기서 시작된 말이다.

인간사회에는 영원한 적도 없고 영원한 우정도 없다고 말하여진다. 어제의 적국이 오늘의 맹방이 되는 경우도 있고 어제의 정적이 오늘의 정치적 동지가 되는 경우도 있으며 어제의 라이벌 기업이 오늘은 큰 프로젝트를 공동 개발하기도 한다. 국가나 개인을 막론하고 주위에 원수를 많이 만드는 것은 친구나 사이좋은 관계를 만드는 것보다 좋을 수가 없다.

【출전】 손자병법의 구지편(九地篇)

● 손자(孫子)는 중국고대의 병법서(兵法書)이다. 춘추시대 제(齊)나라 손무(孫武)가 저술한 것으로 유교적 사상에 입각하여 인의(仁義)를 전쟁의 근본의(根本義)로서 전쟁의 비의(秘義)를 여기에 설명하였으며 위나라의 무제가 주석한 것으로 세계에서 가장 오래된 병서이다.

吳	越	同	舟
성씨 오	넘을 월	한가지 동	배 주

182

有陰德者必有陽報

|뜻풀이| 남몰래 덕을 베푸는 사람은 반드시 좋은 보답이 따른다는 뜻

【고사】 성왕이 덕을 펴고 은혜를 베푸는 것은 그 갚음을 백성에게 구해서가 아니다(聖王布德施惠 非其報百姓). 군자는 그 도를 다하면 복과 녹이 돌아오게 된다(君子致其道而福錄歸焉). 대저 숨은 덕이 있는 사람은 반드시 밝은 갚음이 있고 숨은 행실이 있는 사람은 반드시 밝은 이름이 있게 된다(夫有陰德者 必有陽報 有陰行者 必有昭

名). 이 말을 쉽게 풀어 쓰면 훌륭한 임금이 어진 정치로써 백성들을 다 잘 살 수 있도록 애쓴 것은 어떤 보답을 바라고 한 일이 아니다. 어진 사람은 자기가 할 도리를 다할 뿐 어떤 결과를 바라는 것은 아니나 하늘은 어진이에게 복을 내린다. 왜 그럴까? 원래 남이 알지 못하는 숨은 공을 쌓은 사람은 반드시 남이 알게 되는 복을 하늘로부터 받게 될 것이고 남이 알지 못하는 착한 일을 한 사람은 반드시 남이 알게 되는 좋은 이름을 얻게 되기 때문이다.

그런데 덕에는 세 가지가 있다. 첫째는 남이 알지 못하는 음덕(陰德), 둘째는 마음으로 남을 도우려 하고 동정하는 심덕(心德), 셋째는 권력과 재물로써 남에게 좋은 일을 하는 공덕(功德)이 있다.

【출전】 회남자의 인간훈편(人間訓篇)

● 중국 전한의 유안(劉安)이 저술한 책으로 한나라 초기에 성행한 다양한 학술과 사상의 흐름 등을 종합적으로 정리했다. 당시 한나라는 유교에 의한 대통합주의를 지향하고 있었는데 회남자는 이와는 상반된 노장사상을 승계하는 도가적 입장을 첫째로 삼았기 때문에 현실적으로 커다란 제약을 받았을 뿐 아니라 유안은 모반을 계획하고 있다고 고발당해 봉지(封地)는 몰수되고 그는 스스로 목숨을 끊었다.

有	陰	德	者	必	有	陽	報
있을 유	그늘 음	큰 덕	놈 자	반드시 필	있을 유	볕 양	갚을 보

183

日暮途遠

|뜻풀이| 때가 늦었거나 나이가 들어 뜻하는 바를 쉽게
달성할 수 없다는 뜻

【고사】 오자서의 아버지 오사는 초 평왕의 태자 건의 태부(太傅, 태자의
양육관, 삼공의 하나)였다. 평왕 2년 소부(小傅, 태자에게 학문과 예절을
가르치는 벼슬) 비무기(費無忌)가 태자를 위해 진에서 데리고 온 여자가
매우 예뻤다. 비무기는 평왕의 신임을 얻고자 그 여자를 평왕에게 먼저
취하게 하여 신임을 얻자 태자의 보복이 두려워 태자를 모함했다. 왕은
태자를 초의 동북국경인 성부지방 수비관으로 보냈다. 비무기는 그 다음
에 태자가 제후와 손잡고 반기를 들려한다고 참언을 했다. 왕은 그 말을

믿고 태부인 오사를 불러 문책했다. 오사는 오히려 왕이 간신의 말을 듣고 골육인 태자를 의심한다고 간을 했다. 그로 인해 오사는 유폐당하고 태자는 송으로 도망쳤다. 비무기는 오사의 후환을 없애려고 그의 두 아들 오상과 오자서가 음모를 권유했다고 참언을 했다. 오상은 아버지를 구하러 갔다 죽고, 오자서는 송나라로 도망하여 태자 건과 함께 오나라로 갔다. 몇 년 후 평왕이 죽고 비무기는 권세를 쥐고 전횡을 하다가 내분으로 죽임을 당했다. 오자서는 오의 공자 광과 손을 잡고 자객인 전제를 시켜 오왕 요를 암살하고 광을 왕위에 앉히니 이가 오왕 합려다. 비록 원수인 평왕과 비무기가 죽었지만 아버지와 형의 원수를 갚겠다는 마음은 변함이 없어 손무와 함께 초를 공격하여 당시 초 소왕을 찾았으나 그가 도망가고 없자 평왕의 무덤을 파내 시체에다 3백대의 매질을 했다. 이 소식을 들은 오자서의 친구 신포서가 그 보복수단이 너무 지나침을 책망하자 오자서는 "날이 저물고 길은 멀다(日暮途遠). 그래서 거꾸로 행동하고 지름길로 시행할 뿐이네(倒行逆施)." 라고 말했다. 즉 자기는 늙고 할 일은 많아 이치대로 그 후손에게 보복하기가 어려울 것 같아 굴묘편시(掘墓鞭屍)라도 할 수 밖에 없었다는 것이다.

세상에는 속을 못 차려 늦게 뜻을 세우거나 기회가 늦게 와서 일모도원(日暮途遠)하는 사람이 많다. '욕속부달(欲速不達)' 처럼 성급하고 조급하면 일을 그르칠 수가 있다. 오자서는 게으르거나 자신의 잘못으로 일모(日暮)가 된 것은 아니나 대부분의 사람들은 자신의 잘못이나 늦은 깨달음으로 때를 놓치고 허둥대다 정도에서 벗어나는 경우가 많다. 한국인은 일모도원 상황도 아닌데 국민성이 성급하여 너무 빨리 빨리만 추구하여 부실공사를 낳고 부실기업을 만들어 백년대계를 확실하게 정립하지 못하는 경우가 많으니 안타까울 뿐이다.

[출전] 사기의 오자서열전(伍子胥列傳)

日	暮	途	遠
날 일	저물 모	길 도	멀 원

184

白眼視

백 안 시

|뜻풀이| 남을 나쁘게 여기거나 냉대하여 흰 눈동자를 해서 흘겨봄

【고사】 위(魏)나라 때 죽림칠현(竹林七賢)의 완적(阮籍)은 가문 좋은 집안에 태어났을 뿐 아니라 학문도 뛰어났다. 그러나 아버지를 일찍 여의고 가난하게 살던 중에 위나라가 진나라로 바뀌면서 세상이 어지러워지자 속세를 등지고 자연을 벗하며 노장 사상을 신봉하여 숲 속

에서 살았다. 그는 예의범절에 얽매인 지식인을 속물이라 여겨 눈을 흘겨 흰 눈망울로 상대를 멸시하고(白眼視), 뜻이 맞는 사람을 만나면 바른 눈으로 대하고 반겼다(靑眼). 어느 날 완적이 모친상을 당하게 되었는데 상주로서 예를 갖추어야 하는 것을 잊고 혜강(嵇康)의 아우 혜희(嵇喜)가 조문을 오자 눈을 흘기며 상대도 하지 않았다. 속물 취급을 받은 혜희는 무안하여 죽림칠현의 한 명인 형 혜강을 찾아가 하소연했다. 혜강은 술과 거문고를 들고 완적을 찾아갔는데 완적은 크게 기뻐하며 청안의 눈으로 반갑게 맞이했다.

백안(白眼)이란 눈의 흰 부분을 말하거니와 완적의 고사 이후 사람을 싫어하여 흘려 보는 것 또는 냉정한 눈으로 바라보는 것, 푸대접 하는 것, 치지도외(도외시하여 내버려둠) 하는 것을 '백안시' 라고 말한다.

핑계

【출전】 진서(晉書)의 완적전(阮籍傳)

白	眼	視
흰 백	눈 안	볼 시

185

能書不擇筆

능 서 불 택 필

|뜻풀이| 글씨에 능한 사람은 도구의 구애를 받지 않는다는 뜻
일에 능한 사람은 도구를 탓하지 않음을 이르는 말

【고사】 당나라는 중국의 남북 문화를 융합했을 뿐 아니라 서역, 인
도, 로마의 문화를 흡수하는데 힘써 종합적인 문화를 완성시켰다. 이
때 서도(書道)의 달인으로서 우세남, 저수량, 안진경, 구양순 등이 유
명했다. 그러나 그 중 구양순이 특히 유명했다. 세 사람 중 가장 나이

어린 저수량은 평소 좋은 붓과 먹이 없으면 글씨를 쓰려 하지 않았다. 한 번은 선배인 우세남에게 물었다. "제 글씨는 지영(智英)선생과 비교하면 어느 정도입니까?" 지영은 우세남이 글씨를 배운 바 있는 중의 이름이다. "지영 선생의 글씨는 글자 한자에 5만 전을 주어도 좋다는 사람이 있었다고 한다. 아직 비교가 안 될 것 같네." "그럼 구양순 선생과 비교하면 어떻습니까?" "내가 듣기에 구양순은 종이와 붓을 가리지 않고(能書不擇筆) 어떤 종이에 어떤 붓을 가지고 쓰든 다 자기 마음먹은 대로 썼다고 하는데 자네도 그렇게 할 수 있겠는가?" "그럼 어떻게 해야 합니까?" "자네는 아직 손과 붓이 굳어 있다. 그것을 완전히 없애면 크게 성공할 수 있을 것이네."

【출전】당서(唐書)의 구양순전(歐陽詢傳)

能	書	不	擇	筆
능할 **능**	글 **서**	아닐 **불**	가릴 **택**	붓 **필**

186

多岐亡羊
다　기　망　양

|뜻풀이| 갈림길이 많아 양을 잃듯이 학문에도 길이 많아
진리를 찾기 어렵다는 것

【고사】 양자(楊子)의 이웃 사람이 양을 한 마리 잃어버려 그 집 사람
들은 물론 양자네 집 하인까지 동원되어 양을 찾게 되었다. "왜 이리
많은 사람을 양 한 마리 찾으러 보냅니까?"라고 양자가 묻자 이웃 사
람은 "갈림길이 많기 때문이오."라고 답했다. 그러나 나간 사람들은
양을 못 찾고 돌아왔다. 그 이유는 갈림길 속에 또 갈림길이 있어 찾

을 수 없었기 때문이었다. 양자가 우울해 있자 제자 하나가 심도자(心都子)에게 사실을 말했다. 심도자는 양자의 제자 맹양손과 함께 양자에게 가서 물었다. "양은 귀중한 가축도 아니고 선생님의 것도 아닌데 왜 그리 우울해 하십니까?" 이 말을 듣고 양자가 "어떤 사람이 황하 기슭에 살고 있었는데 헤엄을 아주 잘 치기 때문에 배로 사람을 건네주고 많은 돈을 벌며 호화로운 생활을 하고 있었다. 그래서 그에게 헤엄치는 법을 배우러 오는 사람이 많았는데 가까운 사람이 헤엄을 배우다가 물에 빠져 죽었다. 그들은 헤엄을 배우러 왔지 빠지는 것을 배우러 오지는 않았다. 하지만 돈을 버는 사람과 목숨을 잃는 사람과는 차이가 많다. 그대는 어느 쪽이 좋고 어느 쪽이 나쁘다고 생각하는가?" 심도자는 말없이 밖으로 나왔다. 맹손양은 "당신의 질문은 너무나 간접적이고 선생님의 대답은 너무 분명치 않다. 나는 뭐가 뭔지 도무지 알 수 없다."고 하였다. 그러자 심도자가 대답했다. "큰 도는 갈림길이 많기 때문에 양을 놓쳐 버리고 학문하는 사람은 방법이 많기 때문에 본성을 잃게 됩니다(大道以多岐亡羊 學者以方喪生). 학문은 원래 근본이 하나였는데 그 끝에 와서 이렇게 달라졌습니다. 하나인 근본으로 돌아가면 얻을 것도 잃을 것도 없다는 것이 선생님 말씀의 뜻입니다."

【출전】 열자(列子)의 설부편(設符篇), 장자의 변무편(駢拇篇)

평계

多	岐	亡	羊
많을 **다**	갈림길 **기**	망할 **망**	양 **양**

389

187

錦衣夜行

금 의 야 행

|뜻풀이| 비단옷을 입고 밤길을 걷듯 남이 알아주지 않는 보람 없는 행동

【고사】 항우가 홍문연 잔치에서 유방을 죽이려다 시기를 놓친 다음 유방이 한 번 거쳐 간 진나라 도읍 함양에 군대를 이끌고 입성했다. 유방이 살려준 진왕의 아들 영을 죽이고 유방이 보존해둔 진의 궁궐 아방궁에 불을 질러 버렸다. 그 불은 3개월간이나 타올랐다. 항우는 재물과 보화를 약탈하고 미녀들을 잡고 그 길로 고향으로 돌아가려

하자 한생(韓生)이 항우를 설득했다. "함양은 산과 강이 상방을 험하게 막고 있으며 땅이 비옥하여 이곳을 도읍으로 삼으면 천하를 재패할 수 있습니다." 그러나 항우는 천자가 되기 위한 도읍보다 하루 빨리 고향으로 돌아가 자기의 성공을 자랑하고 싶은 마음뿐이어서 동쪽 하늘을 바라보며 읊조렸다. "부귀를 이루고도 고향으로 돌아가지 않는다면 비단옷을 입고 밤길을 걷는 것과 같아 알아줄 사람이 누구겠는가(富貴不歸故鄉 如衣錦夜行 誰知之者乎)?" 한생은 항우의 결심이 굳은 것을 보고 물러나 사람들에게 "세상 사람들이 초나라 사람은 갓 쓴 원숭이라더니(원숭이는 관이나 띠를 둘러도 오래 참지 못함을 비꼬는 것)과연 사실입니다." 이 말이 항우의 귀에 들어가자 한생은 죽임을 당했다. 그리고 항우는 한때의 부귀를 고향에 가서 과시하려다가 천하를 유방에게 내주고 말았다.

고향에 돌아가 크게 한 번 뽐내 보고 싶은 마음이 보통 사람에게는 허물이 될 게 없다. 항우는 24세 맨주먹으로 시작하여 3년만에 패권을 잡았다. 그러나 천하를 완전히 차지하지도 못하고 유방과 대치하고 있는 상황에서 '금의야행' 운운하며 고향에 돌아갔다가 다시 오고 싶은 마음을 가졌다는 것은 항우가 '원숭이가 관을 쓴 격'이나 '수자(豎子)'니 하는 평을 들을 정도의 인물 밖에 안되었음을 말해준다. 사람이 살다보면 금의야행 같은 일을 할 때도 있다.

핑계

【출전】 한서의 항우전(項羽傳)

錦	衣	夜	行
비단 금	옷 의	밤 야	다닐 행

자 포 자 기

自暴自棄

|뜻풀이| 스스로 자신을 학대하고 자신을 내던져 될대로
되라는 식으로 사는 것

【고사】

스스로 자신을 헤치는 사람과는 더불어 말할 것이 못되고

自暴者 不可與有言也

스스로 자신을 버리는 사람과는 더불어 행동할 것이 못되거니와

自棄者 不可與有爲也

말로 예의를 헐뜯는 것을 스스로 해친다 말하고

言非禮義 謂之自暴也

자기의 몸은 인(仁)에 살거나 의(義)에 따르지 못한다고 하는 것을 스스로

버린다고 말한다

吾身不能居仁由義 謂之自棄也

맹자의 말씀대로라면 말을 함부로 하는 것이 '자포(自暴)'이고 행동을
되는대로 하는 것이 '자기(自棄)'이다. 말을 함부로 하는 것은 어질고
바른 것을 적대시하는 태도로 볼 수 있고 행동을 되는 대로 하는 것은
희망을 잃어버린 소극적인 태도로 볼 수 있다. 아무튼 자포자기는 착
하고 바른 일하는 것을 거부하려는 태도를 말하는 것이다. '될대로 되
라'하는 말 자체가 자제력을 상실한 감정의 노예가 되기를 자청하는
말이기도 한다.

【출전】 맹자의 이루편상(離婁篇上)

自	暴	自	棄
스스로 **자**	사나울 **포**	스스로 **자**	버릴 **기**

189

<ruby>萬<rt>만</rt></ruby> <ruby>事<rt>사</rt></ruby> <ruby>休<rt>휴</rt></ruby> <ruby>矣<rt>의</rt></ruby>

|뜻풀이| 일이 끝났다고 할 정도로 체념의 상태에 빠짐을 말함

【고사】 당(唐)나라가 멸망한 후, 나라를 세운 송(宋)이 중국을 통일하
게 되는 979년까지 약 70년에 걸쳐 흥망성쇠한 여러 나라와 그 시대
를 5대 10국이라 한다. 5대는 중원의 후량(後梁), 후당(後唐), 후진(後
晉), 후한(後漢), 후주(後周)의 다섯 왕조를 말하고 10국이란 중원을

벗어난 변방으로 오(吳), 형남(荊南), 전촉(前蜀), 초(楚), 오월(吳越), 민, 후촉(後蜀), 북한(北漢), 남한(南漢), 남당(南唐) 등의 열 나라가 난립하여 다툼을 벌였다. 그중 형남은 당나라 말기 절도사로 파견되었던 고계흥(高季興)이 세운 나라였는데 그가 죽자 아들 고종회(高從誨)가 왕위를 이었다. 종회는 특히 병약한 아들 보욱을 귀여워했는데 그 사랑이 도가 지나쳐 보욱은 유약하였을 뿐만 아니라 안하무인의 망나니로 자랐다. 주위 사람이 그를 꾸짖으며 쏘아보아도 보욱은 그저 웃기만 했는데 자신을 책망하는 줄도 몰랐다. 형남 사람들은 이런 보욱을 보며 '이제 모든 것이 끝났구나(爲 萬事休矣).' 하며 탄식했는데 형인 보융의 뒤를 이어 보욱이 왕위에 올랐기 때문이다. 보위에 오르자 보욱은 무의미한 토목공사를 일으키고 향락에 빠져 민심을 잃었는데 여기서 유래된 만사휴의는 모든 일이 끝장나고 어떻게 해 볼 도리가 없다는 뜻으로 쓰인다.

【출전】 송사(宋史)의 형남고씨세가(荊南高氏世家)

● 송사는 중국 북송과 남송시대의 역사를 기록하고 있다. 원나라 탁극탁(托克托-토크토)을 중심으로 23명의 사관들이 편찬하였다. 본기(本紀) 47권, 지(志), 162권, 표(表) 32권, 열전(列傳) 225권 등 전 496권이다.

망가
망국

萬	事	休	矣
일만 **만**	일 **사**	쉴 **휴**	어조사 **의**

190

水清無大魚

수　청　무　대　어

|뜻풀이| 물이 맑으면 큰 고기가 살지 못한다

【고사】 후한(後漢)의 초기에 반초(班超)는 서역도호(西域都護, 총독)로서 막북(漠北, 외몽고)의 땅에 있기를 30년, 근방의 여러 나라는 모두 그의 무력에 무릎을 꿇었으며 그 때문에 서역은 평화를 유지할 수가 있었다. 그는 정원후(定遠候)에 봉하게 되어 공을 세우고 이름을 떨쳤으나, 나이에는 당하는 장사가 없어 사직을 원하여 윤허를 받아 귀국하게 되었다.

그의 후임으로 천거된 임상(任尙)이라는 사내가 사무의 인수차 반초에게
찾아와 그에게 물었다. "서역 통치의 비결을 가르쳐 주십시오." "자네의
성격을 살펴보니 아마도 엄하면서도 성급한 데가 있는 것 같군. 물이 너
무 맑으면 대어는 숨을 곳이 없어 살 수가 없네(물이 맑으면 대어는 모이
지 않도다). 그와 마찬가지로 정치도 너무 엄하고 거북스럽게 대해서는
성공하지 못하는 법, 사소한 일에 얽매이지 말고 대범하고 간편케 쉬운
것을 첫째로 삼는 것이 좋겠네." 임상(任尙)은 의례적으로 맞장구를 치고
물러섰으나 뒤에 다른 사람에게 이렇게 말했다. "반초(班超)만한 인물이
기에 틀림없이 훌륭한 책략이 있겠지하고 기대했었는데 그런 당치 않은
말만 늘어놓다니…" 임상은 반초의 충고를 무시하고 자신의 성격대로 수
천리 고향땅을 등지고 주둔지에 와 있는 부하들을 엄하게 다스리고 또 서
역민들에게도 법을 가차없이 시행해서 결국 서역의 평화를 잃고 말았다.

공자가어(孔子家語)에도, "물이 지나치게 맑으면 고기가 없다" 고 했다. 도에 넘는 엄
함이나 결벽은 많은 후유증을 가져온다. 지나치게 청렴결백하기 때문에 부하에게 경
원당하고 도리어 원만하지 못한 예는 우리의 주변에도 많이 찾아 볼 수 있다. 많은 역
사학자들이 크롬웰의 청교도 혁명이 실패한 것을 아쉬워한다. 청교도 혁명이 실패한
원인은 여러 가지겠지만 '물이 지나치게 맑으면 고기가 없고 사람이 지나치게 경계
하면 동조자가 없다' 는 공자가어의 말과 연관이 있지 않나 생각해 본다.

**망가
망국**

【출전】 후한서

水	淸	無	大	魚
물 수	맑을 청	없을 무	큰 대	물고기 어

191

사 분 오 열

四分五裂

|뜻풀이| 분열되어 힘이 갈기갈기 분산됨

【고사】 전국책(戰國策)은 주원왕(周元王)으로부터 진시황(秦始皇)에 이르는 전국시대에 책모(策謀) 변론으로 활약한 유세가(遊說家)들의 양상을 나라별로 기술한 책이다. 이 책에는 육국(六國)이 연합하여 진(秦)에 대항해야 한다는 소진(蘇秦)의 합종설(合從說)과 진(秦)나라와 협동해야 한다는 장의(張儀)의 연횡(連衡)설 등도 자세히 기록되어 있다. 이 책의 위책(魏策)에 소진이 위애왕(魏哀王)에게 합종(合縱)의 필요성을 설득하는 변설이 실려 있다. 위나라의 땅은 사방천리도 되지 않고 군대도 30만

에 불과하다. 사방이 편편하여 길은 나뭇가지의 갈림과 같아 수레바퀴의 살과 같이 통하여 있으며 제후들이 사방에서 쳐들어오는데도 높은 산이나 요충지도 없다. 더구나 남쪽에는 초나라, 서쪽에 한나라, 북쪽에 조나라, 동쪽에 제나라와 국경을 접하고 있어 위나라의 자세는 원래가 전쟁터이다. 위나라가 제나라와 연합하지 않으면 제나라가 위나라의 동쪽을 공격할 것이며, 조나라와 연합하지 않으면 조나라가 북쪽을 공격할 것이며, 한나라와 연합하지 않으면 한나라가 서쪽을 공격할 것이며, 초나라와 연합하지 않으면 초나라가 남쪽을 공격해 올 것이다. 이것을 소위 사분오열(四分五裂)의 도(道)라고 하는 것이다. 여기서 사분오열이 유래되었지만 사분오열은 세력이나 힘이 나누어져 힘을 쓸 수 없는 상태를 의미한다.

선조시대의 사색당쟁으로 국론이 사분오열되어 왜침과 사화를 일으켰고 한말의 사분오열은 식민지가 되는 비극의 씨앗이었다. 국가나 기업이나 상층부가 사분오열되면 망할 수밖에 없다. 우리의 역사는 외침을 받았을 때를 제외하고 단합보다는 분열이 많았고 협동보다는 대립이 많은 역사를 가지고 있다. 우리의 헌정사에서 수많은 정당이 기복하여 한 정당의 장기적 유지가 어려웠던 것은 당원 중심의 정당이 아니라 인물 중심의 정당이어서 리더에 따라 이합집산이 극심했기 때문이기도 하지만 사분오열에 빠지기 쉬운 국민성에도 원인이 있다고 할 것이다.

망가
망국

[출전] 전국책의 위책(魏策)

四	分	五	裂
넉 사	나눌 분	다섯 오	찢을 열

192

유 주 망 국

有酒亡國

|뜻풀이| 술은 정신을 혼미하게 하고 중독성이 있어 정사를
그르칠 수 있다는 것

【고사】 옛날에는 단술과 우유만 있었다. 하나라 우 임금 때에 의적이란 사람이 처음으로 술을 만들었다. 우 임금이 술을 마셔보고 말하기를 "후세에 반드시 술 때문에 망하는 나라가 있을 것이다(後世 必有以酒亡國者)."라고 하셨다. 주지육림(酒池肉林)은 폭군과 망국의 대명사처럼 되어 있는데 술 못을 만들고 북을 울리면 삼천 명의 장정으로 하여금 소가 물마시듯 술을 마시게 하여 취생몽사했으니 그 나라는 망할 수 밖에 없

지 않겠는가? 술 때문에 병들고 정신없이 살고 그 결과 가산을 탕진하고 나라를 거덜낸 사실은 역사에 많이 있다. 그러나 술 예찬론자도 많다. 신의 왕망은 전매품공조 조서 가운데 '소금은 먹는 반찬 가운데 장수요, 술은 백가지 약 중에 으뜸이며 쇠는 밭갈이 하는 농사의 기본이다(夫鹽飮肴之長 酒百藥之長 嘉會之好 鐵田農之本).'라고 했다.

〈한서〉〈식화지〉에는 '술은 하늘의 아름다운 녹(酒子天之美祿)'이라고 했다. 이태백은 "술은 마시고 죽어도 좋다"라고 할 만큼 술을 즐겼다. 어떤 사람은 "이 세상에 술이 없다면 무슨 재미로 사느냐?"는 사람도 있고 "인간의 외로움, 슬픔, 우울, 화남, 기쁨을 술이 있기에 달래고 참고 즐거워 한다."고도 한다. 그래서 술은 절대 필요악으로 술이 있기에 제사를 지내고 교제가 되며 인생을 즐길 수 있다고도 한다.

세계적으로 술은 10% 정도씩 소비가 매년 늘어간다고 한다. 이대로 가면 주태백의 세상이 될지도 모르고 병원 침대의 삼분의 일 이상을 술병 환자가 차지할 것이라고 걱정하는 사람도 있다. 술은 안마시는 것이 첫째요, 적당히 마시는 것이 둘째며, 매일 마시지 않는 것이 셋째요, 집에서 마시는 버릇을 들이는 것이 넷째라고 한다. 우 임금의 '술 때문에 망하는 나라가 있다'는 말은 걸주의 주지육림에서 잘 나타났고 오늘도 술 때문에 가정을 파탄시키고 몸을 망치는 사람들이 비일비재하다.

[출전] 사략(史略) 권일(券一)

有	酒	亡	國
있을 유	술 주	망할 망	나라 국

193

南橘北枳

남 귤 북 지

|뜻풀이| 강남에 심을 굴은 강북에 심으면 탱자가 된다는 뜻으로
사람도 그 처해 있는 곳에 따라 선하게도 되고 악하게도 됨을 이르는 말

【고사】 춘추시대 말기 제(齊)나라에 안영(晏嬰)이란 유명한 재상이 있
었다. 어느 해, 초영왕(楚靈王)이 그를 초청했다. 너무 유명하니까 만
나보고 싶은 욕망과 코를 납작하게 만들어 보겠다는 심술이 작용한
것이다. 수인사가 끝난 후 영왕이 입을 열었다.

"제나라에는 그렇게도 사람이 없소?"

"사람이야 많이 있지요."

"그렇다면 경과 같은 사람밖에 사신으로 보낼 수 없소?"

안영의 키가 너무 작은 것을 비웃는 말이었다. 안연은 태연하게 답하였다.

"우리나라에서 사신을 보낼 때 상대방 나라에 맞게 사람을 골라 보내는 관례가 있습니다. 작은 나라에는 작은 사람을, 큰 나라에는 큰 사람을 보내는데 신은 그 중에서도 가장 작은 편에 속하기 때문에 뽑혀서 초나라로 왔습니다."

가는 방망이에 오는 홍두깨였다. 그때 포리가 죄인을 끌고 지나갔다.

"여봐라! 그 죄인은 어느 나라 사람이냐?"

"제나라 사람이온데 절도 죄인입니다." 초왕은 안영을 보고 물었다.

"제나라 사람은 원래 도둑질을 잘하오?" 안영에게 모욕을 주는 것이다.

그러나 안영은 초연한 태도로,

"강남 쪽에 귤이 있는데 그것을 강북에 옮겨 심으면 탱자가 되고 마는 것은 토질 때문입니다. 제나라 사람이 제나라에 있을 때는 원래 도둑질이 무엇인지도 모르고 자랐는데 그가 초나라에 와서 도둑질 한 것을 보면 역시 초나라의 풍토 때문인 줄 압니다."

그 기지와 태연함에 초왕은 안영에게 사과를 했다.

"애당초 선생을 욕보일 생각이었는데 결과는 과인이 욕을 당하게 되었구려."하고 크게 잔치를 벌여 안영을 환대하는 한편 다시는 제나라를 넘볼 생각을 못했다는 것이다.

【출전】 안자춘추(晏子春秋)

자연적

南	橘	北	枳
남녘 남	귤 귤	북녘 북	탱자 지

桑田碧海

상 전 벽 해

|뜻풀이| 뽕나무 밭이 바다로 바뀐다는 뜻으로
세상이 몰라볼 정도로 덧없이 바뀜을 의미함

194

【고사】

낙양성 동쪽의 복숭아꽃 오얏꽃

이리저리 휘날려 뉘 집에 떨어지나

낙양의 어린 소녀 고운 얼굴 만지며

떨어지는 꽃 바라보며 한숨 짓는다

꽃이 지며 그 얼굴엔 나이 또 들어

내년에 피는 꽃은 누가 보아주나

뽕나무 밭이 바다된다는 것 옳은 말인 것을 實聞桑田變成海

상전벽해(桑田碧海)란 말의 출처는 신선전(神仙傳)이다. 신선전의 마고선녀가 신선 왕방평에게 말했다. "제가 곁에서 신선님을 모신 이래 동해가 세 번이나 뽕나무 밭으로 바뀌는 것을 보았습니다(桑田碧海). 이번에 봉래(蓬萊)에 갔더니 바다가 다시 얕아져 이전의 반 정도로 줄었습니다. 또 육지가 되려는 것일까요?" 왕방평이 대답했다. "그러기에 성인들이 이르시지 않으셨나? 바다의 녀석들이 다시 먼지를 일으키고 있다고."

【출전】劉挺芝의 대비백발옹(代悲白髮翁)

자연적

桑	田	碧	海
뽕나무 **상**	발 **전**	푸를 **벽**	바다 **해**

195

衣食足而知禮節

|뜻풀이| 입을 것과 먹을 것이 풍족해야 예절을 알게 된다는 것

【고사】 제환공을 패자로 만든 명재상 관중은 관자(管子)라는 책을 세
상에 남기고 있는데 실상은 그의 사상적 계통을 이은 사람들에 의해
훨씬 뒤에 편집된 것으로 보여 진다. 〈관자〉 〈목민편(牧民篇)〉에 이런
부분이 있다. '창고에 곡식이 차 있으면 예절을 알고 의식이 족하면
영욕을 안다(倉庫實則知禮節 衣食足則知榮辱).' 맹자(孟子)에도 보통

백성은 항산(恒産, 살아갈 수 있는 일정한 재산이나 생업)이 있어야 항심(恒心, 사람이 늘 지니고 있는 착한 마음)이 생기고 항심이 있어야 법도 지키고 예절을 지킬 수 있다고 기록되어 있다.

입고 먹는 것이 넉넉해야 예의니 체면이니 준법이니 하는 것을 알게 된다는 이 말은 불변의 진리요, 정치인들이 늘 생각해야 할 말이다. 우리 속담에 '사흘 굶고 담 안뛰어 넘을 사람이 없다' 는 말이 있다. 굶주린 백성을 방치하면서 도적이 없는 사회를 만들겠다는 것은 공염불이다.

【출전】 관자의 목민편(牧民篇)

● 관자(管子)는 중국 춘추시대에 제나라 재상 관중이 지은 책이다. 이 책을 통해 백성의 경제생활 확립을 주장하고 경제와 도덕이 불가분의 관계에 있음을 말했으며 빈부의 차를 줄여 상하가 화목하면 건전한 사회를 이룰 수 있다고 했다.

[고사성어 더 알아보기]

● 善事左右 (선사좌우) : 임금의 좌우에 있는 사람들을 잘 섬기다. 자신의 지위 유지나 벼슬이 높아지기 위해 필요하다는 것
● 喪家之拘 (상가지구) : 상가집 개. 초라한 모습으로 얻어먹을 것만 찾아다니는 수척한 사람을 이르는 말.

자연적

衣	食	足	而	知	禮	節
옷 의	먹을 식	발 족	말이을 이	알 지	예도 예	절개 절

196

輾轉反側
전 전 반 측

|뜻풀이| 근심과 걱정으로 잠을 이루지 못하는 것

【고사】 시경 첫편인 관저에는 다음과 같은 구절이 있다.

"요조(窈窕, 부녀의 행동이 얌전하고 정숙함)한 숙녀(淑女)는 군자(君子)의

좋은 짝이로다

요조한 숙녀를 자나깨나 구한다

구해도 얻지 못한지라 자나깨나 생각한다 (求之不得 寤寐思服)

생각하고 또 생각하며 옆으로 누웠다 엎었다 뒤쳤다 한다(悠哉悠哉輾轉

反側)"

이것은 남녀의 순수한 애정의 노래이다. 남녀관계가 문란했는데 문왕의 교화 때문에 처녀들이 다 정숙해져 남자들이 함부로 유혹하지 못하는 것이다. 그러고나서 나온 시라고 하여 이를 정풍(正風)이라고 한다.

그래서 관저의 시를 평하여 공자께서는 "관저는 즐거우면서도 음탕하지 않고 슬프지만 마음이 상하지 않는다(關雎樂而不淫 哀而不傷)."고 하셨다.

전전반측은 착하고 아름다운 여인을 그리워하여 잠을 이루지 못하는 것을 묘사한 것이었는데 지금은 걱정과 많은 생각으로 잠을 이루지 못하는 모든 경우에 쓰이고 이성 관계로 쓰이는 경우는 적다.

전전반측은 옛날 한시에는 종종 이용되었다. 여행하는 사람, 고향을 떠나 있는 사람, 벼슬을 하면서도 가족을 데리고 갈 수 없는 제도, 몇 년에서 몇십 년씩 귀향가 있는 사람, 국방을 위해 주둔해 있는 군인들, 그들의 밤은 전전반측이었을 것이다. 전전반측의 근본적인 뜻은 근심과 걱정으로 잠 못 이루는 것이었는데 이것이 시인들의 글에 의해 임 생각, 고향 생각 때문에 잠 못 이루는 것으로 변해 갔다. 요즈음의 전전반측은 고향 생각은 거의 교통의 발달로 사라졌고 임 생각 때문이라는 것도 남녀의 데이트가 자유로워져 희미해졌고 야망이 큰 사람, 특히 죄를 짓고 언제 들통이 날까하여 전전반측하는 사람이 가장 많으리라고 추측된다.

자연적

【출전】 시경의 주남(周南)의 관저

輾	轉	反	側
돌아누울 전	구를 전	돌이킬 반	곁 측

知足者富

|뜻풀이| 족한 것을 알고 현재에 만족하는 사람은 부자라는 뜻

【고사】 설원담총(說苑談叢)에 '부(富)는 만족할 줄 아는데 있다(富在知
足).'라 하였고 명심보감(明心寶鑑)에는 '만족할 줄 알면 항상 즐겁다
(知足常樂).' 명언(名言)으로는 '분수를 지키는 사람은 욕을 먹지 않는
다(知足安分).'고 했다.
부(富)란 많고 넉넉하며 여유가 있다는 말이다. 먹고 입고 쓰고도 남는

410

것이 부자이다. 하지만 먹고 입고 쓰는 것에는 한계가 없어 한 끼에 한 홉 밥, 김치에 국 한 그릇으로 만족하는 사람이 있는가 하면, 곰발 바닥이나 표범의 태를 먹어야 만족하는 사람이 있다. 또 진시황처럼 오래 살려고 보통 사람의 전 재산과 같은 돈을 쓰는 사람도 있다. 정 승 안영은 가죽옷 한 벌로 30년을 입기도 했는데, 필리핀 이멜다처럼 수백 벌의 옷에, 발에 신는 구두가 300 켤레가 되어야 사는 보람을 느 끼는 사람도 있다. 막걸리 한 잔, 소주 한 병으로 이태백의 기분을 느 끼는 사람도 있고 하룻밤에 룸살롱에서 수백 만원씩 술값을 써야 직 성이 풀리는 사람도 있다. 어느 쪽이 부자이고 어느 쪽이 가난한 것일 까?

미국의 강철왕 카네기는 "돈만 부둥켜 안고 죽는 사람이 세상에서 가장 불쌍한 사 람이다"라고 했다. 무한경쟁 시대에 힘써 벌어야 한다. 열심히 일해야 한다. 연구 하고 개발하고 기획해야 한다. 그러나 돈은 수단이어야지 인생의 목적이 될 수는 없다. 돈을 주인으로 섬기는 사람에게 만족이란 없다.

【출전】 장자 33장

[고사성어 더 알아보기]
• 秋風落葉 (추풍낙엽) : 가을바람에 떨어지는 낙엽처럼 시들어 우수수 떨어짐.
• 火牛計 (화우계) : 쇠꼬리에 불을 붙여 밤중에 적진으로 돌진시켜 제나라를 구 한 기묘한 전법.

자연적

知	足	者	富
알 지	발 족	놈 자	부유할 부

198

天高馬肥

|뜻풀이| 하늘은 높고 말이 살찌는 계절인 가을

【고사】 중국의 역대 왕조들은 흉노라는 북방 민족의 변경을 침범하고 잦은 본토 침략이 국가 경영의 최대 두통거리였다. 흉노는 주(周), 진(秦), 육조(六朝)에 걸쳐 약 2천 년 동안 중국 왕실을 괴롭혔다. 진(秦)이 지나친 국력을 쏟아 나라 재정과 인력을 손실하면서 만리장성까지 쌓은 것만을 보아도 알 수 있다. 흉노는 말타기, 활쏘기, 창던지기를 잘하며 집단을 이루어 인마(人馬)를 살상하고, 재물을 노략질하는 일

412

을 바람같이 했다. 그들의 근거지는 본토의 북쪽 광활한 초원에 근거를 두고 방목과 수렵을 하면서 노략질을 일삼는 무리로 겨울이 되면 북방 변경 주민들은 흉노 습격에 대한 방비에 총력을 기울였다. 두보의 조부인 두심언(杜審言)은 흉노족을 막기 위해 변방으로 떠나는 친구 소미도(蘇味道)에게 한 편의 오언배율(五言排律)을 보냈다.

구름은 맑고 요성(妖星)도 사라져
가을은 높고 요새의 말도 살찐다 秋高塞馬肥
안장을 기대면 영웅의 칼이 움직이고
붓을 휘두르면 깃 꽂은 글이 나른다

이 시는 소미도가 빨리 개선해 오기를 염원하는 뜻을 담은 시이다. 이 시에서 추고마비가 천고마비(天高馬肥)로 변했다.

우리나라가 못살던 과거에는 계절에 따라 살찌게 먹을 때도 있었고, 식량이 없어 죽으로 연명하는 때도 있어서 천고마비의 마비라는 말에 중점이 주어진 때도 있었다. 그러나 지금도 가난한 사람이 상당수 있지만 여성 잡지를 사 볼 수 있는 정도의 사람에게는 살찌는 것이 문제가 되어 어느 여성 잡지에나 다이어트에 대한 기사가 매월 실리고 있는 것은 이제는 젊은 여성만이 살찌는 것이 적이 아니라 모든 여성들 나아가서 대부분의 남성들에게도 살찌는 일은 건강상의 큰 근심거리로 등장하였다.

자연적

【출전】 두심언(杜審言)의 시

天	高	馬	肥
하늘 천	높을 고	말 마	살찔 비

199

累卵之危

누 란 지 위

|뜻풀이| 달걀을 쌓아 놓은 것 같이 무너지고 깨질 위험이 있는 상태

【고사】 위(魏)나라 범수(范睢)는 중대부(中大夫) 수가(須賈)의 부하였는데 수가의 종자로 제(齊)나라에 간 적이 있었다. 그곳에서 억울한 누명을 써 수가의 미움을 받아 죽을 위기에 놓였다. 마침 위나라를 방문 후 돌아가는 진나라 사신 왕계(王季)의 도움을 받아 장록(張祿)이

란 이름으로 진나라에 망명을 하게 되었다. 이때 왕계가 진왕에게 "위나라 장록 선생이란 사람은 천하에 뛰어난 변사입니다. 그는 진나라가 지금 계란을 쌓아 놓은 것처럼 정세가 위태롭지만 자기를 받아준다면 평안을 유지할 수 있다고 합니다. 불행히도 이런 내용을 알릴 길이 없다기에 신이 모시고 왔습니다(秦王之國 危如累卵 得臣則安然不可以 書傳也 臣故載來)." 이렇게하여 범수는 진왕에게 원교근공(遠交近攻)의 대외정책을 진언하는 등 크게 활약하고 공헌을 세우게 되었다.

【출전】 사기위 범수채택열전(睢范·蔡澤列傳)

[고사성어 더 알아보기]

• 從善如登 (종선여등) : 착한 일을 하는 것이 매우 힘들다는 뜻.
• 終食之間 (종식지간) : 식사를 하는 짧은 시간이라는 뜻. 얼마 되지 않는 동안.

위험

累	卵	之	危
여러 **누**	알 **란**	갈 **지**	위태할 **위**

200

得隴望蜀

득 롱 망 촉

|뜻풀이| 농서 지방을 얻으니 촉 땅이 탐나듯 인간의 욕심이
끝이 없음을 비유함

【고사】 후한의 유수(劉秀, 광무제)는 제위에 오르자 낙양을 수도로 정
하고 농서까지 평정함으로써 구석에 있는 촉(蜀) 땅만 남게 되었다.
이에 광무제는 "인생이란 족함을 모른다. 농서를 손에 넣었으니 이제
촉을 얻어야겠다(得隴望蜀). 매양 군사를 출동시킬 때마다 그로 인해

머리가 희어진다."라며 촉 땅까지 공격하여 결국 전국의 모든 땅을 평정하고 완전한 후한을 세웠다. 또 삼국시대 조조는 촉을 차지한 유비가 오(吳)의 손권과 다투고 있는 틈을 노려 단숨에 한중을 점령하고 농을 손에 넣었다. 막하의 사마의(司馬懿)가 "지금 한중으로 들어왔으므로 유비의 촉도 떨고 있다."고 하였으나 조조는 "인간이란 족함을 모르는 것이다. 하나 나는 광무제가 아니다. 이미 농(隴)을 손에 넣었으니 그 이상 촉(蜀)을 바라볼 필요가 어디 있겠는가?"라고 말했다. 입으로는 그렇게 말했지만 조조가 촉 진격을 포기한 것은 힘이 부족해서였다. 광무제의 솔직성과 조조의 간웅(奸雄)스러움을 득롱망촉에서 대조해 볼 수 있다.

【출전】 후한서(後漢書)의 광무기(光武記)

위험

得	隴	望	蜀
얻을 **득**	고개이름 **롱**	바랄 **망**	나라이름 **촉**

201

矛盾
모 순

|뜻풀이| 말이나 행동의 앞뒤가 서로 맞지 않음

【고사】 전국시대 초(楚)나라 어느 도시 거리에서 창(矛)과 방패(盾)를
팔고 있는 자가 있었다.

"자, 이 방패는 보통 방패가 아닙니다. 어떤 날카로운 창도 뚫을 수 없
는 방패입니다. 여러분이 목숨을 부지하시려면 이런 방패를 사두셔야
안전합니다."

이번에는 창을 들고 모인 사람들에게 소리쳤다.

"이번에는 이 창을 보십시오. 이 창은 아무리 잘 만들어진 방패도 뚫을 수 있는 명창입니다."

이 말을 듣고 있던 어떤 노인이 그 장사꾼을 향해 말하기를,

"훌륭한 창과 방패를 팔고 계시구려. 그런데 나는 당신 말을 듣고 의혹이 일어나오. 어떤 창도 뚫을 수 없는 방패에다 어떤 방패도 뚫을 수 있다는 창을 찔러보면 어떻게 되겠소."

이 말을 듣고 장사꾼은 말문이 막혀 얼굴이 붉어진 채 창과 방패를 싸들고 어디론가 사라져 버렸다. 모순(矛盾)은 법지상주의자(法至上主義者)인 한비자가 유가(儒家)의 덕치주의를 비판한 우화로 말이나 행동의 앞뒤가 서로 맞지 않음을 뜻한다.

[출전] 한비자의 난일난세편(難一 難世篇)

위험

矛	盾
창 모	방패 순

釜中之魚

부　중　지　어

|뜻풀이| 솥 속의 생선이라는 뜻으로 생명에 위험이 닥쳤음을
비유해 이르는 말

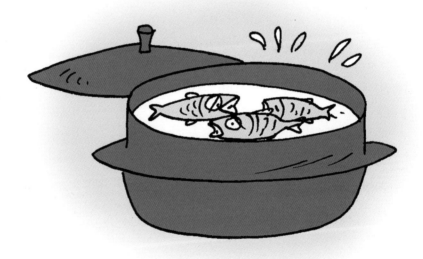

【고사】 후한의 외척 중에 양기(梁冀)만큼 나라에 피해를 끼친 인물도
드물 것이다. 아우인 불의(不疑)가 하남(下南)의 태수가 되었을 때 8
명의 사자로 하여금 주와 군의 순찰을 명했다. 8명 중의 장강(張綱)은
이런 처사에 불만을 가지고 수레의 바퀴를 낙양(洛陽) 숙소의 흙 속

420

에 묻고서 "산개, 이리와 같은 양기의 형제가 요적에 올라 있는데, 여우나 삵괭이와 같은 지방 관리를 조사하며 돌아다닐 수 있는가?" 하고 반대로 양기 형제를 탄핵하는 15개 조항의 상소문을 제출했다. 이로 인해 양기의 미움을 산 장강은 양주와 서주를 십여 년간 휩쓸고 다니는 장영(張嬰)이란 두목이 이끄는 도적떼의 근거지인 광릉군(廣陵郡)의 태수로 임명 되었다.

장강은 태수로 임명받자 단신으로 도적떼의 산채로 수레를 몰고 가서 장영과 만나 사람의 도리를 들려주면서 설득했다. 장영은 장강의 용기와 그의 인격과 열정에 감복하여, "저희들은 이와 같이 하여 서로 취하여 목숨을 오래 보존할지라도 그것은 물고기가 솥 안에서 헤엄치고 있는 것과 마찬가지입니다(釜中之魚). 결코 오래 계속되지 못할 것입니다." 라고 말하여 만여 명의 도적떼가 항복했다. 장강은 산채에서 도적들과 잔치를 베풀고 도적들을 석방해 주었다. 부중지어란 여기서 유래되었다.

【출전】 자치통감(資治通鑑) 의 한기(漢紀)

위험

釜	中	之	魚
가마 **부**	가운데 **중**	갈 **지**	물고기 **어**

203

三人成虎
<ruby>삼</ruby> <ruby>인</ruby> <ruby>성</ruby> <ruby>호</ruby>

|뜻풀이| 근거 없는 말도 여러 사람이 하면 사실로 여김

【고사】 전국 시대 외교적 인질 관례에 따라 위(魏)나라 방총(龐蔥)이 태자를 모시고 조나라 한단(邯鄲)으로 인질이 되어 가면서 자기가 없는 동안 왕의 관심이 자기에게서 멀어질까 하여 위혜왕을 만나 물어보았다.

"여기 어떤 사람이 시장에 호랑이가 나타났다고 하면 대왕께서는 믿겠습니까?"

"그 말을 누가 믿나?"

"그럼 또 한 사람이 와서 같은 말을 하면 믿으시겠습니까?"

"반신반의 하겠지."

"이번에 세 번째로 사람이 와서 같은 말을 한다면 어떻게 하시겠습니까?"

"그 말을 믿을 것 같다." 방총은 말했다.

"시장에는 분명히 호랑이가 없습니다. 그러나 세 사람이 연이어 같은 말을 하면 호랑이가 나타난 것이 됩니다(三人言成虎). 저는 지금 멀리 한단으로 떠납니다. 제가 떠난 후 저에 대해 왈가왈부하는 사람이 셋 만은 아닐 것입니다."

"내가 직접 확인해 보지."

이리하여 작별 인사를 하고 출발했지만 아직 도달하기도 전에 참소가 들어왔다. 태자는 인질에게 풀려 귀국했지만 방총은 그가 예견한 대로 왕을 다시는 만날 수 없는 신세가 되어 있었다.

증자(曾子)는 공자의 제자 10철(哲) 중의 한 명이며 효자로서 유명했다.
그런데 증자와 똑같은 이름의 증삼(曾參)이란 자가 사람을 죽였다. 이 소문을 증자 어머니에게 전해 준 사람이 있었다. 증자의 어머니는 베를 짜면서 "내 자식은 사람을 죽일 리가 없습니다" 하고 베만 짜고 있었다. 조금 뒤 또 한 사람이 와서 같은 말을 했다. 증자의 어머니는 그래도 베만 짜고 있었다. 그러나 세 번째 또 한사람이 달려와 같은 말을 전하자 증자 어머니도 일어나 피해 숨었다고 한다. 증자같은 착한 아들을 믿는 어머니의 마음도 여러 사람의 말 앞에는 흔들린 것이다. 그래서 우리 속담에 '열 번 찍어 안 넘어가는 나무 없다(十代之木)'고 했는지도 모른다.

【출전】 전국책의 魏篇(위편)

三	人	成	虎
석 **삼**	사람 **인**	이룰 **성**	범 **호**

423

204

식 소 사 번
食少事煩

|뜻풀이| 생기는 것도 없이 헛되이 분주한 생활

【고사】 제갈 량이 두 번째 출사표(出師表)를 내고 비장한 각오로 힘
겨운 위(魏)나라 공략을 시작해서 사마의와 대치하고 있을 때였다. 제
갈 량은 속전속결을 하려고 했으나 제갈 량에게 몇 차례 혼이 난 사마
의는 지구전으로 제갈 량이 지칠 때만을 기다리고 있었다. 서로 대치
하고 있는 가운데 사자(使者)들은 자주 오고 갔다. 언젠가 사마의가

촉의 사자에게,

"공명은 하루 식사를 어떻게 하며 일 처리를 어떻게 하시오?"

그러자 사자는 음식은 지나치게 적게 들고 새벽부터 밤중까지 손수 일을 처리한다고 하였다. 그러자 사마의는,

"먹는 것은 적고 일은 번거로우니 어떻게 오래 지탱할 수 있겠소(食少事煩 安能久乎)."

하고 진담반 농담반을 했다. 사자가 돌아와 사마의와의 대화를 보고하니,

"사마의 말이 맞는 것 같다. 나는 아무래도 오래 살 것 같지 않다."

고 하였다. 그 후 제갈 량은 오장원(五丈原)에서 위나라의 사마의(司馬懿)와 대치하다가 병들어 사망하였다. 식소사번은 건강을 돌보지 않고 일만 많이 하는 것을 두고 하는 말로 오늘날에는 생기는 것도 없이 헛되이 바쁘다는 뜻으로도 쓰인다.

【출전】 삼국지

위험

食	少	事	煩
밥 식	적을 소	일 사	번거로울 번

양 두 구 육

羊頭狗肉

|뜻풀이| 양 머리를 걸어 놓고 개 머리를 판다는 뜻으로
좋은 물건을 걸어 놓고 나쁜 물건을 파는 사기 장사

205

【고사】 '양두구육'은 무문관(無門關)에 "양의 머리를 걸어 놓고 말고
기를 판다(懸羊頭賣馬脯)."라고 실려 있고, 안자춘추(晏子春秋)에는
"소의 머리를 문에 걸어 놓고 안에서 말고기를 판다(縣牛首于門而賣
馬關於內)."라고 있으며 설원(說苑)에는 "소의 뼈를 걸어 놓고 말고기

를 안에서 판다(縣牛骨于門而賣馬肉於內)."라고 실려 있다.

안자춘추(晏子春秋)에 실려 있는 것을 보면 제영공은 남장 여인 보기를 즐기는 괴벽이 있었다. 이 습성은 민간에도 퍼져 남장 여인이 나라 안 도처에 퍼져 나갔다. 이 소문을 듣고 영공은 궁중 밖에서는 여자들이 남장하는 것을 왕명으로 금지시켰는데 이 명이 잘 시행이 안 되었다. 그래서 왕명이 시행되지 않는 이유를 안자에게 물었다. 안자는 "폐하께서 궁중 안에서는 남장 여인을 허용하시면서 궁 밖에서는 금하시는 것은 마치 소의 머리를 문에 걸어 놓고 안에서는 말고기를 파는 것과 같습니다. 궁중 안에서부터 여자의 남장을 금하소서."라고 하였다. 영공이 이 말을 따르니 과연 한 달이 못되어 온 나라 안의 남자 여인이 없어졌다.

【출전】 항언록(恒言錄)

[고사성어 더 알아보기]

- 天人共怒 (천인공로) : 모든 사람이 함께 노한다는 뜻으로 도저히 용납 못함.
- 天眞爛漫 (천진난만) : 꾸밈이나 거짓 없이 하늘에서 타고난 순진한 성질 그대로가 말이나 행동에 나타남.
- 千秋萬歲 (천추만세) : 천년만년 천만년이나 장수하기를 축수하는 말.

위험

羊	頭	狗	肉
양 **양**	머리 **두**	개 **구**	고기 **육**

206

殃及池魚

앙 급 지 어

|뜻풀이| 재앙이 연못 속 고기에게 미친다는 뜻으로
뜻하지 않은 재난을 당함

【고사】 춘추 시대 송나라 사마환이 훌륭한 보주(寶珠)를 가지고 있었
는데 죄를 짓자 재빨리 그 보주를 가지고 도망쳤다. 왕은 그가 보주를
가지고 있다는 것을 알았기에 힘들여 찾아서 보주 숨긴 곳을 물었다.
"내가 도망칠 때 연못 속에 던져 버렸소." 이에 많은 사람들을 동원하
여 연못의 물을 다 퍼내고 보니 보주는 없고 연못의 물고기만 죽게 되

었다고 한다.

춘추전국때 어느 날 초나라 성문이 불타고 있었다. 이때 성문 바로 옆에 연못이 하나 있었는데 사람들이 그 연못의 물을 퍼내어 성문의 불을 끄게 되었다. 그 결과 연못의 물이 말라 물고기가 모두 죽어버렸다. 춘추시대 초(楚)나라 왕궁에서 기르고 있던 원숭이가 도망쳤다. 그래서 원숭이를 잡으려고 도망쳐 들어간 숲의 나무와 가지를 모두 잘라버려 숲이 사라져 버린 것처럼 뜻하지 않는 일로 재난을 당하게 됨을 말한다.

유태인이라는 이유 때문에 나치 독일에 의해 600만이나 숨진 유태인들, 일본의 한국인 징용, 정신대, 남경 대학살, 월남전쟁 참가자들의 고엽제 피해 등 앙급지어적 사건은 역사에 너무 많다. 세계에는 이 지구를 몇백 개라도 날려버릴 만한 양의 원자폭탄과 수소폭탄이 곳곳에 산재해 있다. 20세기 인류는 이런 면에서 보면 앙급지어 신세라고 할 수 있다. 그러나 이념 대립이 사라지고 핵확산 금지에 힘쓰고 세계를 푸르게 하자는 그린운동이 펼쳐지는 것을 보면 절망 아닌 희망도 가져진다.

【출전】 여씨춘추(呂氏春秋)의 필기편(必己篇)

위험

殃	及	池	魚
재앙 앙	미칠 급	못 지	물고기 어

207

烏合之衆

오 합 지 중

|뜻풀이| 까마귀 떼가 모인 것처럼 질서도 통일도 없이 모인 무리

【고사】 한(漢)나라 말기에 황태후 왕정군(王政君)에게는 여덟 동생들이 있었는데 그들이 조정을 틀어쥐자 기세가 등등하여 하늘 높은 줄 몰랐다. 그런데 왕망은 다른 형제들과는 달리 청렴한 생활과 겸손한 몸가짐으로 그를 따르는 선비들이 많았다. 그러나 왕망은 대마사에 오르자 14세인 평제를 시해하고 두 살배기 유자영을 황태자로 삼은 뒤 삼 년이 지나자 스스로 제위에 올라 국호를 신(新)이라 하였다. 황

제가 된 왕망은 개혁정책의 실패와 미성숙한 정치로 사회혼란을 가중시키고 농민들에게 고통을 안겨주었다. 결국 그는 부하의 손에 죽임을 당하고 한왕조의 종친 유수(劉秀)가 새 황제로 유현(劉玄)을 옹립했는데 그가 후한(後漢)의 시조인 광무제(光武帝)다. 왕망 정권을 무너뜨리고 혼란이 수습되는 듯했으나 왕랑(王郎)이란 자가 스스로 성제(成帝)의 아들 유자여(劉子輿)라 떠벌리며 세력을 늘려갔다. 상곡(上谷) 태수 경황은 아들 경엄으로 하여금 왕랑을 진압하도록 했는데 장수 손창과 위포가 경엄에게 "유자여야말로 한왕조의 정통이니 그를 따르지 않고 누구를 따른단 말입니까?" 하였다. 경엄은 그들을 꾸짖으며 "왕랑이 황제의 아들을 사칭해 난을 일으키고 있지만 놈은 한낱 도적일 뿐으로 우리가 왕랑의 오합지중을 쳐부수기란 썩은 나무를 꺾는 거나 마찬가지다." 했다. 오합지졸(烏合之卒), 와합지졸(瓦合之卒)과 같은 말이다.

광무제는 형 유인과 함께 3,000여 명의 군사로 왕망의 43만 대군을 격파하는데 결정적인 역할을 했다. 그는 또 왕망 때부터 할거하던 적미군(赤眉軍)과 유적(流賊) 등을 평정하여 전국을 통일하고 노비를 해방시켜 양민으로 만들고 가벼운 세금과 부역으로 나라의 안정을 찾아갔다. 관리를 정돈하는 한편 탐관오리들을 처벌하여 중앙집권체제를 강화하고 지식인을 우대하여 명예와 기개를 중시하는 풍조가 형성되었다.

【출전】 후한서 경엄전 (耿弇傳)

烏	合	之	衆
까마귀 **오**	합할 **합**	갈 **지**	무리 **중**

위험

208

평 지 풍 파

平地風波

|뜻풀이| 고요한 땅에 바람과 물결을 일으키듯 공연한 일을
만들어 시끄럽게 함

【고사】 유우석(劉禹錫)은 중국 중당(中唐)의 대표적 시인이다. 그가
지방관으로 있으면서 농민의 생활 감정을 노래한 죽지사(竹枝詞) 9수
중 첫 수에서 이렇게 읊고 있다.

구당의 시끄러운 열두 여울, 사람들은 말하네

길이 예부터 어렵다고

못내 안타까워라 인심이 물만도 못하여 長恨人心不如水

생각이 부족하여 평지에 풍파를 일으키는 것을 等閑平地起波瀾

이 시는 파촉(巴蜀) 일대의 민요인 바, 그 가사가 저속했으므로 유우석이 그 곡조에 맞추어 다시 새롭게 가사를 쓴 것이라고 전한다. 삼협(三峽)의 하나인 구당에는 열둘이나 되는 여울이 있어서 예부터 이 길을 지나다니기가 어렵다고 전해오고 있다. 그거야 산이 가파르고 길이 험하니 자연 여울이 질 수밖에 없는 일이다.

【출전】 유우석(劉禹錫) 의 죽지사(竹枝詞)

● 유우석(劉禹錫)은 중국 당대의 문장가이다. 자는 몽득이고 진사로 등재 감찰어사가 되었다. 나주사마로 옮겼을 때 만속들이 무(巫)를 즐김을 보고 죽지사 10편을 썼다.

위험

平	地	風	波
평평할 **평**	땅 **지**	바람 **풍**	물결 **파**

〔호 접 지 몽〕

胡蝶之夢

|뜻풀이| 자연과 내가 한 몸이 된 경지

【고사】 장자(莊子)가 어느날 꿈속에서 나비가 된 것을 기뻐하였다. 스스로 즐거워 뜻하는 대로 가고 있어 자신임을 알지 못했다. 그러다 문득 눈을 떠보니 곧 장자가 되어 있었다. "알지 못하겠다. 장자가 꿈에 나비가 된 것인지 나비가 꿈에 장자가 된 것인지를… 장자와 나비와는 반드시 구별이 있다. 이른바 만물의 변화인 물화(物化)라는 것이

다." 장자는 또 "하늘과 땅은 나와 같이 생기고 만물은 나와 함께 하나가 되어 있다."고 말했다. 그러한 만물이 하나로 된 절대의 경지에 서 있게 되면 인간인 장자는 곧 나비일 수 있고 나비가 곧 장자일 수도 있다. 꿈도 현실도 죽음도 삶도 구별이 없다. 우리가 눈으로 보고 생각하고 느끼고 하는 것은 만물의 변화에 불과한 것이다. 이런 경지에 들어가면 참다운 우주의 신비, 실존의 진리, 참된 도를 터득할 수 있게 되는 것이다.

장주의 이론인 만물의 변화라는 물화(物化)라는 이론을 이해하기란 쉽지 않다. 다만 노장사상이 인간도 자연의 한 부분으로 생각하고 자연과 인간이 일치되는 경지에 지식과 인식이 도달하는 것을 이상으로 삼고 있기 때문에 장주가 꿈에 나비가 된 것인지 나비가 꿈에 장주가 된 것인지를 구별할 수 없었다는 호접지몽 이야기를 제기한 것이다. 여기서 우리는 인생이 덧없다는 많은 고사의 하나로 호접지몽을 받아들이면 괜찮을 것으로 생각해야 될 것이다.

【출전】 장자의 제물론편(齊物論篇)

胡	蝶	之	夢
되 호	나비 접	갈 지	꿈 몽

기타

嚆矢

효 시

|뜻풀이| 개전(開戰) 신호에 쓰였던 소리나는 화살
모든 것의 시초나 선례를 가리킴

【고사】 "나는 성인의 지혜가 죄인의 목에 거는 큰 칼과 발에 거는 차
꼬가 되지는 않는지, 또 이른바 인(仁)이나 의(義)니 하는 것이 차꼬와
수갑의 빗장이 되지 않는지 알 수 없구나. 효도로 유명한 증삼과 강직
하기로 유명한 사유가 폭군인 걸(桀)과 큰 도둑인 척(跖)과 같은 극악

무도한 사람을 울리는 효시(嚆矢)가 되지 않았음을 어찌 알겠는가? 그러므로 성인을 없애고 지혜를 버린다면 천하가 잘 다스려질 것이다." 장자의 재유(在宥)편에 나온 말로 재유는 죄를 있는 대로 모두 용서하고 무위로써 자연에 맡기어 천하를 다스리는 일이라는 뜻이다. 효시는 여기서 유래했는데 어떤 것의 시초 또는 선례를 말한다.

가풍(家風), 기업이념(企業理念), 건국정신(建國精神), 민족정서(民族情緖)가 그 후손, 그 회사원, 그 국민, 그 민족에게 크나큰 영향을 미친다는 것을 효시고사는 말해주고 있다.

【출전】 장자의 재유편(在宥篇)

[고사성어 더 알아보기]
• 秋毫 (추호) : 가을철의 가늘어진 짐승의 털이란 뜻으로 매우 작음을 말함.
• 秋毫不犯 (추호불범) : 마음이 청렴하여 남의 것을 조금도 건드리지 않음.

嚆	矢
울릴 **효**	화살 **시**

211

오 리 무 중

五里霧中

|뜻풀이| 어디에 있는지 찾을 길이 막연하거나 갈피를 잡을
수 없을 때 쓰임

【고사】 후한 때 장해라는 지조가 굳은 학자가 있었다. 그의 아버지 장
패도 이름 있는 학자였는데 권세나 세상에 야합하지 않고 고고하게 살
았나. 상해도 아버지의 기상을 이어 받아 많은 학자들이 그를 따랐다.
그러나 그는 벼슬을 원치 않고 산중에서 은거하는 생활을 하고 있었
다. 그가 거처하는 곳은 저자 거리를 이루어 공초시(公超市) 하나가

생기게 되어 중신들이 몇 번이고 현량방정(賢良方正)으로 추천했으나 역시 사양했다.

안제(安帝)가 죽고 다음에 즉위한 순제(順帝)는 특히 하남윤에게 "장해의 행실은 원헌(原憲, 孔子의 손자 子思)을 따르고 그 지조는 이제(夷齊, 백이 숙제)와 같다." 하고 격찬하며 예로써 맞이하게 했으나 장해는 이때도 병을 칭탁하여 나오지 않았다.

그런데 장해는 학문뿐 아니라 도술(道術)도 즐겨 곧잘 5리나 이어지는 안개를 일으켰다고 한다. 그때 관서 사람으로 배우라는 자도 방술을 써서 3리에 걸치는 안개를 일으켰는데 장해가 오리무(五里霧)를 일으킨다는 말을 듣고 그 재주를 배우려고 했으나 모습을 감추고 만나주지 않았다. 이리하여 오리무중이란 말이 생겼다. 그 뒤 배우는 안개를 일으키며 나쁜 짓을 하다가 감옥에 들어가게 되었는데 장해에게 도술을 배웠다고 거짓진술을 하여 장해는 억울하게 2년 동안 옥살이를 했다고 한다.

【출전】 후한서의 장해전(張楷傳)

五	里	霧	中
다섯 **오**	마을 **리**	안개 **무**	가운데 **중**

212

屋上架屋
옥　상　가　옥

|뜻풀이| 지붕 위에 거듭 집을 세운다는 뜻으로 공연한
헛수고나 필요 없는 일을 이중으로 함

【고사】 동진(東晋)의 유중초가 수도 남경(南京)의 아름다움을 묘사한
양도부(楊都賦)를 지은 후 친척인 세도재상 유양에게 보이자 유양은
친척의 정분을 생각해서 "그의 양도부는 좌태충이 지은 '삼도부(三都
賦)'와 조금도 손색이 없다."하고 과장된 평(評)을 하자 사람들이 양도

부를 서로 베끼려고 종이를 구해 장안의 종이가 귀해질 정도였다.

그러나 이와 같은 경박한 풍조에 대해 태부(太傅)로 있는 사안석은 "그건 안 될 소리다. 이건 지붕 밑에 지붕을 걸쳤을 뿐이다(不得爾 此是屋下架屋耳)." 결국 남의 것을 모방해서 만든 독창성이 결여된 문장이란 뜻이다.

그 후 남북조시대 북제의 안지추가 자손을 위해 쓴 안씨 가훈(顏氏 家訓)에 '위진(魏晉) 이후에 씌어진 모든 책들은 이론과 내용이 중복되고 서로 남의 흉내만을 내고 있어 그야말로 지붕 밑에 지붕을 만들고 평상위에 평상을 만드는 것과 같다(魏晉以來 所著諸子 理重事複 遲相摸斅 猶屋下架屋 牀上施牀爾).' 여기서 옥하가옥이 옥상가옥으로 바뀌었다.

[출전] 세설신어(世說新語)의 문학편(文學篇)

屋	上	架	屋
집 옥	윗 상	시렁 가	집 옥

기타

213

玉石俱焚

옥 석 구 분

|뜻풀이| 옥과 돌이 함께 타듯이 선인과 악인이 함께 난을 만나는 것

【고사】 "불이 곤륜산에 붙으면 옥과 돌이 다 함께 타고 만다고 한다. 친리(天吏)가 그 넉을 잃게 되면 그 해독은 사나운 불보다 무섭다. 그 괴수는 죽을지라도 마지못해 따라한 사람은 죄를 주지 않는다. 오래 물들은 더러운 습성을 버리고 다함께 새로운 사람이 되라(火炎崑岡

玉石俱焚 天使逸德 烈于猛火)." '윤정(胤征)'은 윤후가 하왕(夏王)의
명령으로 희화(羲和)를 치러 갈 때 발표한 선언문이었다.

착한 사람과 악한 사람이 함께 화를 입는 것을 옥석구분이라고 한다. 전쟁으로 인한 옥석구분, 천재지변으로 인한 옥석구분, 정권 투쟁으로 인한 옥석구분 등이 있다. 줄을 잘못 섰다가 영화에서 멀어지는 사람이 많아서 후진 국가일수록 줄서기 경쟁이 치열하다. 그러나 북한의 김일성부자나 이란의 후세인, 쿠바의 카스트로와 같은 한 국민이 되었다는 것 때문에 순진하고 선한 사람들이 숙청을 당하고 굶어 죽는다면 얼마나 억울하겠는가?

【출전】 서경의 하서(夏書), 윤정편(胤征篇)

[고사성어 더 알아보기]

• 盤根錯節(반근착절) : 구부러진 뿌리가 많이 내려 마디가 얽혀 있다. 세력의 뿌리가 깊어 제거하기가 어려운 상태를 말함.
• 曳尾塗中(예미도중) : 꼬리를 진흙 속에 끌고 다닌다. 부귀로 속박 받는 것보다 가난하지만 자유롭게 살겠다는 것.
• 寸馬豆人(촌마두인) : 먼 위치에 있는 말과 사람이 작게 보임을 가리키는 말.

玉	石	俱	焚
구슬 **옥**	돌 **석**	함께 **구**	불사를 **분**

214

욕 속 부 달 욕 교 반 졸

欲速不達欲巧反拙

|뜻풀이| 너무 서두르면 일이 성사되기 어렵고, 너무 잘하려고 하면 오히려 망쳐 놓는다는 말

【고사】 공자의 제자 자하(子夏)가 '거부(莒父)'라는 고을의 장관이 되자 스승을 찾아와 정치하는 법을 물었다. 공자는 말씀하시기를 "빨리 하려 하지 말고 작은 이익을 보지 말라. 빨리 하려 하면 일이 잘 되지 않고 작은 이익을 보면 큰 일이 이루어지지 않는다(無欲速 無見小利

欲速則不達見 小利則大事不成)."라고 하셨다. 욕속은 빠른 행동이 아니라 조급한 마음과 빨리 성과를 올리려는 성급한 마음을 말한 것이다. 마음은 차분하고 듬직하게, 행동은 민첩해야 좋은 성과를 올릴 수 있다. 특히 정치는 근본 문제를 장기적으로 다뤄야 하기 때문에 단순한 명령이나 법률로써 효과를 보려 하면 혼란만 초래하게 되는 것이다. 더디어도 서서히 한 가지씩 올바르게 처리해 나가야만 비로소 바라는 성과를 얻을 수 있는 것이다.

미국에서 대통령이 된 사람들은 원대한 포부, 장기적인 계획, 정확한 상황 판단, 국민의 공감대 형성, 윤리적으로 솔선수범해야 백악관의 주인이 될 수 있다고 한다. 우리 정치인들도 성급하게 용이 되려 하거나 전임자의 지원에 의해 용이 되려는 생각을 버리고 선진 정치국가의 백악관 입성 절차를 참고할 필요가 있다.

【출전】 논어 자로편(子路篇)

欲	速	不	達	欲	巧	反	拙
하고자할 욕	빠를 속	아닐 부	통달할 달	하고자할 욕	공교할 교	돌이킬 반	옹졸할 졸

기타

부록
고사성어 더 알아보기

ㄱ

- **가가대소(呵呵大笑)** : 우스워서 소리를 크게 내어 웃음.
- **가동가서(可東可西)** : 동쪽이라도 좋고 서쪽이라도 좋다. 이렇게도 저렇게도 상관없다.
- **가화만사성(家和萬事成)** : 집안이 화목하면 모든 일이 평안하게 잘 이루어진다는 말.
- **각곡유목(刻鵠類鶩)** : 고니를 조각하였는데 그만 집오리가 되고 말았다. 높은 뜻을 갖고 어떤 일을 성취하려다가 중도에 그쳐 다른 사람의 조소를 받는 것을 비유해서 한 말.
- **간난신고(艱難辛苦)** : 갖은 고초를 다 겪으며 고생함.
- **간두지세(竿頭之勢)** : 대나무 가지 꼭대기에 서 있게 된 형세. 어려움이 극도에 달하여 아주 위태로운 상황을 말한다.
- **간악무도(奸惡無道)** : 간사하고 악독하며 도리에 어긋남.
- **감언이설(甘言利說)** : 비위를 맞추는 달콤한 말과 이로운 조건을 내세워 꾀는 말.
- **감지덕지(感之德之)** : 분수에 넘치는 듯 싶어 몹시 고맙게 여김.
- **감탄고토(甘呑苦吐)** : 달면 삼키고 쓰면 뱉는다는 뜻으로, 인정의 간사함을 이르는 말.
- **갑론을박(甲論乙駁)** : 서로 자기의 의견을 주장하여 남의 의견을 반박함. 또는, 말다툼이 되어 논의가 되지 않음.

446

- 강구연월(康衢煙月) : 평화스러운 대낮의 길거리 풍경과 저녁 짓는 굴뚝 연기가 달을 향해 피어오르는 풍경. 살기 좋고 평화로운 태평 시대를 상징한다.
- 강장하무약병(强將下無弱兵) : 강한 장수 밑에 약한 병사가 없다는 뜻으로 유능한 인재 밑에는 유능한 인재가 모인다는 말.
- 강호연파(江湖煙波) : 강이나 호수 위에 안개처럼 뽀얗게 이는 잔물 결. 산수(山水)의 좋은 경치.
- 개문납적(開門納賊) : 문을 열고 도적에게 바친다. 스스로 재화(災禍)를 끌어들이는 것을 말함.
- 거두절미(去頭截尾) : 머리와 꼬리를 자른다는 뜻으로, 앞뒤의 잔사설을 빼고 요점만을 말함.
- 거안사위(居安思危) : 평안할 때에도 위험과 곤란이 닥칠 것을 생각하며 잊지 말고 미리 대비해야 함.
- 거이기(居移氣) : 사는 장소와 지위의 변화에 따라 사람의 마음이 변한다는 뜻으로 좋은 곳이나 높은 지위에 있게 되면 정신도 고상해지고 맑아진다는 의미.
- 거자불추 내자불거(去者不追 來者不拒) : 가는 사람 붙들지 않고 오는 사람 막지 않는다는 뜻.
- 거자일소(去者日疎) : 죽은 사람에 대한 것은 날이 갈수록 잊어버리게 된다는 뜻으로 멀리 떨어져 있으면 점점 사이가 멀어지게 됨을 이르는 말.
- 격세지감(隔世之感) : 많은 변화를 겪어서 아주 딴 세상처럼 느껴짐.
- 견마지로(犬馬之勞) : 개나 말의 하찮은 수고라는 뜻으로, 윗사람에게 바치는 자기의 노력을 낮추어 말할 때 쓰는 말.
- 견물생심(見物生心) : 물건을 보면 갖고 싶은 욕망이 생김.

- 견선여갈(見善如渴) : 착한 일을 보기를 마치 목마른 것 같이 하라.
- 견선종지(見善從之) : 착한 일이나 착한 사람을 보면 그것을 따르라.
- 견원지간(犬猿之間) : 개와 원숭이 사이라는 뜻으로, 서로 사이가 나쁜 두 사람의 관계를 이르는 말.
- 견인불발(堅忍不拔) : 굳게 참고 견뎌서 마음을 빼앗기지 아니함.
- 결자해지(結者解之) : 매듭은 그것을 이은 사람이 풀어야 한다는 뜻으로, 일을 저지른 사람이 그 일을 해결해야 한다는 뜻.
- 경이원지(敬而遠之) : 겉으로는 공경하는 체 하면서 속으로는 멀리함.
- 경적필패(輕敵必敗) : 적을 가볍게 보면 반드시 패배함.
- 경화수월(鏡花水月) : 거울에 비친 꽃과 물에 비친 달. 볼 수만 있고 가질 수 없는 것.
- 고관대작(高官大爵) : 지위가 높은 큰 벼슬자리. 또는, 그 직위에 있는 사람.
- 고군분투(孤軍奮鬪) : 수가 적고 지원이 없는 외로운 군대가 힘겨운 적과 싸움을 벌이는 것을 말함. 또는, 홀로 여럿을 상대로 싸움.
- 고량진미(膏粱珍味) : 기름진 고기와 좋은 곡식으로 만든 맛있는 음식.
- 고립무원(孤立無援) : 고립되어 도움을 받을 데가 없음.
- 고목생화(枯木生花) : 마른나무에서 꽃이 핀다는 뜻으로, 곤궁한 사람이 뜻밖의 행운을 만나게 됨의 비유.
- 고성방가(高聲放歌) : 큰소리로 떠들고 마구 노래 부름.
- 고식지계(姑息之計) : 근본 해결책이 아닌 임시로 편한 것을 취하는 계책.
- 고육지계(苦肉之計) : 적을 속이기 위해, 또는 어려운 사태를 벗어나기 위한 수단으로 제 몸을 괴롭혀 가면서까지 짜내는 계책.
- 고장난명(孤掌難鳴) : 한 손으로는 손뼉을 울릴 수 없다는 뜻으로,

상대 없이 싸울 수 없고, 혼자서는 일을 이룰 수 없다는 말.

- 고진감래(苦盡甘來) : 쓴 것이 다하면 단 것이 온다는 뜻으로, 고생 끝에 낙이 옴을 이르는 말.
- 곤궁이통(困窮而通) : 손 쓸 도리가 없는 지경에 이르게 되면 오히려 활로가 생긴다는 뜻
- 곤수유투(困獸猶鬪) : 위급한 경우에는 짐승일지라도 적을 향해 싸우려 덤빔. 곧 궁지에 빠지면 약한 자가 도리어 강한 자를 해칠 수 있다는 뜻.
- 골육상잔(骨肉相殘) : 부자나 형제 또는 같은 민족 간에 서로 싸움.
- 공리공론(空理空論) : 헛된 이치와 논의란 뜻으로, 사실에 맞지 않은 이론과 실제와 동떨어진 논의.
- 공명정대(公明正大) : 마음이 공평하고 사심이 없으며 밝고 큼.
- 공수래공수거(空手來空手去) : 빈손으로 왔다가 빈손으로 간다는 뜻으로 사람의 일생이 허무함을 이르는 말. 또, 재물을 모으려고 너무 욕심을 내지 말라는 말.
- 공존공영(共存共榮) : 함께 살고 함께 번영함. 함께 잘 살아감.
- 과대망상(誇大妄想) : 현재의 분수보다 너무 지나치게 크게 생각하는 것, 제 맘대로의 생각을 말한다.
- 과전불납리(瓜田不納履) : 오이 밭에서는 신을 고쳐 신지 않는다는 뜻으로, 의심받을 짓은 처음부터 하지 말라는 말.
- 관인대도(寬仁大度) : 마음이 너그럽고 인자하며 도량이 넓음.
- 구곡간장(九曲肝腸) : 굽이굽이 깊이 서린 마음속.
- 구밀복검(口蜜腹劍) : 입에는 꿀을 담고 뱃속에는 칼을 지녔다는 뜻으로, 말로는 친한 척하지만 속으로는 해칠 생각을 품고 있음을 비유하여 이르는 말.

- 구화투신(救火投薪) : 불을 끄는 데 장작을 집어넣는다는 뜻으로 근본을 다스리지 않고 성급히 행동하다가 도리어 해를 크게 함을 비유.
- 군웅할거(軍雄割據) : 여러 영웅이 세력을 다투어 땅을 갈라 버티고 있는 형세.
- 군자유삼외(君子有三畏) : 군자가 갖는 세 가지의 두려움, 즉 천명을 거역하지 않는가, 대인을 거역하지 않는가, 성인의 말씀에 어긋나지 않는가.
- 궁여일책(窮餘一策) : 막다른 처지에서 짜내는 한 가지 계책.
- 권불십년(權不十年) : 권세는 십 년을 못 간다는 말. 권세가 오래가지 못함을 이르는 말.
- 근묵자흑(近墨者黑) : 먹을 가까이 하면 검어진다는 뜻으로, 나쁜 사람을 가까이 하면 물들기 쉽다는 말.
- 금과옥조(金科玉條) : 금옥과 같은 법률이라는 뜻으로, 소중히 여기고 지켜야 할 규칙이나 교훈.
- 금란지계(金蘭之契) : 사이좋은 벗끼리 마음을 합치면 단단한 쇠도 자를 수 있고, 우정의 아름다움은 난의 향기와 같다는 뜻. 아주 친밀한 친구 사이를 이름.
- 금석맹약(金石盟約) : 쇠와 돌같이 굳게 맹세해 맺은 약속.
- 금성탕지(金城湯池) : 쇠로 만들고 끓는 물의 연못이 있어 가까이 가지 못하는 매우 견고한 성.
- 금의환향(錦衣還鄕) : 비단옷을 입고 고향에 돌아간다는 뜻으로, 객지에서 성공하여 고향에 돌아감을 이르는 말.
- 금지옥엽(金枝玉葉) : 금으로 된 나뭇가지와 옥으로 만든 잎이란 뜻으로, 임금의 자손이나 집안, 또는 귀여운 자식을 이르는 말.

- 금의옥식(錦衣玉食) : 좋은 옷과 좋은 음식. 사치스러운 생활을 일컬음.
- 기고만장(氣高萬丈) : 일이 뜻대로 잘 되어 기세가 대단하거나, 또 화를 낼 때 지나치게 자만하는 형세.
- 기상천외(奇想天外) : 보통으로는 생각할 수 없는 기발하고 엉뚱한 생각.

ㄴ

- 낙락장송(落落長松) : 가지가 아래로 축축 늘어진 키 큰 소나무.
- 낙이사촉(樂而思蜀) : 타향살이가 즐거워 고향 생각을 하지 못함을 이르는 말. 눈앞의 즐거움에 겨워 근본을 잊게 될 때를 비유하기도 함.
- 난공불락(難攻不落) : 공격하기 어려워 좀처럼 함락되지 아니함.
- 난상공론(爛商公論) : 여러 사람들이 잘 의논함.
- 난상지목불가앙(難上之木不可仰) : 오르지 못할 나무는 쳐다보지도 말라는 뜻.
- 난상토의(爛商討議) : 낱낱이 들어 잘 토의함.
- 난신적자(亂臣賊子) : 나라를 어지럽히는 신하, 또는 어버이를 해치는 자식.
- 남면지위(南面之位) : 임금이 앉는 자리의 방향이 남향이었다는 데서 유래한 것으로 '임금의 자리'를 가리키는 말
- 남부여대(男負女戴) : 남자는 등에 짐을 지고 여자는 머리에 인다는 뜻으로, 가난한 사람이나 재난을 당한 사람들이 살 곳을 찾아 떠돌아다님을 이르는 말.
- 남존여비(男尊女卑) : 남성을 존중하고 여성을 비천하게 여기는 생각.

- 낭중취물(囊中取物) : 주머니 속의 물건이란 뜻으로, 손쉽게 얻을 수 있는 물건을 이르는 말.
- 노갑이을(怒甲移乙) : 어떤 사람에게서 당한 노여움을 다른 사람에게 화풀이하다.
- 노당익장(老當益壯) : 사람은 늙을수록 더욱 기운을 내어야 하고 뜻을 굳게 해야 한다. 줄여서 노익장(老益壯)이라고도 쓴다.
- 노발대발(怒發大發) : 몹시 크게 성을 냄.
- 노승발검(怒蠅拔劍) : 모기보고 칼 빼기. 즉 작은 일로 노함을 비유한 말.
- 노심초사(勞心焦思) : 애를 쓰고 속을 태움.
- 녹의홍상(綠衣紅裳) : 연두색 저고리와 다홍치마란 뜻으로, 젊은 여인의 고운 옷차림을 이르는 말.
- 능지처참(陵遲處斬) : 머리·몸·손·팔다리를 토막 쳐서 죽임.

ㄷ

- 다문박식(多聞博識) : 많이 듣고 넓게 공부함. 견문이 넓고 학식이 많음을 말한다.
- 다사다난(多事多難) : 여러 가지 일도 많고 어려움도 많음.
- 다사다망(多事多忙) : 일이 많아 매우 바쁨.
- 다정다감(多情多感) : 정이 많고 감정이 풍부함.
- 단도직입(單刀直入) : 혼자서 칼을 휘두르며 적진으로 바로 쳐들어 감. 말을 하거나 글을 쓸 때 바로 본론으로 들어감.
- 단말마(斷末魔) : 불교용어. 숨이 끊어질 때의 고통. 숨이 끊어질 때 내뱉는 짧은 비명.
- 단순호치(丹脣皓齒) : 붉은 입술과 하얀 이라는 뜻으로, 매우 아름

다운 여자의 얼굴을 일컫는 말.

- 당구풍월(堂狗風月) : 서당 개 3년이면 풍월을 읊는다. 비록 무식한 사람이라도 유식한 사람들과 오래 사귀면 자연히 견문이 생긴다는 뜻.
- 대경실색(大驚失色) : 크게 놀라서 얼굴색이 변함.
- 대동단결(大同團結) : 많은 사람 또는 여러 당파가 하나로 뭉침.
- 대서특필(大書特筆) : 특히 드러나게 큰 글자로 적어 표시함.
- 대의명분(大義名分) : 사람으로서 마땅히 지켜야 할 중대한 의리(義理)와 명분.
- 대자대비(大慈大悲) : 그지없이 넓고 큰 자비.
- 도로무익(徒勞無益) : 헛되이 애만 쓰고 이로움이 없음.
- 도주지부(陶朱之富) : 도주공의 부란 뜻으로 큰 부를 일컫는 말.
- 독불장군(獨不將軍) : 남의 의견을 무시하고 혼자 모든 일을 처리하는 사람의 비유. 혼자서는 다 잘할 수 없으므로 남과 협조해야 한다는 뜻을 담고 있는 말.
- 독서삼매(讀書三昧) : 오로지 책읽기에만 골몰함.
- 독서삼도(讀書三到) : 독서를 하는 데 세 가지 행위에 이르러야 한다. 즉, 눈으로 보고, 입으로 읽고, 마음으로 습득해야 한다.
- 독야청청(獨也靑靑) : 홀로 푸르다는 뜻으로, 홀로 높은 절개를 지켜 늘 변함이 없음을 이르는 말.
- 동가홍상(同價紅裳) : '같은 값이면 다홍치마' 란 뜻으로, 이왕이면 보기 좋은 것을 택한다는 말.
- 동기상구(同氣相求) : 기풍과 뜻을 같이하는 사람은 서로 동류를 찾아 모인다.
- 동방화촉(洞房華燭) : 혼례를 치른 뒤 신랑이 신부 방에서 자는 일.
- 동문서답(東問西答) : 묻는 말에 대하여 엉뚱하게 답함.

- 동분서주(東奔西走) : 동으로 서로 분주하다는 뜻으로, 이리저리 바쁘게 돌아다님을 이르는 말.
- 동성상응(同聲相應) : 같은 소리는 서로 응하여 어울린다. 의견을 같이 하면 자연히 서로 합치게 된다는 의미.
- 동이불화(同而不和) : 겉으로는 동의를 표시하면서도 내심은 그렇지 않음.
- 두문불출(杜門不出) : 문을 닫아 걸고 밖에 나가지 않음. 곧, 집안에만 틀어박혀 세상 밖으로 나다니지 아니함.
- 두점방맹(杜漸防萌) : 애시당초 싹이 나오지 못하도록 막는다. 점(漸)은 사물의 처음. 맹(萌)은 싹. 곧 좋지 못한 일의 조짐이 보였을 때 즉시 그 해로운 것을 제거해야 더 큰 해(害)가 되지 않는다는 의미.
- 득의만면(得意滿面) : 뜻을 이루어 기쁜 표정이 얼굴에 가득함.
- 득일망십(得一忘十) : 한 가지를 얻고 열 가지를 잃어버림. 기억력이 좋지 못함을 뜻한다.
- 등하불명(燈下不明) : 등잔 밑이 어둡다는 뜻으로, 가까이 있는 것을 도리어 잘 모름을 비유해 이르는 말.

ㅁ

- 막상막하(莫上莫下) : 낫고 못함을 가리기 어려울 정도로 차이가 거의 없음.
- 만사형통(萬事亨通) : 모든 일이 뜻한 바대로 잘 이루어짐.
- 만수무강(萬壽無疆) : 수명이 끝이 없음. 장수(長壽)를 빌 때 쓰는 말.
- 만심환희(滿心歡喜) : 마음에 환희가 넘침.
- 만화방창(萬化方暢) : 봄날이 되어 만물이 나서 자람.
- 망극지은(罔極之恩) : 지극한 은혜. 임금이나 부모의 한없는 은혜.

- 망루탄주(網漏呑舟) : 그물이 새면 배도 그 사이로 지나갈 수 있다. 법령이 관대하여 큰 죄를 짓고도 피할 수 있게 됨을 비유.
- 망양득우(亡羊得牛) : 양을 잃고 소를 얻는다. 즉 작은 것을 잃고 큰 것을 얻음의 비유.
- 망자존대(妄自尊大) : 아주 건방지게 자기만 잘났다고 뽐내어 자신을 높이고 남을 업신여김.
- 면종복배(面從腹背) : 겉으로는 복종하는 체하면서 속으로는 배반함.
- 명기누골(銘肌鏤骨) : 살과 뼈에 새긴다는 뜻으로, 잊지 않고 마음에 깊이 간직함을 이름.
- 명불허전(名不虛傳) : 이름은 헛되이 전하여지지 않는다 함은, 명예로운 이름은 마땅히 들을 만한 실적이 있어야 퍼진다.
- 명실상부(名實相符) : 이름과 실상이 꼭 들어맞음.
- 명재경각(命在頃刻) : 곧 숨이 끊어질 지경에 이름
- 명주암투(明珠闇投) : 밤에 빛나는 구슬인 야광주(夜光珠)를 어두운 밤중에 집어던진다. 지극히 귀한 보물도 남에게 예(禮)를 갖추어서 주지 않으면 도리어 원한을 사게 됨을 뜻함.
- 모우미성(毛羽未成) : 아직 날개가 자라지 못했다 함이니 어리거나 모자란 사람을 말함.
- 목본수원(木本水源) : 나무의 밑동과 물의 근원이란 뜻으로, 자식 된 자는 자기 몸의 근원인 부모를 생각해야 함을 이르는 말.
- 목불인견(目不忍見) : 몹시 참혹하여 차마 눈뜨고 볼 수 없음.
- 목석초화(木石草花) : 나무, 돌, 풀, 꽃이란 뜻으로, 자연을 일컫는 말.
- 묘두현령(猫頭縣鈴) : 고양이 목에 방울 달기, 곧 실행할 수 없는 공론을 자청하는 말.
- 무고지민(無告之民) : 고아나 과부, 늙은이처럼 어려운 백성.

- 무념무상(無念無想) : 사념하는 바도 없고 생명을 아끼지도 않는 일체의 상념이 없음을 이르는 말.
- 무불간섭(無不干涉) : 간섭하지 않는 일이 없다. 함부로 남의 일에 간섭함을 말한다.
- 무불통지(無不通知) : 무슨 일이든 모르는 것이 없음.
- 무소불위(無所不爲) : 못 할 일이 없음.
- 무의무탁(無依無托) : 의지하고 의탁할 곳이 없음.
- 무족지언 비우천리(無足之言 飛于千里) : 발 없는 말이 천리 간다.
- 무용지용(無用之用) : 언뜻 보아 별 쓸모없는 것으로 생각되는 것이 도리어 크게 쓰임.
- 무위도식(無爲徒食) : 하는 일없이 먹고 놀기만 함.
- 무지몽매(無知蒙昧) : 아는 것이 없고 사리에 어두움.
- 무편무당(無偏無黨) : 어느 한 쪽에 기울지 않고 중정(中正), 공평(公平)함.
- 문방사우(文房四友) : 서재에 갖추어야 할 네 벗, 곧 종이 · 붓 · 먹 · 벼루를 이르는 말.
- 문외한(門外漢) : 어떤 일에 직접 관계가 없는 사람. 그 일에 전문가가 아닌 사람.
- 문전옥답(門前沃畓) : 집 앞 가까이에 있는 좋은 논, 곧 많은 재산을 일컫는 말.
- 물심일여(物心一如) : 물체와 마음이 하나가 된 상태.

ㅂ

- 박장대소(拍掌大笑) : 손바닥을 치면서 크게 웃음.
- 반면지분(半面之分) : 얼굴의 반만 아는 사이. 즉 약간 얼굴만 알지

그리 깊이 사귀지 않은 사이.

- 반면교사(反面敎師) : 다른 사람이나 사물의 부정적인 측면에서 가르침을 얻음을 이르는 말.
- 반포보은(反哺報恩) : 까마귀 새끼가 자란 뒤에 늙은 어미에게 먹이를 물어다 줌이니, 자식이 부모의 은혜에 보답하는 일을 말함.
- 발산개세(拔山蓋世) : 항우(項羽)의 힘을 비유. 산을 무너뜨리고 세상을 뒤엎을만한 힘과 기운.
- 방장부절(方長不折) : 한창 자라는 나무는 꺾지 않는다. 앞길이 창창한 사람을 박해하지 말라, 혹은 잘 되어 가는 일을 방해하지 말라는 의미.
- 배은망덕(背恩忘德) : 남에게 입은 은덕을 잊고 배반함.
- 백계무책(百計無策) : 어려운 일을 당하여 아무리 생각하여도 좋은 생각이 나지 않는다는 뜻.
- 백골난망(白骨難忘) : 죽어 백골이 되어도 그 은덕을 잊을 수 없음.
- 백년가약(百年佳約) : 부부가 되어 한평생을 함께 살자는 아름다운 약속.
- 백년해로(百年偕老) : 부부가 되어 한평생을 서로 사이좋고 화락하게 함께 늙음.
- 백반교사(百般巧邪) : 온갖 간사한 꾀로 환심을 사려 애쓰는 것.
- 백발어초(白髮漁樵) : 낚시질과 나무하기를 일삼는 노인.
- 백수문(白首文) : 중국 후량 주흥사가 하룻밤 사이에 만들고 머리털이 하얗게 세었다고 하는 옛일에서 온 말로 천자문을 달리 이르는 말.
- 백절불굴(百折不屈) : 어떠한 어려움에도 굴하지 않음.
- 백척간두(百尺竿頭) : 백 자나 되는 높은 장대 위에 올라섰다 함이니, 위태로움이 아주 극도에 달하였다는 말.

- 백팔번뇌(百八煩惱) : 불교용어로 인간이 과거·현재·미래에 걸친 108가지의 번뇌를 말한다.
- 백화제방(百花齊放) : 온갖 꽃이 일시에 핀다는 뜻으로, 갖가지 학문이나 예술이 함께 성함의 비유.
- 병가상사(兵家常事) : 전쟁에서 이기고 지는 일은 흔한 일이므로, 지더라도 낙담하지 말라는 말.
- 병주고향(並州故鄕) : 중국 당나라 가도가 병주에 오래 살다가 떠날 때 한 말로 오래 살아서 정든 타향을 고향에 견주어 이르는 말.
- 복수불수(覆水不收) : 한 번 엎지른 물은 다시 담을 수 없음.
- 본말전도(本末顚倒) : 일의 처음과 나중이 뒤바뀜.
- 부전자전(父傳子傳) : 대대로 아버지가 아들에게 전함.
- 불가사야(弗可赦也) : 용서할 수 없다는 말로서, 천벌을 받는다는 뜻.
- 불가사의(不可思議) : 상식으로는 헤아려 알 수 없음.
- 불면불휴(不眠不休) : 자지도 아니하고 쉬지도 아니하며 일을 처리함.
- 불문곡직(不問曲直) : 옳고(直) 그름(曲)을 가리지 않고 함부로 일을 처리함.
- 불요불굴(不撓不屈) : 어떠한 어려움에도 휘어지거나 굽히지 않음.
- 불위복선(不爲福先) : 복을 남보다 먼저 차지하면 남한테 미움을 받으므로 남에 앞서서 차지하려 하지 않음.
- 불철주야(不撤晝夜) : 밤낮을 가리지 않음.
- 불원천불우인(不怨天不尤人) : 하늘도 원망하지 않고 다른 사람도 원망하지 않는다. 자신의 처지를 잘 알기에 아무도 원망하지 않는다는 말이다.
- 비몽사몽(非夢似夢) : 꿈인지 생시인지 알 수 없는 어렴풋함.

- 비명횡사(非命橫死) : 뜻밖의 재난이나 사고 따위로 죽음.
- 빙자옥질(氷姿玉質) : 얼음같이 투명한 모습과 옥과 같이 뛰어난 바탕. 용모와 재주가 모두 뛰어남을 비유하는 말이다.
- 빙청옥윤(氷淸玉潤) : 얼음처럼 맑고 구슬처럼 윤이 난다. 장인과 사위의 인물이 다 같이 뛰어남을 말한다.

ㅅ

- 사고무친(四顧無親) : 사방을 둘러봐도 가족이나 친척이 없다. 친척이 없어 의지할 곳 없이 외로움.
- 사군자(四君子) : 동양화에서 품성이 군자와 같이 고결하다는 매화·난초·국화·대나무를 일컫는 말.
- 사농공상(士農工商) : 선비·농부·장인·상인의 네 가지 신분을 아울러 일컫는 말.
- 사면춘풍(四面春風) : 사방으로 봄바람이 분다. 항상 좋은 얼굴로 남을 대하여 누구에게나 호감을 사는 것을 말한다.
- 사생결단(死生決斷) : 죽고 삶을 돌보지 않고 끝장을 냄.
- 사시춘풍(四時春風) : 언제나 누구에게나 좋은 낯으로 대하고 무사 태평한 사람.
- 사심불구(蛇心佛口) : 뱀의 마음에 부처님의 입. 마음은 간악하되 입으로는 착한 말을 꾸미는 일, 또는 그런 사람.
- 사필귀정(事必歸正) : 모든 일은 결국에는 바른 길로 돌아감.
- 사후약방문(死後藥方文) : 죽은 뒤에 약방문을 쓴다는 뜻으로, 이미 때가 지난 후에 대책을 세우거나 후회해도 소용없다는 말. 약방문은 약을 짓기 위해 약의 이름과 분량을 쓴 종이.
- 산자수명(山紫水明) : 산수의 경치가 뛰어남을 이르는 말.

- 산전수전(山戰水戰) : 산에서의 싸움과 물에서의 싸움이라는 뜻으로, 세상의 온갖 고난을 다 겪어 세상일에 경험이 많음을 이르는 말.
- 산해진미(山海珍味) : 산과 바다의 산물(産物)을 다 갖추어 썩 잘 차린 귀한 음식.
- 삼라만상(森羅萬象) : 우주에 존재하는 온갖 사물과 현상.
- 삼삼오오(三三五五) : 서넛 또는 대여섯 사람씩 떼를 지어 있거나 일을 하는 모양.
- 삼세지습 지우팔십(三歲之習 至于八十) : 세 살 버릇 여든까지 간다는 뜻.
- 삼순구식(三旬九食) : 한 달에 아홉 번 식사를 함. 집안이 가난하여 먹을 것이 적음을 일컫는 말이다.
- 삼익우(三益友) : 사귀어서 이로운 세 유형의 벗. 곧, 정직한 사람, 성실한 사람, 견문이 넓은 사람.
- 삼일유가(三日遊街) : 과거에 급제한 사람이 사흘 동안 온 거리로 돌아다녔던 관례.
- 삼척동자(三尺童子) : 키가 석 자밖에 안 되는 아이. 곧, 어린아이.
- 상산구어(上山求魚) : 산 위에서 물고기를 찾는다. 당치 않은 데 가서 되지도 않는 것을 원한다는 말이다.
- 상풍고절(霜風高節) : 어떠한 난관이나 어려움에 처해도 결코 굽히지 않는 높은 절개.
- 생구불망(生口不網) : 산 사람의 목구멍에 거미줄 치지 않는다는 말.
- 생불여사(生不如死) : 삶이 죽음만 못 하다는 뜻으로, 아주 곤란한 처지에 있음을 말함.
- 생자필멸(生者必滅) : 생명이 있는 것은 죽을 때가 있음.
- 서불차인(書不借人) : 책을 아껴 남에게 빌려 주지 않음을 이름.

460

- 석전경우(石田耕牛) : 자갈밭을 가는 소란 뜻으로, 황해도 사람의 근면하고 인내심이 강한 성격을 평한 말.
- 석화광음(石火光陰) : 돌을 마주 부딪칠 때 불빛이 번쩍하고 나는 것과 같이 빠른 세월이라는 말.
- 선공무덕(善供無德) : 부처에게 공양을 잘하여도 아무 공덕이 없다는 뜻으로, 남을 위하여 힘써도 별로 소득이 없다는 뜻.
- 선견지명(先見之明) : 앞일을 미리 내다보는 지혜.
- 선공후사(先公後私) : 사(私)보다 공(公)을 앞세움. 사사로운 일이나 이익보다 공익(公益)을 앞세움.
- 선례후학(先禮後學) : 먼저 예의를 배우고 나중에 학문을 배우라는 뜻. 예의의 중요성을 강조하는 말.
- 선발제인(先發制人) : 본래는 전쟁에서 기선을 제압해야 승리할 수 있다는 뜻. 남보다 앞서 일을 도모하면 능히 남을 제어할 수 있다는 의미로 쓰인다.
- 선시선종(善始善終) : 처음이나 끝이나 한결같이 잘 함.
- 설망어검(舌芒於劍) : 혀가 칼보다 날카롭다. 논봉(論鋒)이 날카로움을 뜻한다.
- 설부화용(雪膚花容) : 눈처럼 흰 살결과 꽃처럼 아름다운 얼굴이란 뜻으로, 아름다운 여인의 용모를 형용하는 말.
- 설상가상(雪上加霜) : 눈 위에 또 서리가 내린다는 뜻으로, 어려운 일이 겹침을 이름.
- 설왕설래(說往說來) : 옳고 그름을 따지느라고 서로 옥신각신함.
- 섬섬옥수(纖纖玉手) : 가냘프고 고운 여자의 손을 형용하는 말이다.
- 성자필쇠(盛者必衰) : 한 번 성한 자는 반드시 쇠할 때가 있다는 말.
- 세답족백(洗踏足白) : 상전의 빨래에 종의 발꿈치가 희게 되었다는

말로 남을 위해 한 일이 자신에게도 이롭게 되었다는 뜻.

- 세한삼우(歲寒三友) : 추운 겨울에 잘 견디는 소나무·대나무·매화나무를 일컫는 말.

- 소리장도(笑裏藏刀) : 겉으로는 웃으면서 온화한 척 하지만, 마음속에는 음흉하게 칼을 품고 있음. 얼굴에 미소를 띠고 있지만 속에는 해칠 뜻을 품고 있는 것을 비유하는 말이다.

- 소이부답(笑而不答) : 웃기만 하고 대답을 하지 않음.

- 소인묵객(騷人墨客) : 시문(詩文)·서화(書)를 일삼는 사람. 곧, 시인·문인·서예가·화가를 이르는 말.

- 소탐대실(小貪大失) : 작은 것을 탐하다가 오히려 큰 것을 잃음.

- 속수무책(束手無策) : 손을 묶은 듯이 어찌할 방책이 없음.

- 송구영신(送舊迎新) : 묵은 것을 보내고 새 것을 맞음. 또는, 묵은해를 보내고 새해를 맞음.

- 송무백열(松茂柏悅) : 소나무가 무성하면 잣나무가 기뻐한다는 뜻으로 남이 잘 되는 것을 기뻐함을 비유한 말.

- 송백지조(松柏之操) : 소나무와 잣나무의 푸름처럼 변하지 않는 지조.

- 수덕무자(樹德務滋) : 덕을 심어 가꾸는 데 끊임없이 번성하게 해야 한다는 뜻으로, 항상 덕을 쌓아야 한다는 말.

- 수륙진미(水陸珍味) : 산해진미와 같음. 세상의 온갖 맛있는 음식.

- 수복강녕(壽福康寧) : 오래 살고 행복하며, 건강하고 평안함.

- 수불석권(手不釋卷) : 손에서 책을 놓지 않는다는 뜻으로, 늘 글을 읽음을 이르는 말.

- 수신제가(修身齊家) : 자기의 몸을 닦고 집안 일을 잘 다스림.

- 수원수구(誰怨誰咎) : 누굴 원망하며 누굴 탓할 것인가. 남을 원망하거나 책망할 것이 없음을 이르는 말이다.

- 수인사대천명(修人事待天命) : 사람의 힘으로 할 수 있는 일을 다하고 하늘의 명을 기다림.
- 수족지애(手足之愛) : 형제 사이의 우애를 일컫는 말.
- 숙맥불변(菽麥不辨) : 콩인지 보리인지 분간할 줄 모른다는 뜻으로 어리석고 못난 사람의 비유
- 숙시주의(熟柿主義) : 감이 익어서 저절로 떨어지듯 일이 제풀에 잘 될 기회를 기다림.
- 숙호충비(宿虎衝鼻) : 자는 호랑이의 코를 찌른다는 뜻으로, 공연히 화를 부르는 일을 이르는 말.
- 순결무구(純潔無垢) : 아주 깨끗하여 조금도 티가 없음.
- 시불재래(時不再來) : 한 번 지난 때는 다시 돌아오지 아니함.
- 시비곡직(是非曲直) : 옳고 그르고 굽고 곧음. 곧, 잘잘못.
- 시시비비(是是非非) : 옳은 것은 옳고 그른 것은 그르다고 판단함.
- 시야비야(是耶非耶) : 옳으니 그르니 하고 시비를 가림.
- 시일불현(視日不眩) : 해를 보고도 눈이 부시지 아니하다는 뜻으로 안광이 번쩍번쩍 빛남을 이름.
- 식불이미(食不二味) : 일상의 먹는 밥은 찬을 두 가지 이상 놓지 아니한다는 뜻으로, 검약하다는 말.
- 식송망정(植松望亭) : 솔을 심어 정자를 삼는다 함이니, 원하는 일이 앞으로 기다리기 까마득하다는 뜻.
- 신체발부(身體髮膚) : 몸·머리·피부 곧, 몸 전체를 말함.
- 신토불이(身土不二) : 몸과 태어난 땅은 하나라는 뜻으로, 제 땅에서 생산된 것이라야 체질에 잘 맞는다는 말.
- 실천궁행(實踐躬行) : 몸소 실천함.
- 심술거복(心術去福) : 심술쟁이는 복을 받지 못한다는 말.

- 십벌지목(十伐之木) : 열 번 찍어 안 넘어가는 나무가 없다는 말이니, 아무리 마음이 굳은 사람도 여러 번 치근거리면 마음이 움직이게 된다는 말.
- 십시일반(十匙一飯) : 열 사람이 밥 한 숟갈씩 보태면 한 사람의 끼니가 된다는 뜻으로, 여럿이 한 사람을 돕기는 쉽다는 말.

◉

- 아전인수(我田引水) : '제 논에 물대기'란 뜻으로, 자기에게 유리하게 생각하거나 행동함을 이르는 말.
- 안고수비(眼高手卑) : 눈은 높으나 실력은 그에 미치지 못한다는 뜻. 전에는 사치하게 살던 사람이 가난해져 눈은 높고 돈은 전처럼 쓰지 못할 경우를 일컫기도 한다.
- 악인악과(惡因惡果) : 악한 일을 하면 반드시 그 결과가 나쁘게 나타난다는 말.
- 안불망위(安不忘危) : 편안할 때도 마음을 놓지 않고 위태로움에 항상 대비함.
- 안중지인(眼中之人) : 눈 속에 있는 사람. 정(情)든 사람을 뜻한다. 눈앞에 있는 사람을 가리켜 말하기도 하고, 눈앞에 없어도 평생 사귄 사람을 일컫기도 한다.
- 안심입명(安心立命) : 천명(天命)을 깨닫고 생사·이해를 초월하여 마음의 평안을 얻음.
- 안하무인(眼下無人) : 눈 아래에 사람이 없다는 뜻으로, 사람됨이 교만하여 남을 업신여김을 이르는 말.
- 압권(壓卷) : 책이나 예술작품, 공연물 등에서 가장 뛰어난 부분 또는 여럿 중에서 가장 뛰어난 것을 일컫는 말.

- 애매모호(曖昧模糊) : 사물의 이치가 희미하고 분명치 않음.
- 애지중지(愛之重之) : 매우 사랑하고 소중히 여김.
- 양광양취(佯狂佯醉) : 거짓으로 미치고 취한 체함.
- 양대(陽臺) : 해가 잘 비치는 대. 남녀의 정교(情交)를 의미한다.
- 양자력(量自力) : 자기 자신의 능력의 정도는 자신만이 안다는 의미. 어떤 일을 마음이 곧고 충실하게 탐구한다는 의미로도 쓰인다.
- 양지양능(良志良能) : 교육이나 체험에 의하지 아니하고 선천적으로 알고 행할 수 있는 능력.
- 양지지효(養志之孝) : 항상 부모의 뜻을 받들어 마음을 기쁘게 해드리는 효행.
- 어두육미(魚頭肉尾) : 생선은 대가리 쪽이, 짐승은 꼬리 쪽이 맛이 좋다는 말.
- 어목연석(魚目燕石) : 어목(魚目)은 물고기의 눈, 연석(燕石)은 연산(燕山)의 돌. 모두 옥과 비슷하여 옥으로 혼동함. 허위를 진실로, 우인(愚人)을 현인(賢人)으로 혼동하는 것을 비유하는 말이다.
- 어망홍리(魚網鴻離) : 물고기를 잡으려고 쳐놓은 그물에 기러기가 걸린다는 뜻으로 구하는 것이 아닌 딴 것을 얻을 때를 비유한 말.
- 어변성룡(魚變成龍) : 물고기가 변하여 용이 된다는 말로 아무 보잘 것 없고 곤궁하던 사람이 부귀를 누리게 됨을 비유함.
- 어불성설(語不成說) : 말이 도무지 사리에 맞지 않음. 말이 되지 않음.
- 어유부중(魚遊釜中) : 솥 안에서 물고기가 논다는 뜻으로 살아 있기는 해도 생명이 얼마 남지 않았음을 비유함.
- 억강부약(抑强扶弱) : 강한 자를 누르고, 약한 자를 도와줌.
- 언감생심(焉敢生心) : '어찌 감히 그런 마음을 먹을 수 있으랴' 라는 뜻.

- 언비천리(言飛千里) : 발 없는 말이 천리를 간다는 뜻으로, 말이 빠르게 멀리 퍼진다는 말.
- 언어도단(言語道斷) : 너무 엄청나게 사리에 어긋나 말문이 막힌다는 뜻으로, 어이가 없어 말로 나타날 수 없음을 이르는 말.
- 언유재이(言猶在耳) : 들은 말이 아직도 귀에 쟁쟁하다는 말로, 여러 가지 들은 말을 귀에 담아두고 잊어버리지 않는다는 말.
- 언중유골(言中有骨) : 예사로운 말속에 뼈 같은 속뜻이 있다는 말.
- 언행일치(言行一致) : 하는 말과 행동이 같음.
- 여고금슬(如鼓琴瑟) : 거문고와 비파를 타듯이 부부 화락을 말함.
- 여민동락(與民同樂) : 왕이 백성과 즐거움을 함께 나눔을 말한다.
- 여반장(如反掌) : 손바닥을 뒤집는 것과 같이 매우 쉬움.
- 여좌침석(如座針席) : 바늘 방석에 앉은 것 같이 불안하다는 말.
- 여풍과이(如風過耳) : 바람이 귀를 스쳐감과 같다 함이니, 남의 말을 조금도 귀담아 듣지 않는다는 뜻.
- 역자이교지(易子而敎之) : 자기 자식을 자기가 직접 가르치면 폐단이 많으므로 다른 사람의 자식을 자기가 직접 가르치고 자기의 자식을 다른 사람에게 맡기어 가르치게 함.
- 역지사지(易地思之) : 상대편의 처지에서 생각함.
- 연안대비(燕雁代飛) : 제비가 날아올 때는 기러기는 날아가고 기러기가 올 때는 제비가 날아가 각각 다른 방향으로 간다는 뜻.
- 연조비가사(燕趙悲歌士) : 춘추전국시대 연나라와 조나라에 세상을 비관하여 슬픈 노래를 부른 사람이 많았다는 뜻으로 우국의 선비를 이르는 말.
- 염력통암(念力通巖) : 일을 함에 있어 온 정성을 들이면 무엇이나 안 되는 것이 없다는 뜻.

- 염불위괴(恬不爲愧) : 옳지 않은 일을 하고도 전혀 부끄러워할 줄 모름.
- 영고성쇠(榮枯盛衰) : 사람의 일생이나 나라의 운명이 필 때도 있고 질 때도 있으며 융성할 때도 있고 쇠퇴할 때도 있음을 뜻한다.
- 오동일엽(梧桐一葉) : 오동 한 잎을 보고 가을이 온 것을 안다. 한 가지 구실을 보면 일의 전말을 알 수 있다는 말로 쓰인다.
- 오매불망(寤寐不忘) : 자나깨나 잊지 못함.
- 오불관언(吾不關焉) : 나는 그 일에 대하여 상관하지 않음.
- 오비이락(烏飛梨落) : '까마귀 날자 배 떨어진다' 는 뜻으로, 공교롭게 우연의 일치로 어떤 일이 일어나 의심을 받게 됨을 비유.
- 오비삼척(吾鼻三尺) : '내 코가 석 자' 라는 뜻으로, 내 사정이 급하여 남을 돌볼 여유가 없다는 말
- 오비토주(烏飛兎走) : 세월이 빨리 흘러감을 이르는 말.
- 오상고절(傲霜孤節) : 서릿발 날리는 추운 때에도 굴하지 않고 외로이 지키는 절개를 뜻한다.
- 오언장성(五言長城) : 오언시(五言詩)를 잘 짓는 것이나 만리장성(萬里長城)은 보통 사람으로서는 바랄 수 없는 일임을 비유하는 말이다.
- 오운지진(烏雲之陣) : 까마귀가 흩어지는 것처럼, 또 구름이 모이는 것과 같이 모임과 흩어짐이 계속되면서 변화가 많은 진법(陣法)을 말한다.
- 옥석동궤(玉石同櫃) : 옥과 돌이 한 궤짝 속에 있음. 좋은 것과 나쁜 것, 혹은 똑똑한 사람과 어리석은 사람이 한데 섞여 있는 경우를 말한다.
- 옥의옥식(玉衣玉食) : 좋은 옷을 입고 맛있는 음식을 먹음.

- 와부뇌명(瓦釜雷鳴) : 질그릇과 솥이 부딪치는 소리를 듣고 천둥이 치는 소리로 착각함. 무식하고 변변치 못한 사람이 아는 체하고 크게 떠들어댄 소리에 여러 사람이 혹하여 놀라게 된 것을 뜻한다.
- 왕좌지재(王佐之才) : 왕을 보좌할 만한 훌륭한 재능.
- 왕후장상(王侯將相) : 제왕과 제후와 장수와 재상을 함께 이르는 말.
- 외유내강(外柔內剛) : 겉보기에 부드럽고 순한 듯하나 속은 꿋꿋하고 굳셈.
- 외친내소(外親內疎) : 겉으로는 친한 척하면서 속으로는 멀리함.
- 요산요수(樂山樂水) : 산을 좋아하고 물을 좋아한다는 뜻으로, 산수(山水)를 좋아함을 이르는 말.
- 요조숙녀(窈窕淑女) : 착하고 얌전한 여자.
- 욕교반졸(欲巧反拙) : 기교를 너무 부리면 도리어 못 하게 됨.
- 욕사무지(欲死無地) : 죽으려고 하여도 죽을 만한 땅이 없다는 뜻으로 매우 분하고 원통함.
- 용사비등(龍蛇飛騰) : 용과 뱀이 날아오르는 것같이 잘 쓴 글씨의 필세를 이르는 말.
- 용호상박(龍虎相搏) : 용과 범이 서로 싸운다는 뜻으로, 두 강자의 싸움을 비유하여 이르는 말.
- 우국지사(憂國之士) : 나라의 앞일을 근심하고 염려하는 사람.
- 우여곡절(迂餘曲折) : 여러 가지로 뒤얽힌 복잡한 사정이나 변화.
- 우왕좌왕(右往左往) : 오른쪽으로 갔다 왼쪽으로 갔다 함. 어떤 일을 결정 짓지 못하고 망설임.
- 우유부단(優柔不斷) : 결단력이 부족함을 이름.
- 우이독경(牛耳讀經) : '쇠귀에 경 읽기'란 뜻으로, 우둔한 사람은 아무리 가르치고 일러주어도 알아듣지 못함을 비유하여 이르는 말.

- 우자천려(愚者千慮) : 어리석은 자의 많은 생각.
- 우후죽순(雨後竹筍) : 비 온 뒤에 죽순이 돋아나듯, 어떤 일이 일시에 많이 일어남의 비유.
- 운상기품(雲上氣稟) : 속됨을 벗어난 고상한 기질과 성품.
- 운수소관(運數所關) : 모든 일이 능력이나 노력에 상관없이 운수에 달려 있다는 생각.
- 운예지망(雲霓之望) : 큰 가뭄에 구름과 무지개를 바라듯 그 희망이 간절함을 비유하는 말로 쓰인다.
- 운우지정(雲雨之情) : 남녀 간의 육체적인 사랑.
- 원화소복(遠禍召福) : 화를 멀리하고 복을 불러들임.
- 원친불여근린(遠親不如近隣) : 멀리 있는 친척은 가까운 이웃만 못하다.
- 월백풍청(月白風淸) : 달은 밝고 바람은 선선함. 달이 밝은 가을밤의 경치를 형용한 말.
- 위기일발(危機一髮) : 눈앞에 닥친 아주 위급한 순간.
- 위록위마(謂鹿爲馬) : 사슴을 가리켜 말이라고 한다는 뜻으로 사리에 맞지 않는 억지 주장을 비유한 말.
- 위부불인(爲富不仁) : 치부하려면 자연히 어질지 못한 일을 하게 된다는 말.
- 위인설관(爲人設官) : 어떤 사람을 위해 벼슬자리를 새로이 마련함.
- 유구무언(有口無言) : 입은 있으나 할말이 없다는 뜻으로, 변명할 말이 없음을 이르는 말.
- 유구불언(有口不言) : 입은 있으되 말을 하지 않는다는 뜻으로, 사정이 거북하거나 따분하여 특별히 하고 싶은 말이 있어도 하지 아니함을 이르는 말.

- 유명무실(有名無實) : 이름만 있고 실상이 없음. 또, 평판과 실제가 같지 않음.
- 유만부동(類萬不同) : 비슷한 것들은 수만 가지가 있어도 같지 않다. 모든 것이 서로 같지 아니함을 뜻하는 말이다.
- 유비무환(有備無患) : 미리 준비가 되어 있으면 우환을 당하지 아니함.
- 유수불부(流水不腐) : 흐르는 물은 썩지 않음.
- 유아독존(唯我獨尊) : 이 세상에 나보다 존귀한 사람은 없다는 말. 또는, 자기만 잘 났다고 자부하는 독선적인 태도의 비유.
- 유야무야(有耶無耶) : 있는지 없는지 모르게 희미함.
- 유언비어(流言蜚語) : 아무 근거 없이 떠도는 소문. 남을 모략하려고 퍼뜨리는 뜬소문.
- 유위변전(有爲變轉) : 세상은 항상 변화무쌍하여 잠시도 머물러 있는 법이 없다는 뜻.
- 유유자적(悠悠自適) : 속세를 떠나 아무 것에도 속박 당하지 않고 편안히 살아감.
- 유일무이(唯一無二) : 둘이 아니고 오직 하나뿐이라는 뜻으로, 오직 하나밖에 없음.
- 육지행선(陸地行船) : 뭍에서 배를 저으려 한다 함이니, 불가능한 일을 고집한다는 뜻.
- 은거방언(隱居放言) : 속세를 피하여 혼자 지내면서 품고 있는 생각을 거리낌없이 말하는 것을 일컫는다.
- 은인자중(隱忍自重) : 속으로 참으며 몸가짐을 조심함.
- 음덕양보(陰德陽報) : 남모르게 덕을 베풀면 뒤에 보답을 받게 된다는 말.
- 음마투전(飮馬投錢) : 말에게 물을 먹일 때 먼저 돈을 물 속에 던져

서 물값을 지불할 정도로 결백한 행실을 비유하는 말.

● 음풍농월(吟風弄月) : 시를 짓고 흥취를 자아내어 놂.

● 의금경의(衣錦褧衣) : 비단 옷을 입고 그 위에 안을 대지 않은 홑옷을 또 입는다. 군자가 미덕을 갖추고 있으나 이를 자랑하지 않음을 비유한 말이다.

● 의방지훈(義方之訓) : 아버지가 아들에게 내리는 교훈.

● 읍견군폐(邑犬群吠) : 동네 개들이 떼지어 짖어 댄다는 뜻으로, 여러 소인배들이 남을 비방함의 비유.

● 이구동성(異口同聲) : 입은 다르지만 하는 말은 같다는 뜻으로, 여러 사람의 말이 한결같음을 이르는 말.

● 이군삭거(離群索居) : 동문의 벗들과 떨어져 외롭게 사는 것을 말함.

● 이모지년(二毛之年) : 센 털이 나기 시작하는 나이란 말로 서른 두 살의 뜻.

● 이불해해지(以不解解之) : 글의 뜻을 푸는 데 풀리지 않는 것을 억지로 풀어낸다. 즉, 안되는 것을 억지로 해석하면 곡해하기 쉽다는 말이다.

● 이서설도(以黍雪桃) : 기장으로 복숭아를 닦는다는 뜻으로 귀천을 가리지 못함을 비유한 말.

● 이소성대(以小成大) : 작은 일에서부터 시작해서 큰 일을 이룸.

● 이실직고(以實直告) : 사실 그대로 고함.

● 이열치열(以熱治熱) : 열로써 열을 다스림.

● 이율배반(二律背反) : 서로 모순 · 대립하는 두 명제가 동등한 타당성을 가지고 주장됨.

● 이지측해(以指測海) : 손가락으로 바다의 깊이를 잰다는 뜻.

● 이천역일(移天易日) : 나라의 정권을 도둑질하여 노략질함.

- 이현령비현령(耳懸鈴鼻懸鈴) : '귀에 걸면 귀걸이, 코에 걸면 코걸이'란 뜻으로, 법령 등의 해석을 제 편리한 대로 함을 비유하여 이르는 말.
- 익자삼요(益者三樂) : 사람이 좋아하여 유익한 세 가지. 곧, 예악(禮樂)을 적당히 좋아하고, 남의 착함을 좋아하고, 착한 벗이 많음을 좋아하는 것.
- 익자삼우(益者三友) : 사귀어서 유익한 세 벗. 곧, 정직한 벗, 신의가 있는 벗, 지식이 있는 벗.
- 인과응보(因果應報) : 과거 또는 전생의 선악의 인연에 따라서 뒷날 길흉화복의 갚음을 받게 됨을 이르는 말.
- 인구회자(人口膾炙) : 사람들의 입맛에 맞는 회와 구운 고기라는 뜻으로, 많은 사람들 입에 자주 오르내림을 이르는 말.
- 인면수심(人面獸心) : 얼굴은 사람의 모습을 하였으나 마음은 짐승과 같다는 뜻으로, 남의 은혜를 모름, 또는 마음이 몹시 흉악함을 이르는 말.
- 인비목석(人非木石) : 사람은 목석이 아니라 함이니, 사람은 누구나 정을 가지고 있다는 뜻.
- 인산인해(人山人海) : 사람이 수없이 많이 모인 상태를 비유한 말.
- 인지상정(人之常情) : 사람이라면 누구나 가지는 보통의 마음, 또는 생각.
- 인지위덕(忍之爲德) : 참는 것이 덕이 됨.
- 일맥상통(一脈相通) : 생각·성질·처지 등이 어느 면에서 한 가지로 서로 통함.
- 일목요연(一目瞭然) : 한 번 보고도 환히 알 수 있을 만큼 분명함.
- 일벌백계(一罰百戒) : 한 가지 죄와 또는 한 사람을 벌줌으로써 여

러 사람의 경각심을 불러일으킴.

- 일사불란(一絲不亂) : 한 오라기의 실도 흐트러지지 않았다는 뜻으로, 질서나 체계 따위가 잘 잡혀 있어서 조금도 흐트러짐이 없음을 이르는 말.
- 일어탁수(一魚濁水) : 물고기 하나가 물을 흐리게 한다는 뜻으로 한 사람의 악행으로 여러 사람이 해를 입음.
- 일엽지추(一葉知秋) : 하나의 낙엽으로 가을이 왔음을 알게 해준다. 한 가지 일을 보고 앞으로 있을 일을 미리 안다는 말로 쓰이기도 하고, 쇠망의 조짐을 비유해서 쓰이기도 한다.
- 일엽편주(一葉片舟) : 한 조각 작은 배.
- 일일삼추(一日三秋) : 하루가 3년처럼 길게 느껴짐, 즉 몹시 애태우며 기다림을 비유하는 말로 쓰인다.
- 일조지분(一朝之忿) : 한때의 분노.
- 일진일퇴(一進一退) : 한 번 나아갔다가 한 번 물러섰다 함.
- 일촉즉발(一觸卽發) : 한 번 닿기만 하여도 곧 폭발한다는 뜻으로, 조그만 자극에도 큰 일이 벌어질 것 같은 아슬아슬한 상태를 이르는 말.
- 일취월장(日就月將) : 날마다 달마다 성장하고 발전함. 학업이 날이 가고 달이 갈수록 진보함을 이름.
- 일편단심(一片丹心) : 한 조각의 붉은 마음. 변치 않는 참된 마음을 이름.
- 일필휘지(一筆揮之) : 단숨에 힘차게 글씨를 써내려 감.
- 일허일영(一虛一盈) : 있는가 하면 없고 없는가 하면 있음. 곧, 변화가 무쌍함을 이름.
- 일확천금(一攫千金) : 힘들이지 않고 한 번에 많은 재물을 얻음.

- 일희일비(一喜一悲) : 기쁜 일과 슬픈 일이 번갈아 일어남.
- 임갈굴정(臨渴掘井) : '목마른 자가 우물을 판다'라는 뜻으로, 준비 없이 일을 당하여 허둥지둥하고 애씀.
- 입막지빈(入幕之賓) : 침실에 친 장막 속에 들어오는 손, 즉 가까운 손님.
- 입신양명(立身揚名) : 출세하여 세상에 이름을 날림.
- 입이불번(入耳不煩) : 듣기에 싫지 않다는 뜻으로, 아첨하는 말을 이름.

ㅈ

- 자가당착(自家撞着) : 자기의 문장이나 언행이 앞뒤가 맞지 않음.
- 자강불식(自强不息) : 스스로 힘써 가다듬고 쉬지 않음.
- 자격지심(自激之心) : 자기가 한 일에 대하여 스스로 미흡하게 여기는 마음.
- 자괴지심(自愧之心) : 스스로 부끄럽게 여기는 마음.
- 자막집중(子膜執中) : 전국시대 자막이란 사람이 변통성이 없이 항상 중용만을 지켰다는 고사에서 나온 말로 융통성이 없는 사람의 행동을 가리키는 말.
- 자수성가(自手成家) : 스스로의 힘으로 일가를 이룸. 곧, 스스로의 힘으로 사업을 이룩하거나 큰 일을 이룸.
- 자승자박(自繩自縛) : 자기가 꼰 새끼로 자기를 묶는다는 뜻으로, 자기가 한 말이나 행동 때문에 자기 자신이 구속되어 괴로움을 당하게 됨을 이름.
- 자승지벽(自勝之癖) : 언제나 자기가 남보다 낫다고 여기는 버릇.
- 자업자득(自業自得) : 자기가 저지른 일의 과보(果報)를 자기가 받음.

- 자연도태(自然淘汰) : 자연계에서 그 생활 조건에 적응하지 못하는 생물은 사라지는 현상.
- 자행자처(自行自處) : 스스로 자각하여 행동하고 처리함.
- 자화자찬(自畵自讚) : 자기가 그린 그림을 스스로 칭찬한다는 뜻으로, 자기가 한 일은 자기 스스로 자랑함을 이르는 말.
- 작심삼일(作心三日) : 한 번 먹은 마음이 사흘을 가지 못한다는 뜻으로, 결심이 굳지 못함을 빗대어 이르는 말.
- 장생불사(長生不死) : 오랫동안 살아 죽지 아니함.
- 재승박덕(才勝薄德) : 재주는 있으나 덕이 없음.
- 적반하장(賊反荷杖) : 도둑이 도리어 몽둥이를 든다는 뜻으로, 잘못한 사람이 도리어 잘한 사람을 나무라는 경우를 이르는 말.
- 적우침주(積羽沈舟) : 가벼운 새털도 많이 쌓으면 무거워져서 배를 물 속에 가라앉힐 수 있다는 뜻으로, 여러 사람의 합한 힘의 무서움을 비유한 말.
- 적재적소(適材適所) : 어떤 일에 알맞은 인재를 알맞은 자리에 앉힘.
- 전광석화(電光石火) : 번갯불이나 부싯돌의 불이 번쩍이는 것처럼 몹시 짧은 시간, 또는 매우 재빠른 동작의 비유.
- 전대미문(前代未聞) : 지금까지 들어 본 적이 없음. 매우 놀라운 일이나 새로운 것을 두고 이르는 말.
- 전무후무(前無後無) : 전에도 없었고 앞으로도 있을 수 없음.
- 전심치지(專心致志) : 한결같은 뜻으로 한 가시 일에만 마음을 기울여 씀.
- 절고진락(折槁振落) : 고목을 자르고 낙엽을 떤다는 뜻으로 도덕, 학문, 기술을 노력하여 닦음
- 절대가인(絶代佳人) : 미모가 당대에 뛰어난 고운 여자.

- 절치부심(切齒腐心) : 몹시 분하여 이를 갈고 속을 썩임.
- 정문금추(頂門金椎) : 쇠망치로 정수리를 두들긴다는 뜻으로 정신을 바짝 차리도록 깨우침을 이르는 말.
- 정문일침(頂門一鍼) : 정수리에 침을 한 대 놓는다는 뜻으로, 핵심을 찌르는 비판이나 타이름을 이르는 말.
- 정송오죽(淨松汚竹) : 깨끗한 땅에는 소나무를 심고 지저분한 땅에는 대나무를 심음.
- 정여노위(政如魯衛) : 노나라의 태조 주공과 위나라의 태조 강숙은 형제 사이인데서 온 말로 정치가 서로 비슷함.
- 정중관천(井中觀天) : 우물 속에 앉아서 좁은 하늘을 바라본다는 뜻으로, 소견이나 견문이 좁음을 이르는 말.
- 제하분주(濟河焚舟) : 적군을 공격하러 가는 마당에 배를 타고 물을 건넌 후 그 배를 태워버린다는 뜻으로 필사의 뜻을 나타내는 말.
- 제행무상(諸行無常) : 우주 만물은 항상 돌고 변하여 잠시도 한 모양으로 머무르지 않음.
- 조문석사(朝聞夕死) : 아침에 도를 들어 알았으면 그 날 저녁에 죽어도 한이 없다는 말이니, 도(道)를 알아야 함을 극언한 말.
- 조변석개(朝變夕改) : 아침저녁으로 뜯어고친다는 뜻으로, 계획이나 결정 따위를 자주 바꾸는 것을 이름.
- 조운모우(朝雲暮雨) : 아침에는 구름이 되고 저녁에는 비가 된다 함은 남녀간의 애정이 깊음을 비유한 말.
- 조족지혈(鳥足之血) : '새 발의 피'란 뜻으로, 극히 적은 분량을 말함.
- 조진모초(朝秦暮楚) : 아침에는 북방의 진나라에서 저녁에는 남방의 초나라에서 거처한다는 뜻으로 이편에 붙었다 저편에 붙었다 함을 이르는 말.

- 조출모입(朝出暮入) : 집에 있을 동안이 얼마 되지 못한다는 뜻으로, 사물이 항상 바뀌어서 떳떳함이 없음의 비유.
- 종두득두(種豆得豆) : 콩 심은 데 콩 난다는 뜻으로, 원인에 따라 결과가 생긴다는 말.
- 종심소욕(從心所欲) : 마음에 하고 싶은 대로 함.
- 좌고우면(左顧右眄) : 이쪽저쪽을 돌아봄. 앞뒤를 재며 얼른 결단을 내리지 못함을 이르는 말.
- 좌불수당(坐不垂堂) : 마루 끝에 앉는 것은 위험하니 앉지 않는다는 뜻으로 위험한 일에 미리 대처함.
- 좌지우지(左之右之) : 제 마음대로 다루거나 휘두름.
- 주객전도(主客顚倒) : 사물의 경중이나 완급 또는 중요성에 있어서 주되는 것과 부차적인 것이 뒤바뀜.
- 주경야독(晝耕夜讀) : 낮에는 농사 짓고 밤에는 공부한다는 뜻으로, 어렵게 공부함을 이르는 말.
- 주마가편(走馬加鞭) : 달리는 말에 채찍질한다는 뜻으로, 잘하는 일에 더 잘 되도록 격려하거나 다그친다는 말.
- 주마간산(走馬看山) : 말을 타고 달리면서 산을 바라본다는 뜻으로, 자세히 살펴보지 않고 대강 보고 지나감을 이름.
- 주작부언(做作浮言) : 터무니없는 말을 지어낸다는 말.
- 중언부언(重言復言) : 한 말을 자꾸 되풀이 함.
- 지기지우(知己之友) : 자기를 가장 잘 알아주는 친한 친구.
- 지란지교(芝蘭之交) : 벗끼리 좋은 감화를 주고받는 난초와 같은 맑고 아름다운 교제.
- 지불생무명지초(地不生無名之草) : 땅은 이름 없는 풀을 자라게 하지 않는다는 뜻으로 이 세상에 아무것도 쓸모 없는 물건이라고는

하나도 없음을 이르는 말.

- 지성감천(至誠感天) : 정성이 지극하면 하늘도 감동한다는 말.
- 지일가기(指日可期) : 다른 날 성공할 것을 꼭 믿음.
- 지자불언(知者不言) : 지자는 지식을 경솔히 드러내거나 함부로 말하지 않음.
- 지자불혹(知者不惑) : 지자는 도리를 깊이 알므로 어떠한 경우에도 미혹되지 아니함.
- 지정지간(至情之間) : 지극히 가까운 정분 있는 사이라는 뜻.
- 지족안분(知足安分) : 족한 줄을 알아 자기의 분수에 만족함.
- 진촌퇴척(進寸退尺) : 한 치를 나아가다 한 자를 물러선다는 뜻으로, 소득이 없음을 이름.
- 진퇴유곡(進退維谷) : 앞으로 나아갈 수도 없고 뒤로 물러날 수도 없는 궁지에 빠짐.

ㅊ

- 차일피일(此日彼日) : 오늘내일 하며 일을 핑계하고 자꾸 기한을 늦춤.
- 차청입실(借廳入室) : 대청을 빌어 있다가 차츰 안방으로 들어온다는 뜻으로 처음에는 남에게 의지하고 있다가 차차 남의 권리를 침범함의 비유.
- 차호위호(借虎威狐) : 호랑이의 위엄을 빌린 여우란 뜻으로 남의 권세를 빌어 뽐내는 것을 비유한 말.
- 착음경식(鑿飮耕食) : 우물을 파서 마시며 밭을 갈아먹는다는 뜻으로 천하가 태평하고 생활이 안락함을 비유하여 이르는 말.
- 착해방수(捉蟹放水) : 게를 잡았다가 다시 놓아준다는 뜻으로 애만

쓰고 소득이 없음의 비유.

- 창업이수성난(創業易守成難) : 일을 이루기는 쉬어도 지키기는 어렵다.
- 창왕찰래(彰往察來) : 지난 일을 명찰(明察)하여 장래의 득실을 살핌을 이름.
- 창졸지간(倉卒之間) : 어떻게 할 수 없이 급작스러운 동안이라는 말.
- 창해상전(滄海桑田) : 푸른 바다가 변하여 뽕밭으로 된다는 말로 덧없는 세상이라는 뜻.
- 창해유주(滄海遺珠) : 큰 바다 가운데 캐지 못하여 남아 있는 진주라는 뜻으로 세상에 알려지지 않음의 비유.
- 창해일속(滄海一粟) : 넓고 큰 바다에 한 알의 좁쌀이란 뜻으로 하찮은 작은 물건을 비유.
- 채신지우(采薪之憂) : 자기 병을 겸손하게 일컫는 말. 아파서 나무를 할 수 없다는 뜻.
- 책기지심(責己之心) : 스스로 제 허물을 꾸짖는 마음.
- 천고만난(千苦萬難) : 온갖 고난.
- 천금일약(千金一約) : 천금과 같은 약속.
- 천년일청(千年一淸) : 황하(黃河)같은 탁류(濁流)가 맑아지기를 천년 동안 바란다. 가능하지 않은 일을 바라는 것을 일컬음.
- 천려일실(千慮一失) : 여러 번 생각하여 신중하고 조심스럽게 한 일에도 때로는 한 가지 실수가 있음.
- 천리타향(千里他鄉) : 고향에서 멀리 떨어진 객지.
- 천명지위성(天命之謂性) : 하늘이 하늘의 본성(天道)을 명(命)이라는 프리즘을 통하여 만물에게 부여해 준 것을 본성이라고 한다.
- 천방지축(天方地軸) : 너무 바빠서 두서를 잡지 못하고 허둥대는 모

습. 어리석은 사람이 갈 바를 몰라 두리번거리는 모습.

- 천변만화(千變萬化) : 천 가지, 만 가지 변화.
- 천생배필(天生配匹) : 하늘에서 미리 정해 준 배필.
- 천세일시(千歲一時) : 다시 만나기 어려운 좋은 기회.
- 천양지차(天壤之差) : 하늘과 땅 사이와 같이 큰 차이.
- 천인단애(千仞斷崖) : 천 길이나 되는 깎아지른 듯한 벼랑.
- 천자만홍(千紫萬紅) : 가지가지 빛깔로 만발한 꽃을 비유하는 말.
- 천정배필(天定配匹) : 하늘이 정해 준 배우자.
- 천차만별(千差萬別) : 여러 가지 사물이 모두 차이가 있고 구별이 있음.
- 천학비재(淺學菲才) : 학식이 얕고 재주가 보잘 것 없다는 뜻으로, 자기의 학식을 겸손하게 이르는 말.
- 철천지원(徹天之寃) : 하늘에 사무치도록 크나큰 원한.
- 청송백사(靑松白沙) : 푸른 소나무와 흰모래. 해안의 아름다운 경치를 이르는 말.
- 청심과욕(淸心寡慾) : 마음을 깨끗이 하고 욕심을 적게 함.
- 청운추월(晴雲秋月) : 맑은 하늘에 비치는 가을달. 깨끗한 마음을 비유하여 이르는 말.
- 초로인생(草露人生) : 풀잎에 맺힌 이슬처럼 덧없는 인생.
- 초록동색(草綠同色) : 풀색과 녹색은 같다는 뜻으로, 이름은 달라도 성질이나 내용은 같음. 또 같은 처지나 같은 류의 사람들은 그들끼리 함께 행동함.
- 초지일관(初志一貫) : 처음에 세운 뜻을 이루려고 끝까지 밀고 나감.
- 추야장장(秋夜長長) : 가을밤이 길고도 깊.
- 추우강남(追友江南) : 친구 따라 강남 간다. 주견 없는 행동을 뜻함.

- 추풍낙엽(秋風落葉) : 가을바람에 우수수 떨어지는 잎이란 뜻으로, 세력이나 형세가 갑자기 기울어짐의 비유.
- 추풍선(秋風扇) : 가을철의 부채란 뜻으로 철이 지나 쓸모가 없게 된 물건 또는 남자의 사랑을 잃은 여자를 비유한 말.
- 출가외인(出嫁外人) : 출가한 딸은 남이나 마찬가지라는 말.
- 출구입이(出口入耳) : 말하는 자의 입에서 나와 듣는 자의 귀에 들어갔을 뿐이라는 뜻으로, 다른 사람은 아무도 아는 이가 없다는 말.
- 출몰무쌍(出沒無雙) : 들고 나는 것이 비할 데 없이 잦음.
- 충언역이(忠言逆耳) : 바른 말은 귀에 거슬린다는 뜻.
- 충연유득(充然有得) : 마음에 부족함이 없음. 만족하게 생각함.
- 취사선택(取捨選擇) : 취할 것은 취하고, 버릴 것은 버려서 골라잡음.
- 측석이좌(側席而坐) : 마음속에 근심이 있어 앉은 자리가 편하지 않음을 이름.
- 치발불급(齒髮不及) : 배냇니나 배냇머리가 미치지 않았다는 말로 나이가 어리다는 말.
- 칠전팔기(七顚八起) : 일곱 번 넘어지고 여덟 번 일어난다는 뜻으로, 여러 번 실패해도 굽히지 않고 다시 일어나 노력함을 이르는 말.
- 칠전팔도(七顚八倒) : 일곱 번 넘어지고 여덟 번 엎어진다. 어려운 고비를 많이 겪음.
- 침소봉대(針小棒大) : 바늘만한 것을 몽둥이만 하다고 한다는 뜻으로, 심하게 과장하여 말함을 비유하여 이르는 말.

ㅌ

- 탁상공론(卓上空論) : 실현성이 없는 헛된 이론.
- 타상하설(他尙何說) : 한가지 일을 보면 다른 일도 알 수 있다는 말.

● 탄주지어(呑舟之魚) : 배를 삼킬 만큼 큰 고기란 뜻으로, 장대한 꿈을 가진 큰 인물을 비유.

● 탄지지간(彈指之間) : 손가락 끝을 튀길 동안이라 함이니, 세월의 흐름이 매우 빠름을 이름.

● 탐관오리(貪官汚吏) : 탐욕이 많고 부정을 일삼는 벼슬아치.

● 탐화봉접(探花蜂蝶) : 꽃을 찾는 벌과 나비라 함은 여색(女色)을 좋아하여 노니는 사람을 이름.

● 태강즉절(太剛則折) : 너무 강하면 부러지기 쉽다.

● 태평연월(太平烟月) : 세상이 평화롭고 안락한 시대.

● 토각귀모(兎角龜毛) : 토끼의 뿔과 거북의 털이란 뜻으로, 세상에 있을 수 없는 것의 비유.

● 토진간담(吐盡肝膽) : 간과 쓸개를 모두 내뱉음. 솔직한 심정을 속임 없이 모두 말하는 것을 비유하는 말.

ㅍ

● 파란만장(波瀾萬丈) : 물결이 만 길 높이로 인다는 뜻으로, 인생을 살아가는 데 있어서 기복과 변화가 심함을 이르는 말.

● 파란중첩(波瀾重疊) : 일의 진행에 있어서 온갖 변화나 난관이 많음.

● 팔방미인(八方美人) : 어느 모로 보아도 아름다운 미인. 여러 방면의 일에 능통한 사람을 가리키는 말로 쓰인다.

● 폐포파립(弊袍破笠) : 해진 옷과 부러진 갓, 곧 너절하고 구차한 차림새를 말한다.

● 평지돌출(平地突出) : 평지에 산이 우뚝 솟았다 함이니, 미천한 집안에서 돌보아 주는 사람도 없이 출세하여 훌륭하게 됨을 비유하는 말.

● 패역무도(悖逆無道) : 패악하고 불순하여 사람다운 데가 없음.

- **포의지교(布衣之交)** : 구차하고 어려운 시절의 사귐, 또는 신분, 지위, 명리(名利)를 떠나 순수한 벗으로 사귐을 이르는 말.
- **포풍착영(捕風捉影)** : 바람과 그림자를 잡는다는 뜻으로, 허망한 언행을 비유함.
- **포호함포(咆虎陷浦)** : 큰소리하던 사람이 실수함을 이름.
- **표리부동(表裏不同)** : 겉과 속이 같지 않음.
- **풍운지회(風雲之會)** : 밝은 임금과 어진 신하가 서로 만남을 말함. 훌륭한 사람들끼리 어울림, 또는 호걸(豪傑)이 때를 만나 뜻을 이룸을 뜻한다.
- **풍월주인(風月主人)** : 청풍명월의 주인공. 곧 자연을 좋아하는 사람.
- **풍찬노숙(風餐露宿)** : 바람과 이슬을 먹으며 한데서 먹고 잔다는 뜻으로, 떠돌아다니며 모진 고생을 함을 이름.
- **피골상접(皮骨相接)** : 살가죽과 뼈가 맞붙을 정도로 몹시 마름.
- **필유곡절(必有曲折)** : 반드시 어떠한 까닭이 있음.

ㅎ

- **하로동선(夏爐冬扇)** : 여름의 화로와 겨울의 부채라는 뜻으로, 철에 맞지 않는 물건 또는 격에 어울리지 않는 물건을 이름.
- **하석상대(下石上臺)** : 아랫돌을 빼서 윗돌 괴고 윗돌 빼서 아랫돌 괴기. 즉 임시 변통으로 이리 저리 둘러맞춤을 말한다.
- **학수고대(鶴首苦待)** : 학처럼 목을 길게 빼고 기다린다는 뜻으로, 몹시 기다림을 이르는 말.
- **한강투석(漢江投石)** : 한강에 돌 던지기. 지나치게 미미하여 전혀 효과가 없음을 비유하는 말.
- **한화휴제(閑話休題)** : 쓸데없는 이야기는 그만둔다는 뜻으로, 한동

안 본론에서 벗어났다가 다시 본론으로 돌아감을 이르는 말.

- **할육충복(割肉充腹)** : 제 살을 베어서 배를 채운다는 뜻으로 혈족(血族)의 재물을 빼앗아 먹는다는 것의 비유.
- **함구무언(緘口無言)** : 입을 다물고 아무런 말이 없음.
- **함포고복(含哺鼓腹)** : 배불리 먹고 배를 두드린다. 태평한 시대의 모습을 일컫는 말이다.
- **허무맹랑(虛無孟浪)** : 터무니없이 허황되고 실상이 없음.
- **허심탄회(虛心坦懷)** : 마음에 아무런 거리 없이 솔직함.
- **허장성세(虛張聲勢)** : 실력이 없으면서 허세로 떠벌림.
- **허허실실(虛虛實實)** : 서로 재주와 꾀를 다하여 다툼.
- **혈혈단신(孑孑單身)** : 의지할 곳 없는 외로운 홀몸.
- **형제혁장(兄弟鬩墻)** : 형제가 담장 안에서 싸운다. 동족상쟁(同族相爭)을 말한다.
- **호구지책(糊口之策)** : 입에 풀칠을 할 방책이라는 뜻으로, 겨우 먹고 살아가는 방책을 이르는 말.
- **호모부가(毫毛斧柯)** : 수목을 어릴 때 베지 않으면 마침내 도끼를 사용하는 노력이 필요하게 된다. 화(禍)는 미세할 때에 예방해야 함을 비유하는 말로 쓰인다.
- **호사다마(好事多魔)** : 좋은 일에는 흔히 나쁜 일이 끼여든다는 말.
- **호언장담(豪言壯談)** : 분수에 맞지 않는 말을 큰소리로 자신 있게 말함.
- **호의호식(好衣好食)** : 잘 입고 잘 먹음.
- **혼연일치(渾然一致)** : 조금의 차이없이 한 덩어리가 되듯 일치함.
- **혹세무민(惑世誣民)** : 세상을 어지럽히고 백성을 미혹하게 하여 속임을 뜻함.

- 혼비백산(魂飛魄散) : 혼백이 날아 흩어진다는 뜻으로, 몹시 놀라 어찌할 바를 모르는 지경을 이르는 말.
- 혼정신성(昏定晨省) : 밤에는 어버이 잠자리를 펴드리고 아침에는 문안을 드리며 부모를 살핌.
- 홀현홀몰(忽顯忽沒) : 문득 나타났다가 홀연 없어짐.
- 화무십일홍(花無十日紅) : 열흘 붉은 꽃이 없다는 뜻으로, 권세나 세력의 성함이 오래 가지 않는다는 말.
- 화복무문(禍福無門) : 화나 복이 오는 문은 정하여 있지 않다는 뜻으로, 스스로 악한 일을 하면 그것은 화가 들어오는 문이 되고, 착한 일을 하면 그것은 복이 되어 들어오는 문이 된다는 뜻.
- 화사첨족(畵蛇添足) : 뱀을 그리는 데 실제 없는 발을 그려 넣어 원래 모양과 다르게 되었다는 뜻으로 쓸데없는 군일을 하다가 도리어 실패함을 비유.
- 화용월태(花容月態) : 꽃다운 얼굴과 달 같은 자태란 뜻으로, 아름다운 여자의 고운 자태를 이르는 말.
- 화전충화(花田衝火) : 꽃밭에 불을 지른다는 뜻으로, 젊은이의 앞길을 막거나 그르치게 함의 비유.
- 화중군자(花中君子) : 꽃 중의 군자라는 뜻. 곧, 연꽃을 달리 일컫는 말을 뜻함.
- 화중지병(畵中之餠) : 그림의 떡. 보기는 근사하나 실제로는 아무 도움이 되지 않는 사물의 비유.
- 환부작신(換腐作新) : 썩은 것을 바꾸어 새 것으로 만듦.
- 환호작약(歡呼雀躍) : 기뻐서 소리치며 날뜀.
- 활달대도(豁達大度) : 너그럽고 커서 작은 일에도 구애 않는 도량.
- 황구소아(黃口小兒) : 어린아이라는 뜻. 참새 새끼의 황색 주둥이

(黃口)에서 연유한 말.

- **회자정리(會者定離)** : 만나면 반드시 헤어진다는 뜻으로, 인생의 무상함을 이르는 말.

- **횡설수설(橫說竪說)** : 조리가 없는 말을 함부로 지껄임. 또는, 그 말.

- **후안무치(厚顏無恥)** : 뻔뻔스러워 부끄러움을 모름.

- **흉중생진(胸中生塵)** : 가슴에 먼지가 생긴다. 사람을 잊지 않고 생각은 오래 하면서 만나지 못함을 일컫는 말이다.

- **흥망성쇠(興亡盛衰)** : 흥하고 망하고 성하고 쇠하는 일.

- **흥진비래(興盡悲來)** : 즐거움이 다하면 슬픔이 닥쳐온다는 뜻으로, 세상의 온갖 일에 너무 자만하거나 낙담하지 말라는 뜻.

- **희로애락(喜怒哀樂)** : 기쁨과 노여움과 슬픔과 즐거움. 인간이 갖고 있는 온갖 감정을 이르는 말.

- **효시(嚆矢)** : 싸움터에서 먼저 울리는 화살을 쏘아서 전투를 시작하였다는 고사에서 유래된 말로 사물의 처음을 일컫는 말.

고사성어 인생을 배우다

1판 2쇄 발행 ｜ 2021년 1월 5일

엮은이 ｜ 유화정　**펴낸이** ｜ 윤다시　**펴낸곳** ｜ 도서출판 예가
주　소 ｜ 서울시 영등포구 영신로 45길 2
전　화 ｜ 02)2633-5462　**팩스** ｜ 02)2633-5463
이메일 ｜ yegabook@hanmail.net
블로그 ｜ http://blog.daum.net/yegabook
등록번호 ｜ 제 8-216호

ISBN ｜ 978-89-7567-570-6　　03150

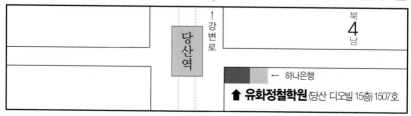